新版 図解

手相の事典

Encyclopedia of Palmistry

沢井民三

白揚社

英国の生んだ世界的手相家キロ氏

著者

まえがき

　この本は、手相に関する原理を集めたものですが、現代の教養ある人々に、手相とはどんなものかということに関心を持っていただきたいために、また現に手相を職業とする人にも、これから手相の研究を志す人にもこの一書だけはぜひ読んでもらいたいという気持ちで書いたのです。

　今日の手相は過去のそれのように、いつまでも易占的な神秘のベールに包まれているものではなく、すでにあらゆる科学の照射を浴びて近代手相学としての独自の体系を整えつつあるからです。

　手相にはご承知のように、東洋流の相法と西欧流の相法の二つの大きな流れがあります。わが国で古くから行われてきた手相は中国から伝わった東洋流の手相ですが、信憑性とか科学性といった点ではとうてい西欧流のそれとは比肩すべくもありません。

　しかしながら、広くわが手相界を見渡すと、そこには旧態依然として東洋流の相法が今日もなお、抜き難い勢力を維持しているように想われるのです。少なくとも、観相方面の実情では、中国流の相法による街頭の職業手相家が圧倒的に多く、またいまだに中国伝来の神相全篇や麻衣相法のごとき陳腐な秘伝を墨守して事足れりとする手相家も少なくないのです。自然、一般世間からも手相といえば東洋独特の相法であるかのように思い込まれています。

もともと手相は古代インドに濫觴《らんしょう》し、それから世界に伝わったというのが定説ですから、東洋がその発祥地ではあろうが、イギリスの大手相家で、世界的にも著名なキロという学者の考証によると、西欧の手相もすでに数千年の歴史をもつものと推定されています。

洋の東西を問わず、手相術が連綿として人類と何千年の歴史をともに生きてきたという事実は、神秘のうちにも儼乎《げんこ》たる真理が存在したからだと思うが、近代になってフランスに掌紋学のデバルロおよび掌型学のダルペンチニーという偉大な二大手相家が出現して、近代手相に科学の礎石を据えてからは、西欧における手相は、多くの優れた手相学者がそれぞれの立場からその究明に乗り出してきたのです。一例を挙げるとキロ氏の著述の中にも次のような記述が見えます。

「一八五三年、ドイツの生物解剖学者マイスネル氏によって、手には微粒子と呼ばれる微細な分子状の物質が特異な状態で賦存《ふぞん》していることが発見された。すなわち彼によると、指頭には一二分の一インチ平方の面積に多数の小乳状突起を伴う一〇八個の微粒子があって、それは明らかに爆音か顫動《せんどう》を発している。そしてこの微粒子は指頭ばかりではなく、掌中の線にも一個ずつ一直線に並列しているが、赤色を帯びた線にもっとも多く、実験の結果によると、その爆音は個人によって相異する。またこの微粒子は人の健康、思想、または興奮の状態に応じて常に増減し、生命の絶ゆると同時に消滅することが立証された。マイスネル氏のこの発表から二〇年後に、パリである盲人によって微粒子の実験が行われたことがある。彼は視力のない代わりに天啓の鋭敏な音感をもつ人で、爆音のいかに軽微な変化や変調といえども即座に捕捉することができ、また爆音の変化を通じて人の年齢や発病の時期ばかりか死期をすら驚嘆すべき正確さで予告することができたのである、ついで一八七四年にはイギリスの偉大な生物学者チャールズ・ベル卿もまた、この研究を取り上げて、個々の微粒子は神経系から分岐する細かい枝線の先端に賦存しているが、その微粒子は神経を通じて頭脳とも連結している。すなわち一頭脳のあらゆる部分は手の神経と直結し、さらに指頭や掌の中に発見される微粒子とも連結しているということを詳細にわたって論証した」云々。

「今日でこそ、四指や拇指の指頭に印する記号や指紋は各国の警察で犯罪捜査に用いられているが、初めてフランスの人類学者ベルティヨン氏がパリ警察でこれを犯罪捜査に利用した当時、世の嘲笑がどんなものであったかを想い起こすのである」云々。

　これらの記述は近代の手相と科学との関連性についてのキロ氏の論稿のほんの一部分を抄録するにすぎないが、当のキロ氏も次のように述懐しています。

「もちろん私の主たる研究は、掌線と手型ではあったが、私の二五年にわたる手相の研究で収めた成功は、さらに私が自然科学の書物に没頭しなければならなかったという事実に負うものであった。」

　キロ氏の述懐にまつまでもなく、事実、今日の手相は、医学、物理学、解剖学、生理学などなどの見地から科学的に解明されつつあります。

　一昨年の秋だったか、高松宮殿下が九州一周の駅伝競走に出席された際に、福岡市の動物園にも立ち寄られたことがあります。そのとき、たまたま園内を散歩していた愛称チビ公という人気者のチンパンジーが、折から歩を運ばれた殿下に毛むくじゃらの腕を差し伸べると、その掌をとられた殿下がご自身の掌と見比べて「うむ、これはよい手相をしている」とおっしゃっているところを朝日の写真班がスナップして、その日の夕刊に掲載したが、その写真説明の中に「外国では猿の手相を研究して学位をとった学者もある」という記事がありました。これなどからみても、欧米における近代手相の著しい進歩がうかがえるのであります。わが国ではいまだ手相の研究で学位をとったという話は聞かないが、最近は大学方面でも手相の研究熱はかなりさかんのようだし、遠からず外国のように手相の専門学校なり、大学の講座が開設されるということにもなりましょう。

私はしばしば、外国の手相は日本人の手には当てはまらぬのではなかろうか、という質問を受けるのですが、手相の原理に東洋も西洋もありません。もちろんこれは、外人と日本人の手には形質上の相異があるだろうという疑念からでしょうが、だれも今日では西洋の近代医学が日本人の体質には不向きだから漢方医術でなければならぬなどと主張する人はありますまい。

さて私は七年前に近代手相に関する専門的な本を出版する計画をたてて、それ以来資料の蒐集《しゅうしゅう》に専念してきたのであります。想うに一巻の書によって、手掌に現れるあらゆる相を正確に解明できるほどの立派な手相書が、かつて陽の目をみたことがあったでしょうか、寡聞《かぶん》にして私はそれを知りません。事実わたくしたちは永い間、手相研究にはこれで十分だという、精緻なものを欲してきたのです。本書執筆にあたって絶えず著者の脳裡につきまとった想念は、かかる意図の実現にあったわけですが、このために、欧米のあれこれの手相書の翻訳に日夜没頭して原理の蒐集と整理をやり、また永年にわたって蒐集した和文の手相書による原理とも彼我対照し、取捨選択して、これを組織的に編述することに精力的な努力を傾けて、やっと本書の脱稿をみるに至ったのです。

もちろん、私は本書が完全無欠だとは申しません。それはなお、今後につづく不断の研究にまたなければなりませんが、しかし率直にいって本書がこれまでに上梓された幾多の手相書にくらべ、はるかに精密であり、学究的だと提言してはばからぬのであります。

試みに本書によって、まず読者自身の手相を丹念に観察してご覧なさい。必ずやあなたは自身の本質的な性格なり、今後における努力の方向をはっきりと悟得《ごとく》されることでしょう。また吉凶の運命についても驚嘆すべき真実を告げられるに相違ありません。観相の原理に的確性がなければ、それはナンセンス以外の何物でもなく、私が永年つづけてきた努力の焦点も所詮は、この的確性以外にはなかったともいえるのです。

前にも述べたように、わが国の手相も欧米諸国のように、あらゆる科学者の参加によって、学術としての独自の地歩を固めてゆくものと信ずるのでありますが、本書が多少とも、そうした機運の推進に役立つことができれば、著者にとって望外の欣《よろこ》びとしなければなりません。なお、本書の出版に際し、著者のために親身に奔走して下さった新日本通信社社長佐藤喜信氏のお心尽くしに対しここに衷心より感謝いたします。

なお、本書は目次をできうるかぎり詳細にし、索引をかねることにした。

沢井《さわい》　民三《たみぞう》

目次

〔掌線編〕

第5章　頭脳線

第31章　拇指

第34章　爪

総則編

主要線

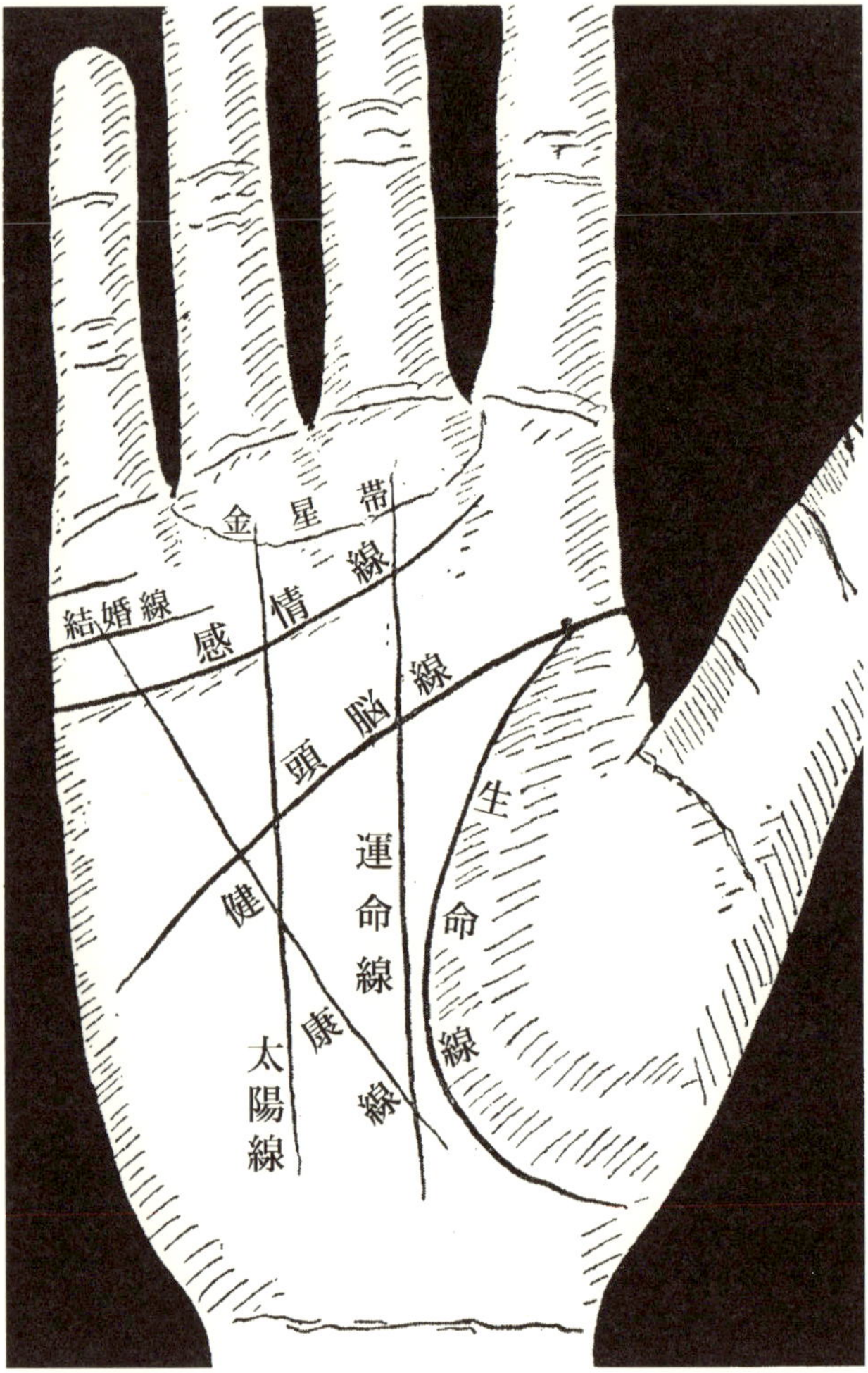

補　助　線

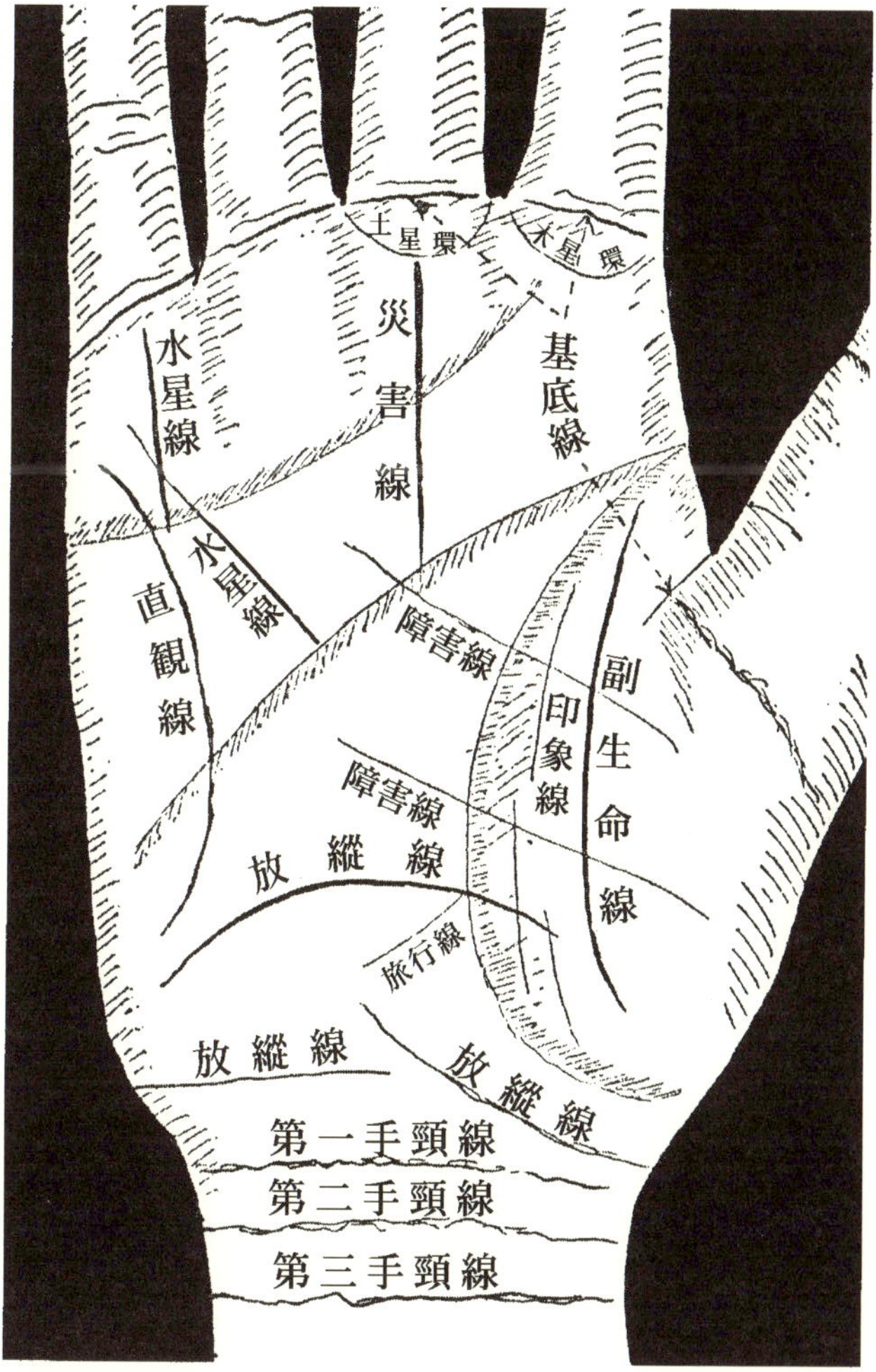

土星環
木星環
災害線
基底線
水星線
水星線
直観線
障害線
副生命線
印象線
障害線
放縦線
旅行線
放縦線
放縦線
第一手頸線
第二手頸線
第三手頸線

丘の位置

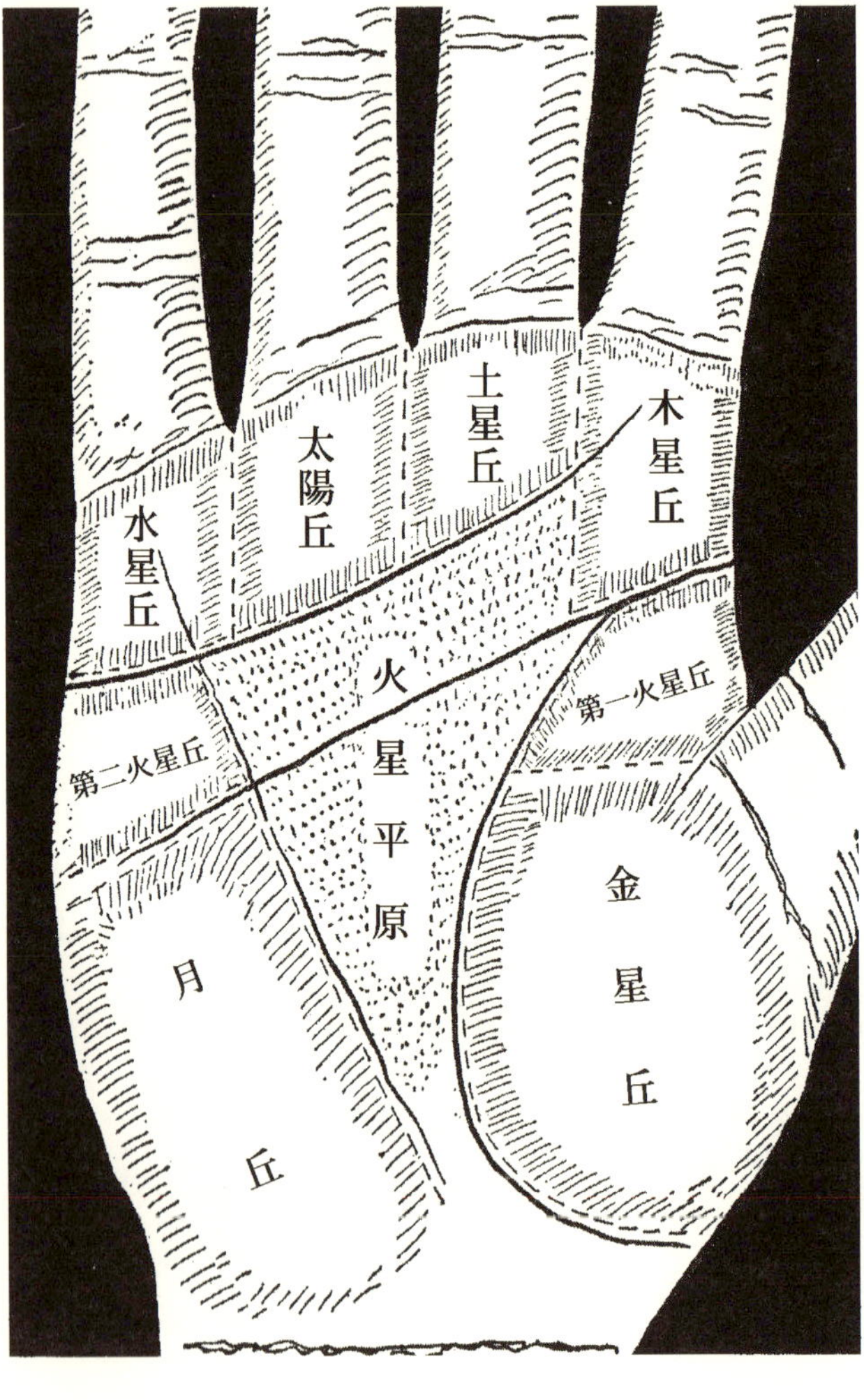

はじめに

この書物は、手相に関するすべての原理を一冊にまとめて完璧な本を作ろうという意図のものに編述したのです。したがって、原理や原則とはなんの関わりもない、たとえば手相の沿革史だとかあるいは実話などの記述で多くのページを費すようなことはさけて、全章を手相原理の解説だけに当てたのです。

さて、手相書というものは小説や随想などと異なって、どんなに優れた暗記力をもつ人でも、通り一遍の素読で、実地の観相にすぐに役立つというようなそんな簡単なものではありません。

手相は一種の暗号であり、暗文だともいえましょう。次の一文は内外の手相書にしばしば引用される聖書の記録ですが、その中で手相の暗示性を指摘した点が興味を惹きます。

「神は人々の手に表示を置き賜えり、そはそれによりてすべての人々に彼らの運命を知らしめんがためなり」

——旧約聖書ヨブ記

“God placed signs in the hands of men, so that all might know their fate”

すなわち神は、ただ一人の例外もなく、すべての個人に彼ら自身の運命を自覚させせんがため、その掌の中に表示（sign）を刻んだとあります。原文にいうサインとは暗号とか前兆といった意味を表す言葉です。今から四〇〇〇年の昔に、アラビアの一地方に住んだ使徒ヨブたる人物によって、奇しくも指摘されたこの暗号を解読する手段がすなわち、手相術であります。そこでその解読に習熟するためには、まず手相の原理を十分に会得しなければなりません。この意味で、本書はただの一度や二度の素読では、実地の観相に真の効果を期待できるものでないから、繰り返し精読して、原理の総体的理解に努めていただきたいのです。

手相といえば、普通一般の人々は、単に掌の中の線を読むことだと解していますが、近代の進歩した観相法では、この他に手自体の形状や指、爪、丘などの相もあわせて総合的に観察することになっています。これを図で示すと、次のようになります。

手相＝
- 手背観相（手型学）
  - 手型
  - 指
  - 爪
- 掌面観相（掌線学）
  - 掌線
  - 紋
  - 丘

総合判断

手の表側、つまり背面を手背（手の甲）といい、内側を掌（手の平）と呼びます。手背観相とは、手の背面からする観察のことで、手相では手型学（CHIROGNOMY）の部門に属し、手自体の形状、指、爪が観相の対象となります。掌面観相は、掌の表皮に現れたすべての表示を観察の対象とするもので、掌線学（CHIROMANCY）と呼ばれ、掌の線、紋、丘を観察するのであります。もっとも丘というのは、掌の表皮を刻む線や紋（記号）の類ではなく、掌そのものを構成する筋肉の隆起のことだから、掌面観相の対象ではあっても、研究部門からいうと手型学で取り扱われるのが普通です。

　これらの観相対象に関する詳細は本文に譲って、ここではごく簡単な説明を試みることにします。

手型　手相学上、手はその形状によって七つの種類に分類されます。すべての手は、この七種類の型のいずれかに属するもので、性格上の遺伝素質を知る上で重要な役割を果たします。

指　指は四指と拇指とに分けて、それぞれ独自に観察されます。とくに拇指（親指）は、人格の三要素といわれる知、情、意を表象するものとして、もっとも重要視されます。

爪　生理と心理の両面の観相に、爪相もまた、その対象とされるのであるが、ことに爪相が表示する生理的意義は重要です。

掌線　掌の表皮を刻む縦横の線を掌線と呼びます。掌線は前にも触れたように、手相を掌線と同義に解するのが一般的通念となっているほど、観相対象としては決定的重要性をもつものであります。重要の程度にしたがって主要線と補助線に大別されます（図解「主要線」「補助線」参照）。

紋　紋というのは、もともと線の一部に属するものではありますが、線と呼ぶにはどうかと思われる一種の記号であって、形状にはいろいろの種類があります。紋は吉凶を端的に表示するものとして重要視されます。

丘　掌の表面は中央部が窪んで見えるのが普通で、この窪みを火星平原と呼びます。火星平原つまり掌の中央が凹んで見えるということは、周囲が高くなっているからだが、その高い部分を丘と呼び、手相学では、これを八つに区分して、それぞれの名称を付し、主に性格的意義を観取します（図解「丘の位置」参照）。

　手相判断は、以上に述べた観相対象によって人の運命、健康などに関する予断を与えるものですが、それは総合的な判断でなければならぬということです。ここに言う総合的とは、一線一条の表示のみによる判断は往々にして誤判を犯すおそれがあるという意味を寓《ぐう》すもので、たとえば掌の中には誰の手にも上から感情線、頭脳線、生命線と呼ぶ三筋の目立った線があります。この中の生命線ひとつをとってみても、この線が鮮やかな良い線で、親指の根元を遠巻きに力強く囲繞《いにょう》していると長寿の相だと判断されます。しかしそれは生命線だけに限定した場合の原理であって、その手の他の部分に現れた否定の表示を見落とすと、その判断は誤判となって「あなたは長生きします」と鑑定されたその人が災難とか病気などで頓死《とんし》したというようなとんだナンセンスを招く場合が起こらぬとも限りません。またたとえば、小指の直下に刻まれる結婚線に、離別の相が現れていれば、感情線、印象線、影響線のいずれかに同じ意味の表示が現れているかどうかも確かめてみなければならぬのです。果たしてこれらの中に対応の相があるとすれば、確信をもって接近しつつある離別の宿命を警告することができるでしょう。

　掌線ばかりではありません。手型学の部門でも、たとえば拇指の指関節が柔軟で背に反り返る場合は、温和で楽天的な性質ですが、性格的には弱い個性を表します。しかしこの場合でも、その手の頭脳線の状態を無視して拇指のみによるこのような判断は的はずれとなることがあります。以上の点については本文でくわしく論及しますが、要するに手相は総合的な観察でないと的確な判断は期待できない、くどいようですが、手相が総合観察による判断を建前とするかぎり、その原理に精通しないことには、実相を縦横自在に解読できるものではないということを繰り返し切言《せつげん》しておきます。

　次に手相の研究は、手型学から掌線学に進むのが本筋であって、ほとんどすべての手相書もまた、そのように編述されています。しかし、本書では、それを逆に配置して、掌線編から学ぶようにしました。もっともこの編述法は本書の創意ではなく、キロ氏の数多い著述の中でも晩年の *Palmistry For All* の一書にその先例があります。キロ氏の意図がどこにあったかはしばらく措き、著者がこの編述によった理由は、手型は掌線の興味にくらべ、やや煩瑣《はんさ》の嫌いがあるため、初学の人が手型編から始めると、出鼻で嫌気がさして、折角の志向を挫折させるのではなかろうかという懸念があるからで、本来からいえば、初学者にとっては、まず手型編からみっちり学ぶのが定跡だといえましょう。しかし本書では、興味深い掌線の研究から始めても一向差しつかえない編集上の考慮を払ったのですが、もちろん、読者が本筋にしたがって手型編から始めることも自由です。ただ著者としては、初学の人が本書の基礎編と掌線編を味読して、それらの原理の消化ができてから、手型編に進むようにすれば、興味をもって研究が続けられるではないかと考えるのであります。

　また本書では、読者の便宜を計って、数多くの図解を挿入してありますが、個々の手掌に刻まれる相というものは、一人一人の顔つきが違っているように、百人百様でまったく同一の相は皆無といわなければなりません。したがって挿入の図解もおおよその見当を示したものにすぎないから、あまり図形そのものにこだわってはなりません。本文の主意をよく把握して、筆者の語らんとする心意を、参考の図解を通じて、読者自身の頭の中で会得していただきたいのです。このことは実地にあれこれの手を観て経験を積んでゆくうちに、自然に悟得されてくるものです。

第1章　掌線

(1)　掌線の一般的原則

A　掌線の意義

　掌の表面を縦横に刻んで走る線、つまり掌線は、わたくしたちの寿命、体質、疾病、傷害などに関する健康上の問題や運勢の消長、結婚、財運、権力などの運命上の問題を不思議に予告するものであります。われわれは掌線が表示するこれらの予兆を通じて警告せられ、また無言のうちに運命の暗示を受けているのです。

B　手相判断の目的

　手相判断の真の目的は、掌線が表示する健康や運命上の不幸な暗示を事前に予告することによって、近づきつつある危険を防止することにあるのです。

C　掌線の変化

掌線というものは、いろいろな原因や影響によってだんだんに変化を起こすものです。たとえば境遇や職業などの環境的原因によることもあれば、身体諸器官の増強や故障、その他の生理的原因による場合もあります、しかし掌線のうちで、少なくとも主要線、ことに生命・頭脳・感情の三大幹線はほとんど変化しないというのが原則です。

D　掌線の長さ

掌線は長ければ長いほどその線が表す本来の意味を強めることになります、たとえば長い頭脳線は判断力、推理力、記憶力などに優れ、長い生命線は強健な体質と長命を示唆するのであります。しかし掌線は単に長いばかりでなく、適度の彫《ほり》、すなわち深からず浅からず適度に刻まれた線が望ましいのです。

E　理想的な掌線

理想的な線は適度の彫をもち、狭く一筋に刻まれた長い線でなければなりません。線に中断の切れ目があったり、血色が悪かったり、島や十字紋または斑点などの不吉な紋（紋については後章に詳述）を伴っていたり、あるいは線自体が変則の異形線だったりすると、それらの線はすべて不良線ということになるのです。

F　掌線の良否

完全な良い線は善良な性格や順調な運命を暗示するが、不良線はその欠陥に対応するなんらかの故障や危険や不運を暗示しているのです。そして線に現れる上述の欠陥なり破綻は、それが大きいほど示唆する凶相もまた増大するのが原則です。

G　複雑な掌線

掌線は複雑な精神活動や敏感な感受力をもつ人ほど多様に現れるものです。それは下級な筋肉労働者や知能力の低級な人々の手中に刻む掌線がたいてい単純でなかには、わずかに二、三本の線だけしか見られないという事実がこれを証明しています。

H　左右の掌線

左右の手に寸分違わぬ同一の線が現れているということはほとんど稀なのです。たとえば左右の生命線、左右の頭脳線は相互の形状に大なり小なりの相違があるはずです。そして、両線のこの「差異」は相互に補足しあう性質のものだということを忘れてはなりません。だから手相判断に正確を期するためには双方の手を綿密に観察する必要があるのです。

⑵ 掌線の分類

A 主要線と補助線

掌線にはいろいろな種類があり、重要の度合にしたがって、次のように分類されています。また主要線のうち、生命線・頭脳線・感情線の三大幹線を一般に三大線と呼びます。

〔主要線〕

生命線　体質と疾病を表示する。
頭脳線　知能力の状態と頭部の疾患を表示する。
感情線　心情と心臓の強弱を表示する。
太陽線　成功と金運を表示する。
運命線　運命の消長を表示する。
結婚線　結婚関係の吉凶を表示する。
健康線　疾病を表示する。
金星帯　多感な性質と情欲を表示する。

〔補助線〕

障害線　運命のつまづきを表示する。

副生命線　生命線を補強する。
印象線　愛情関係を表示する。
影響線　結婚の吉凶とその時期を表示する。
直観線　特異な感受力を表示する。
手頸線　健康を表示する。
放縦線　精力の消耗を表示する。
災害線　奇禍または死亡を表示する。
旅行線　旅行の吉凶を表示する。
生殖線　生殖能力の強弱を表示する。
水星線　幸運、金運を表示する。

B　掌丘について

手相判断、ことに掌線を判断の対象とする場合、掌丘に関する予備知識はきわめて大切な要件となるのです。掌丘については別に一章を設けて詳述するので、ここでは簡単にその名称と位置について略述しましょう。しかしこれから先に進むにつれて随所に丘の名称が出てくるので、どうあっても丘の名称とその位置だけはここで十分に暗記しておかねばなりません（図解「丘の位置」参照）。

掌面は手相学上、九つの部分に区分されます。そして中央の凹んだ部分を除いた周囲の隆起を丘と呼びます。丘はこれを左の八つに区分します。

木星丘　食指（人差指）の直下の部分（隆起）

土星丘　中指の直下の部分（隆起）

太陽丘　薬指の直下の部分（隆起）

水星丘　小指の直下の部分（隆起）

金星丘　拇指の基底の部分（隆起）

月　丘　金星丘とは反対側に相対する部分（隆起）

第一火星丘　木星丘と金星丘の中間を占める部分（隆起）

第二火星丘　第一火星丘と相対し水星丘と月丘の中間を占める部分（隆起）

火星平原　掌の中央の凹んだ個所で丘ではありません。生命線・健康線・感情線の三線によって囲まれる部位。

⑶　掌線の色が表示する意義

A　蒼白い線

掌の線が総体的に血色のない蒼白い色を呈しているのは、腺病質《せんびょうしつ》の人が冴えない顔色であると同様に、強壮な体質やしっかりした気力を欠き、仕事なり事業に対する根気や決断力がありません。普通の健康体であれば、たいていは紅潤色または肉色の良い血色を呈しているはずです。

B　赤色の線

掌線が総体的に赤味を帯びていると、多血質を語るもので、気力・精力・情熱などの性質を示しているのです。しかし赤すぎる線は激情性や狂暴性の表示となります。

C　黄色の線

黄色を帯びた掌線は胆汁質を表します。この線の人は気むずかしいか、打ちとけにくいか、または厭世的傾向の強い人です。さらに肝臓病を表示していることがあります。

D　鉛色の線

掌線が鉛色を帯びていると、憂うつか陰気な性質を表示します。だいたい無口で、執念深く、たいへん物欲の強い人です。指の色まで鉛色を帯びている人はなおさらそうだといえます。

(4)　掌線観察上の注意

掌線は個性・体質・寿命といったような、その人の素質的な面を表示するばかりでなく、結婚・愛情・職業・金運・地位・権力などの運不運から、不測の奇禍や凶事に至るまで、まことに驚嘆すべき神秘力を発揮するもので

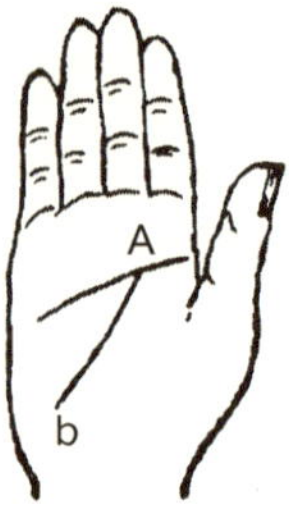

第１図

す。ですから掌線の形状については慎重、綿密な観察が必要で、鑑定上誤判に陥らないようとくに注意しなければなりません。たとえば生命線とか、頭脳線というような個々の線が普通の形状をしていればもちろん問題はありませんが、なかには判別に苦しむ異形線だったり変則線だったり、または難解な線を伴う場合が少なくありません。このような場合が判断に狂いを生じやすいのです。しかし線というものは、起点が太く始まり、先端が次第に針先のように細くなるのが常則です。こうした点や線自体の走向とか、二つの線が交わる角度などに綿密な注意を払えば、たいていの場合、判別の目安はつくものです。以下この点につき二、三の例を挙げて説明しましょう。

〔例1〕

第1図は、頭脳線の支線なのか、月丘から発する運命線なのか判別に迷う場合の例で、実地の観相にあたってよく見受ける相です。この場合、図のA―b線が頭脳線から分岐した支線だとすれば、分岐点Aからだんだんに先細りする線になっているのが普通です。またもしこれが月丘から発する運命線だとすれば、交叉点Aに向かって先細りする線になっているはずです。そればかりでなく、分岐したものか、交叉したものかは、よく注意すれば交叉の角度などによって、それと見当のつくものです。また仮に、わずかでも頭脳線を上に抜き出ていれば、明らかに月丘から発する運命線だということになります。

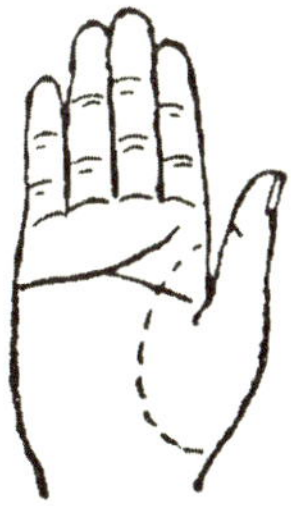

第２図

〔例2〕

第2図は、感情線の支線か、火星丘から発する障害線か判別に迷う場合の例です。これが障害線だとすれば、第一火星丘で強く始まり、感情線に接触する先端が細っていなければなりません。またたとえ、わずかでも感情線を抜いていると明らかに障害線です。もしこれが感情線の支線であれば、先端がだんだんに細り、分岐点もそれらしく、なだらかに分岐しているはずです。

掌線は前述したようにいろいろな原因で変化します。そこで日頃から自分自身の掌を根気よく観察していると、ある線が深くなったり、浅くなったりすることに気付きます。こんな場合、良い意味を表す線が深く明瞭になることは、その線の意義が強まることを意味し、悪い意味を表示する線が強まることは、悪い事態が表面化してくるという暗示なのです。また線が薄れたり、消えたりすることも同じ理《ことわり》で、たとえば太陽線や運命線が浅くなり薄れてくると、必ず不運や不幸に見舞われます。

三大線すなわち頭脳線・感情線・生命線は容易に変化しませんが、これもよく観察していると、その先端がだんだんに変化を起こすことがあります。頭脳線の先端が薄れたり消えたりすると精神散慢、知能力の減退を意味し、それが感情線の場合は心情の変化、生命線の場合は精力や生命力の減退を表示するのです。

要するにあらゆる掌線の中で、三大線は幼年期から老年期に至るまで変化に乏しいが、その他の線は消滅したり出現したりまた深浅の変化を生ずるものです。

掌が全面的に網のような細かい線で覆われていると、極度に気の弱い、そしてひどく興奮したり、些細なことで心配するとか悩むといった神経質な性質を表しているのです。要するに取り越し苦労性で決断力が全然ありません。概して成功や幸運に恵まれません。

⑸　掌線の形状

個々の線というものは、一筋に刻んで走る単線が原則ですが、実際には種々の形状を伴う複合線が多いのです。以下普通に見られる線の態様について説明いたします。

A　支線

一筋の線から分岐派生する線は、その線のどの部分から分岐していても、すべて支線です（第3図）。

支線は、幹線から上向きに派生する支線と下向きに分岐する支線の二種類に区別されます。上向きの支線は幹線の意義を強めるもので、たとえば、生命線から発する上向き支線は体力や精力の増強を意味します。これに反して下向きの支線は幹線の力を減殺することになるのです。

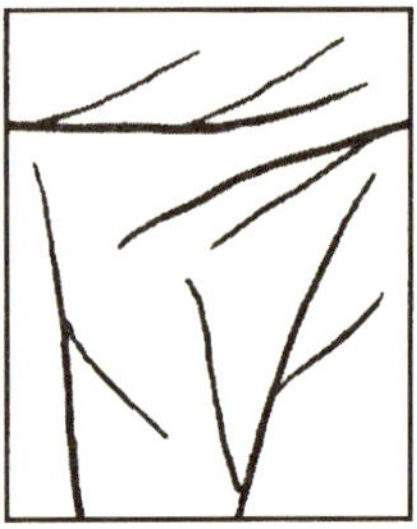

第３図

第４図

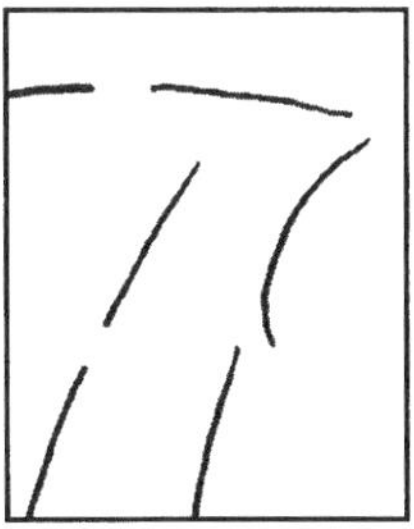

第５図

B　叉状《さじょう》線

先端が二叉か三つ叉に分かれた線を叉状線と呼びます。

先端が形の良い叉状になっていると、線自体の意義を強めるのです。たとえば感情線の先端が木星丘上で二叉か三叉に分かれていると、感情線が象徴する愛情、温情、同情などの情操が豊潤であることを意味し、かつ幸運の暗示ともなります（第４図）。

C　中断線

線の中途に明白な中断個所、つまり切れ目がある線を中断線と呼びます。中断は線のどの部分に現れていても、その線の意義を破壊する凶相となります。たとえば生命線の中断は生命の危機や死亡を、感情線の切れ目は愛情の破綻や離別を、頭脳線の中断は頭部の重大な疾患とか死亡を、運命線の中断は運命の蹉跌、失敗などなどの意味を表示するのです（第5図）。

D　重複の中断線

線の中途が切れてはいるが、切れた上下の線の両端が二重になっている切れ目を重複中断線と呼びます。このように線の中断個所が重なっているということは、その線の意義が継続することを意味するもので、上述した明白な中断のように凶相ではありません。たとえば運命線が中途で切れて、その切れ目が二重になっていると、失意、失職、失敗、境遇の変化などを予兆する

第６図

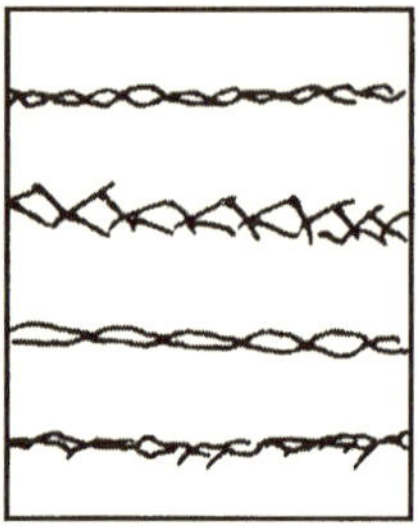

第７図

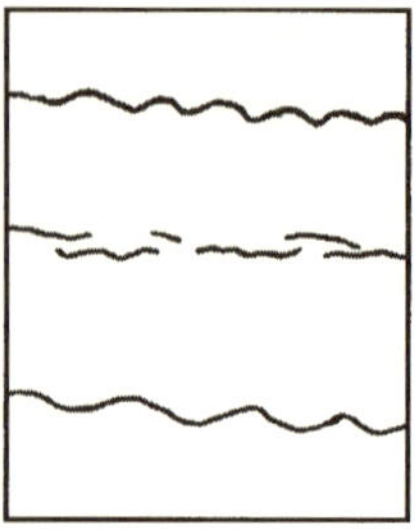

第８図

ものではありますが、それは必ずしも致命的なものではなく、多分に変化の相とみられるものです。運命線の重複中断線は女性の手にあっては、再婚の暗示となる場合がきわめて多いのです（第6図）。

E　鎖状線

縄状または鎖状になっている線を鎖状線と呼びます。この種の線は、概して幅広く、浅い線に多いようです。鎖状は、線自体の力を弱め、その意義を散慢にするのです。たとえば鎖状の愛情線は移り気、浮気などの意味を表し、鎖状の頭脳線は散慢な知能力、鎖状の生命線は肉体力や精力の減退を意味するのです（第7図）。

F　波状線

曲がったり、くねっていたりする蛇行形の線を波状線と呼びます。総じて線というものは、一筋に直線的でなければ力がありません。波状線は線自体の意義を弱めたり、不確定なものにするのです。たとえば波状の太陽線や運命線は不安定な運命や運勢を表示する浮沈の相です（第8図）。

G　姉妹線

本線に接して二重線の形で並行する線を姉妹線と呼びます。姉妹線は本線の力を強め、本線の切れ目や欠陥を補強する役目を果たすのです。姉妹線は

第９図

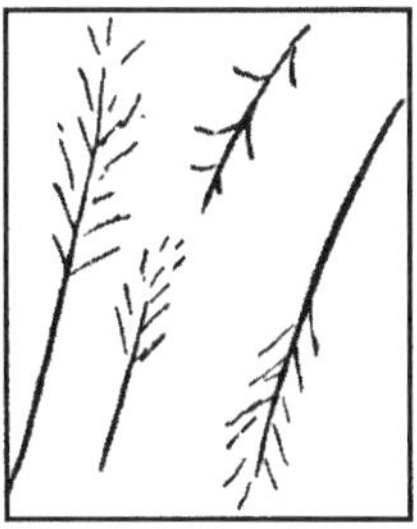

第10図

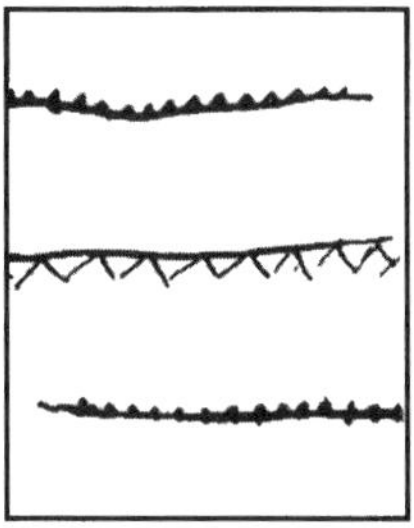

第11図

感情線や頭脳線に伴う場合が多く、副生命線も生命線の姉妹線です（第9図）。

H　総状線

先端が不規則な毛状線によって総《ふさ》のようになっている線を総状線と呼びます。線の先が総状になるとその線自体の力の減退を意味するのです。たとえば太陽線の先端が総状になると、事業の失敗や不成功の予告となり、生命線の先端の総状は精力の減退や死期接近を意味し、頭脳線の場合は、知能力の散慢とか減退を表示するのです（第10図）。

I　歯状線

鋸の歯のような形で微細な三角形の凸凹が線に並列して現れているか、針先で突いたような点々の凹みが密着している線を歯状線と呼びます。線がこのような歯状または鋸状を呈していると、その線の力を減殺するのです。歯状線は頭脳線または生命線に多く見られるもので、頭脳線にあっては知能力の減退、生命線にあっては体力の減退または健康障害の表示です（第11図）。

第2章　掌紋

(1)　掌紋の意義

掌紋というのは、線ではないが、これもまた吉凶を暗示する一種の記号です。掌紋にはいろいろな種類があって、その中には不測の出来事や急激な変化を予告する重要な紋もありますから、どんなに微々たる紋といえども注意深く観察しなければなりません。

紋は丘上に単独に現れることもあれば、線上とか線に接触して現れる場合もあります。また同種の紋であっても形状が不揃いで、大小があり、また所在の位置も一定しておりません。

(2)　紋の種類

掌紋には種々の形状があります。次に挙げる紋がもっとも多く普通に見ら

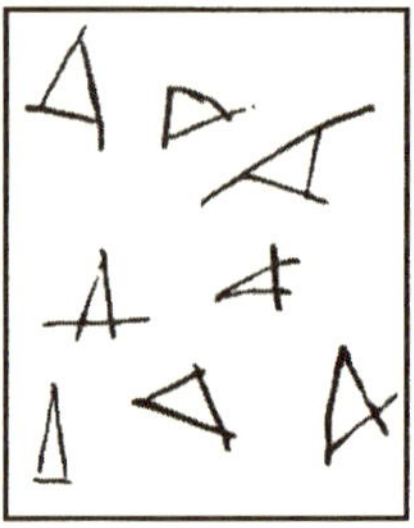

第12図

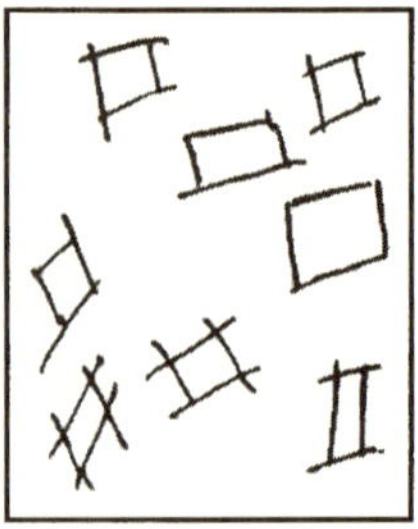

第13図

れるものです。

A　三角紋

三片の線が交錯して形成する三角形の記号のことです。丘上に現れる三角紋は、丘のどこに現れていても、その丘が象徴する意義を強める表示となります。しかしながら線に接触しているか、線を一片として形成される三角紋は、その線の意義を弱める表示となります。たとえば木星丘上に単独に現れる三角紋は、木星丘が象徴する権力、支配、野心などの強化を意味しますが、生命線に接触した三角紋は、生命線自体が表象する体力や生命力の減退を意味するのです（第12図）。

B　四角紋

四片の線が交錯して形成する四角形の記号のことです。この紋が線上に現れていると、凶事や疾病または死亡すら免れるという表示です。たとえば生命線に重病や病死の凶相を暗示する切れ目があっても、これを四角紋が囲んでいると、たとえ罹患しても重態や死には至らぬという示唆になるのです。運命線上の四角紋は、損失や失敗があっても軽い程度で片付くという暗示です。ただし感情線に現れた四角紋だけは例外で、愛情の紛糾や離別を示唆する不吉の相です。丘上に独立して現れる四角紋は、その丘が象徴する意義を強める表示となります。要するに四角紋は、丘や線の欠陥を補強する表示で

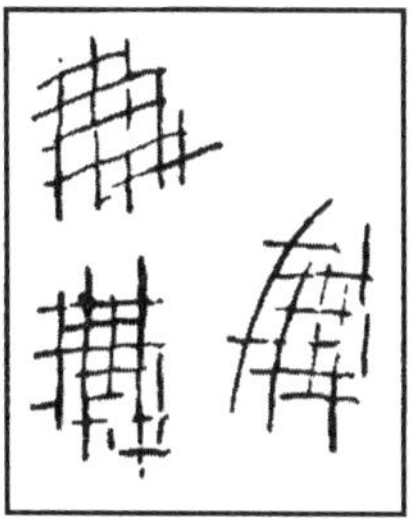

第14図

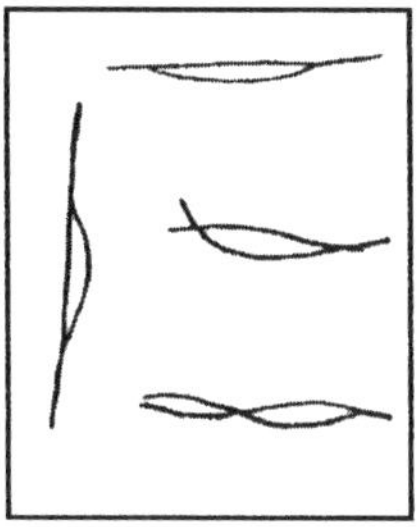

第15図

すから「保護の徴《しるし》」といわれています（第13図）。

C　格子紋

数片の線が縦横に交錯して形成する格子形の記号のことです。この紋は普通、丘上とか指に現れますが、それらのどの個所に現れていても、困難、苦労、妨害などの意味を表示するのです。また、この紋が現れていると、たとえその人が現在、地位や名声をもつ人であっても、それは変化を生じやすく、不安定なものであるという意味を暗示しているのです（第14図）。

D　島または目形紋

この紋は普通、島または目形と呼んでいます。線の一部分が膨らんで形成する目形の記号のことです。島は線のどの部分に現れていても、その線が表象する意味を弱め、または阻害する不吉の相です。たとえば、生命線に現れた島は体力の減退とか疾病、感情線の島は愛情生活の破綻とか離別、頭脳線の島は知能力の減退とか頭部の疾病、運命線の島は金銭上の損失とか事業上の失敗を表示するものです。島はほとんどが、線の一部に現れるのが普通ですが、なかには線全体が一個の島をなしている場合もあります。また甲線の先端が乙線の島に流れ込んでいる場合も、甲線の不吉を暗示するのです（第15図）。

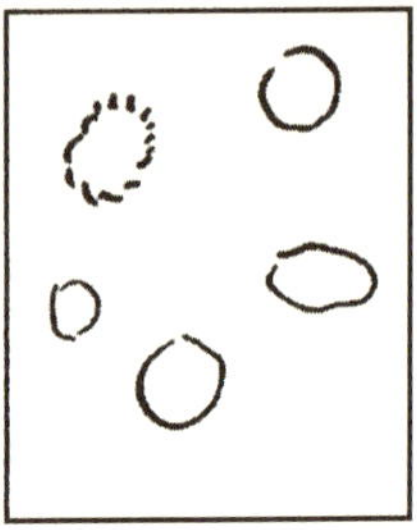
第16図

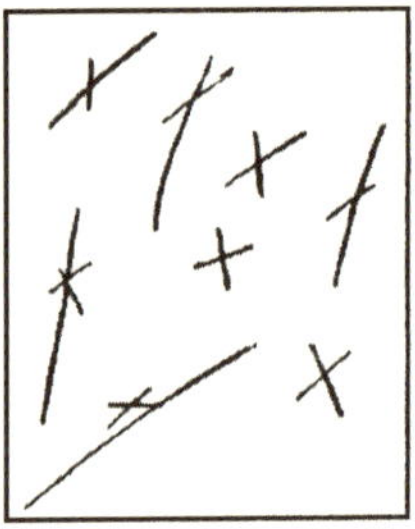
第17図

E　環紋

環紋とは円形の記号のことです。この紋は丘上、線上を問わず、掌中のどの個所に現れていても障害と不運を暗示する不吉の相です。ただし太陽丘上に現れる円環の紋は幸運の吉相で、米国の手相家ヘンリー・レム氏は「皇帝や一代の英雄を予兆する大吉相」だと説いています（第16図）。

F　十字紋

二片の線が交わって形成する十字形の記号のことです。総じて線上に現れる十字形の紋は不吉の変化を予告するもので、困難、不幸、危険、損失などを暗示します。そして線の先端に現れる十字紋が、この紋の中ではもっとも凶悪な相を表示するのです。ただし木星丘上に現れる小さく明確な十字紋だけは例外で、幸運を表示するものです。

さてこの十字紋と次に説明する星紋とは、表示する意味が強いので、若干の詳述を試みることにいたします（第17図）。

▲木星丘上の十字紋が単独に小さくかつ明確に現れていると幸福な結婚を暗示する。

▲土星丘上の十字紋は不運、災難、非業の死を暗示する。ことに運命線の先端にある場合が凶悪である。

▲太陽丘上の十字紋は太陽線が深く明瞭な線でないと不運の表示となる。

第18図

▲水星丘上の十字紋は詐欺、欺瞞、不正直、不実などの意味を表示する。

▲金星丘上の十字紋は、木星丘上に幸福な結婚を暗示する十字紋が現れていないかぎり、愛情関係の宿命的な不幸を暗示する。

▲月丘上の十字紋は想像や空想に迷わされる不運の表示であるが、単なる虚偽性を表示することもある。また月丘の底部に現れる十字紋は溺死の予告となることがある。

▲頭脳線上の十字紋は頭部の傷害を暗示する。感情線上の十字紋は配偶者や愛人の急死を暗示する。感情線の下側に接触する小さく明確な十字紋も同様である。

▲生命線の末端に現れる十字紋は体力の減退を表示する。

G　星紋

三片ないし四片の短線が交錯して形成する星形の記号のことです。星紋は概して幸運、成功の吉相とされていますが、場所によっては凶相ともなります（第18図）。

▲木星丘上の星紋は名誉、地位、権力などがいっそう強まるという暗示である。

▲太陽丘上の星紋は財産や名誉がさらに増大するという意味であるが、良い太陽線が同時に現れていなければならない。

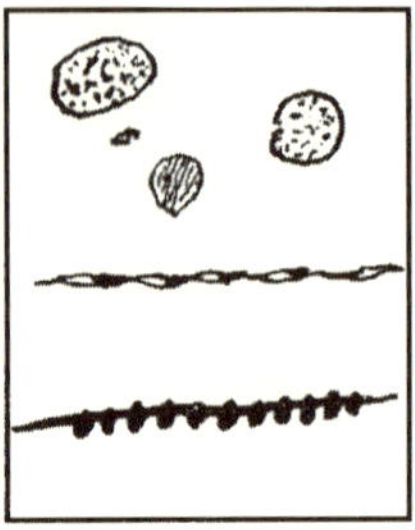

第19図

▲水星丘上の星紋は科学、商業、事業などにおける成功を意味する。しかし英国の手相家ヘンリー・フリス氏は「水星丘上の星紋は手の型がとくに良い場合以外は、すべて詭弁、詐欺、盗癖などの不正直な性質を表示するものである。多くの手相家は成功の吉相だとしているが、私は個人のそうした場合を知らない」と述べて否定的な見解を示している。

▲金星丘上の星紋は、丘の中央にある場合は魅力の象徴となり、異性関係では意外の幸福をつかむという暗示となる。

▲月丘上の星紋は想像力、発明、創作的才能などによる成功の予兆である。

▲土星丘上の星紋は恐るべき凶悪の相で、運命に奔弄され悲劇的な生涯を終わるという暗示である。そして多くの場合、それは非業の死を意味する。

H　斑点

以上に述べた紋はすべて短片の線の交錯によって形成される紋ですが、斑点は線と関係のない特異の表示であります。斑点には二つの種類があります。一つは皮下のソバカスのような小さい汚点のことで、いま一つは、鉛筆の先で突いたような小さい凹みのことです。普通に多く見られるのは後者で、おおむね三大線に密着して現れるものです。この種の斑点が線に並列して現れていると、その線が表象する意味の成長や発達を阻害することになります。たとえば斑点が生命線に密着して現れていると、健康障害、体力の減退を意味するのです。健康線にあっては熱病、頭脳線の場合は一時的衝動とか頭脳の衰弱を表示します（第19図）。

以上で紋に関するだいたいの説明をいたしました。なお具体的なことは主要線や補助線の説明のときに例を挙げて評述するので、ここでは紋の種類とその意義の概略を理解しておいていただきたい。

第3章　右手と左手の観相法

(1)　左右の意義

手相は古くから男子は左手、女手は右手による東洋流の観相法が広く行われてきました。今日でもなおこの習慣が根強く残っております。しかし近代の進歩した手相学では、このような性別の観相法を否定して、男女ともすべて右手を主とし、左手を従とする観相法を採用しています。ただ例外として左利きの場合のみ左手を主とし、右手を参考にするのです。では何ゆえ、旧来の性別観相法を否定するかというと、それは手と頭脳の関係からみて、性別観相法にはなんらの根拠がないという理由によるものです。すなわち、われわれの脳髄は頭部の左側つまり左脳半球が、右脳半球よりも著しく発達し、右手は神経線を通じてこの発達した左脳半球に直結しているのです。この事実は右手が、発達した能動的な頭脳を表象するものだということを意味するのです。これに反し、左手は右脳半球に連結し、単に受動的な頭脳を反映するにすぎません。ここに右手を主とし、左手を従とする観相法の科学的根拠があるのです。

⑵　観相の方法

近代手相学ではまた、左手は先天的または遺伝的傾向を表象し、右手は後天的変化を表示するものだとしているのです。したがって観相の実際にあたっては、まず左手によってその人の性格、知能力、運命などの先天的傾向を知り、ついで右手が表示する後天的変化の相を読み取らねばなりません。この場合、左手と右手の差異は判断上の重要な鍵となるのですから、判断に正確を期するためには、両者の比較対照に周到な注意を払わねばなりません。

たとえば、ある吉相が左手には現れているが、右手にはそれが全然現れていないというような場合があります。それは、この人が先天的には、その吉相が示唆する良い傾向をもつにはもっているが、現実には実を結ばないということを語っているのです。たとえばどんなに良い太陽線や運命線が左手に現れていても右手にそれが現れていないと、だいたい強い運勢の人ではあるが、現実に幸福や成功をつかむことはありません。また左手の頭脳線が明瞭に刻まれた長く強い線であっても、右手の線がそれに劣る場合は、その傾向はあるとしても、左手の頭脳線が表示する先天的に明晰な頭脳力は、環境や境遇その他の原因によって後天的に減退しているのです。

(3) 左右の表示

掌線に伴う表示、たとえば生命線に現れる切れ目とか太陽線上の星紋が左右の同じ個所に同時に現れていると、その表示は確定的な意味を表すことになるのです。一例を挙げると、生命線に死を予告する切れ目があり、しかもそれが左右の手の同一個所に現れていると、その切れ目が予兆する死相は確実なものと断定してよいのです。

左右の手の三大線を比較して、双方の位置なり構成に大きな差異があると、性格にかなりの矛盾があり、言語動作にもそうした傾向が現れるものです。また境遇上の変化が多いということも見逃せません。これに反し左右の線がほとんど似通ったものであると、その人の先天的な性格なり、素質はあまり変化していないということを語っているのです。

第4章　流年法

(1)　流年法の概説

人間の長い生涯の間には、結婚、疾病、死亡、災害、失敗、成功などなどの種々の事態が生じてくるものです。そこで、これらの事態がいつ起こるかということが当然問題になります。手相学では、これらの時期、つまり事態発生の年齢時を予知する方法を流年法と呼んでいます。しかるにこと流年法に関するかぎり、内外の文献や記録は例外なく簡単で、初学者に満足な理解を与えうるほどのものはほとんどありません。このことは流年法の解説がどんなに至難であるかということを裏書するものです。

流年法には科学的根拠などはもちろんありません。まったく経験によるものですから、どうしてそうなるかという質問には答えることができません。すなわち理論的な説明は不可能なのです。したがって流年法に習熟するには実地の経験を重ねて自得するより他に方法はないのです。なぜかというと、個々の手には大小長短の相違があって、たとえば方形の手による流年時と円錐形の手による流年時との間には、適当に加減しなければならぬ差異があるといったような困難を伴うからです。

流年法を適用する対象線には、頭脳線、生命線、感情線、運命線、太陽線などの線があります。しかしもっとも関係の深い線は生命線と運命線です。

注意＝本章に掲示する流年図は、三大線および太陽、運命の五つの線に関するものです。これらの流年図に示された線は、いずれも常態の位置にある標準線です。それにだいたいの流年時を示したのですが、初学の人がこの図を参考にする場合は、これらの標準線を念頭において適宜に見当をつけていただかねばなりません。

⑵　生命線の流年法

生命線は、食指の基底線と拇指とのほぼ中間から発して拇指球を囲んで走る線です。そこで生命線は、起点から末端へと走向に沿って流年を数えるのです。すなわち起点を生年とし、手背に終わる末端を九〇歳とします。そして、この全長のほぼ中心点に四〇歳の見当をつけるのであります。およそ人間の生命力がもっとも旺盛な頂点に達する時期は四〇歳前後です。この四〇歳前後の最盛期を頂点として漸次《ぜんじ》後半の老年期へと入ってゆくわけですが、生命線自体もまた、この頂点を経て後半のカーブを描くものです。

主要線の流年図

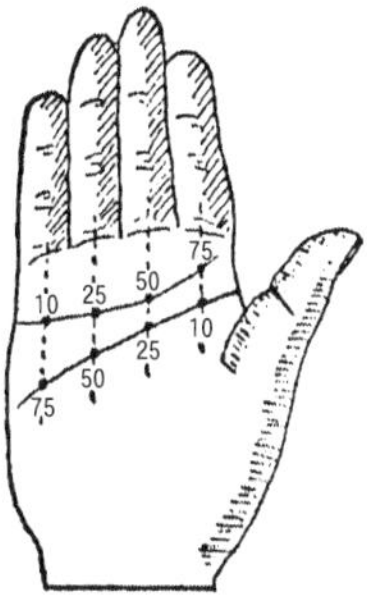

頭脳線および
感情線の流年図

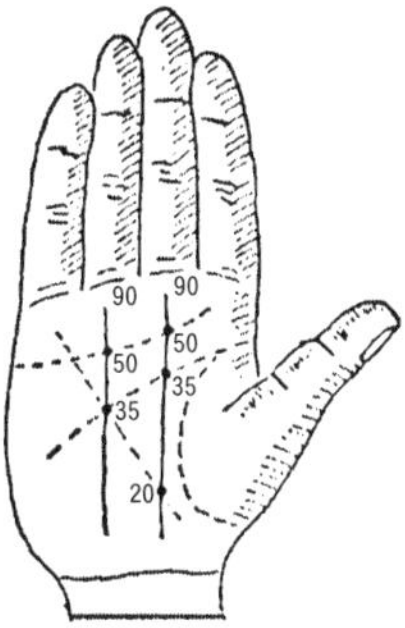

運命線および
太陽線の流年図

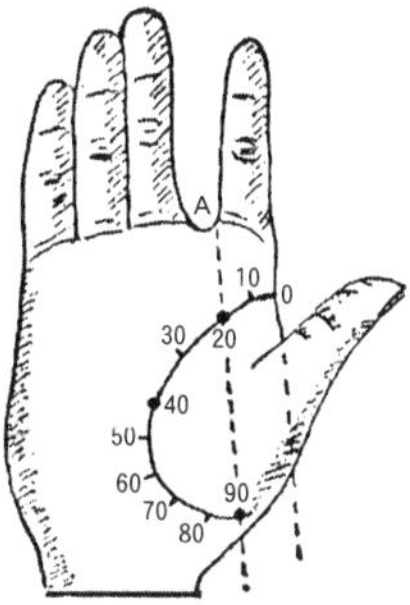

生命線の流年図

したがって経験による流年の取り方は、生命線が起点から掌中に向かって勢いよく伸びた頂点、すなわち生命線が下向きのカーブに入るやや上目に四〇歳の見当をつけます。次に食指の内側の端（A）から仮想の垂直線を下して、上部の交叉点を二〇歳、下部の交叉点を九〇歳とします。この場合の仮想垂直線は、外側の垂直線すなわち食指から拇指に連なる仮想線と並行する想定の垂直線です。次に食指の下のほぼ中央すなわち生年から二〇歳までの中心点を一〇歳、二〇歳から四〇歳までの中心点を三〇歳、四〇歳から九〇歳までの間隔を五等分して、順次に五〇歳、六〇歳、七〇歳、八〇歳の流年を得るのです。

⑶ 運命線および太陽線の流年法

運命線は第一手頸線のやや上部から起こり、中指の下の土星丘に向かって上昇する線です。したがって、この線もまた、起点に沿って下から上へと流年を読むのです。まず普通の位置にある健康線と運命線との交叉点を二〇歳とします。しかし健康線は、手によっては全然現れていない場合があり、また現れていても短線だったり、あるいは普通の位置に現れていない場合の方がむしろ多いのです。そんな場合は、仮想の健康線で見当をつければよいのです。

次に標準の位置にある頭脳線との交叉点を三五歳とします。手相家によっては三〇歳とする説もあります。運命線が二〇歳から三五歳を示すこの部分は、人生におけるもっとも行動的な時代を象徴する火星平原内にあるわけで、後年、この人が出世するか、落伍するかの基礎時代であるだけにとくに運命線の状態に関心が払われなければなりません。さらに感情線との交叉点は五〇歳ないし五五歳とされていますが、だいたい五〇歳と見るのが妥当です。そして中指の基底部を九〇歳とするのです。

太陽線の流年法は、運命線に準ずるものです。

(4) 頭脳線および感情線の流年法

頭脳線と感情線の流年法に関しては、どの手相家も所説がまちまちで帰一《きいつ》するところがないと評するほかありません。ことに感情線の流年法に至っては、まったく対蹠《たいしょ》的な説すら行われているという有様です。すなわち、ある一派の有力な手相家は、食指から小指の方向に流年するという説に対し、他の流派は、これとは反対に小指から食指の方向に流年を読むのです。これは感情線の起点に問題があるわけで、このため両者の流年には数字に大きな開きを生ずるという結果になるのです。筆者もまた、後者の流年法によるものですが、その理由は感情線の項で説明するのでここでは省略いたします。さて頭脳線や感情線の流年法は、技術的には種々の方法がありますが、次に掲げる流年法は米国のM・C・ポインソット氏の採用するもので、もっとも簡単で、初学者にもたやすく理解されるところから、ここに紹介することにしたのです。

氏によると、四指の中心から垂直線を下し、感情線や頭脳線をそれぞれの交叉点によって五つに区分し、図に示すような流年を得る方法です。これを頭脳線についてみると、食指の中心から下す垂直線と常態の位置にある標準頭脳線との交叉点が一〇歳、同じ方法で中指の下の交叉点が二五歳です。したがって、この両交叉点の間隔は一〇歳から二五歳の間ということになります。感情線の場合は、頭脳線と逆の流年になるのです。

(5) 流年法と周期律の併用法

英国の著名な手相学者として広く知られたキロ氏は、流年法とともに、生まれ日による運命の周期律を併用し、流年に著しい効果を上げたのです。キロ氏の言葉を借りると「この方法は周期律の不思議な法則に基礎をおくもので、私は多年にわたる研究の結果、驚くべき正確さで、効果を収めることができた」と述べています。そこで、この併用法をわかりやすく次の三段階に分けて順次説明いたします。

①生まれ日の分類法、②生まれ日による運命の周期律、③流年法と運命の

生まれ日の分類表

分類系数	1	2	3	4	5	6	7	8	9
生まれ日	1	2	3	4	5	6	7	8	9
	10	11	12	13	14	15	16	17	18
	19	20	21	22	23	24	25	26	27
	28	29	30	31					

周期律の併用法。

A　生まれ日の分類法

生まれ日による運命の周期律を知る前段の措置として、まず一日から三一日までの生まれ日を九つに分類します。この分類法を簡単に説明すると、一日から九日までの生まれ日はそのままにして、一〇日から三一日までの生まれ日は前後二桁の数字を単に加算すればよいのです（ここでは理論的な原理は省略いたします）。たとえば、

一〇日生まれの人は　1+0=1
一五日生まれの人は　1+5=6
二八日生まれの人は　2+8=10　1+0=1
三〇日生まれの人は　3+0=3

このようにすれば、一日から三一日までの生まれ日は、すべて九つの分類のいずれかに入るわけです。これを表で示すと上の表のようになります。

上に掲げた生まれ日の分類系数によって、次に説明する運命の周期律を知ることが、併用法に至る中段の措置となるのです。

生まれ日による運命の周期表

分類系数	1	2	3	4	5	6	7	8	9
境遇の変化、事件などのもっとも多い周期年齢（満歳）	1才 7 10 16 19 28 34 37 43 46 52 55 61 70	2才 7 11 16 20 25 29 34 38 43 47 52 56 70	3才 12 21 30 39 48 57 66 75 84 93	1才 4 10 13 19 22 28 31 37 40 46 49 55 58 64 67 73	5才 14 23 32 41 50 59 68 77	6才 15 24 33 42 51 60 69 78 87	2才 7 11 16 20 25 29 34 38 43 47 56 61 65 70 74 79	8才 17 26 35 44 53 62 71 80	9才 18 27 36 45 54 63 72 81
確率月	1, 7 8	1, 7 8	2 12	1, 7 8	6 9	5 10	1, 7 8	1, 2 7, 8	4, 10 11

B　生まれ日による運命の周期律

運命の周期律とは、人間の運命の消長は周期的にくるものだという体験的観念によるものと思われますが、生涯のうち、何歳の年がもっとも事件や境遇の変化、吉凶の転機などの事態発生の確率の高い年であるかという周期（年齢時）を、生まれ日によって割り出したものが次の表です。これはキロ氏の独創によるものではなく、すでに占星術によって創始されていたものだということです。

「生まれ日による運命の周期表」の見方を説明すると、たとえば一四日生まれの人を例にとってみると、その生まれ日の分類系数は五です。そこで、周期表の分類系数五の項をみると、五、一四、二三、三二、四一、五〇、五九、六八、七七歳の年が運命の転機や吉凶などの周期

第20図

年に当たるということになるのです。

　ここでとくに注意しなければならないのは、生まれ日はすべて戸籍上の届出日ではなく、実際に生まれた日のことであり、またここにいう周期年は、日本流の数え年ではなく、満歳を指すのです。また周期表の最下段に掲げた数字はとくに確率の高い生まれ月を示すもので、たとえば上述の一四日生まれの人の場合でも、下段に示す六月と九月の一四日生まれの人がとくに確率が高いという意味です。

C　流年法と周期律の併用法

　キロ氏が流年法と生まれ日による周期律を併用して著しい効果を上げたことは、すでに述べました。この併用法を引例によって説明いたします。

〔例1〕

　ある人の生命線に第20図にみるような明白な切れ目があり、生命の危機を示しているとします。生命線の流年法によると、それは三〇歳前後と推定されます。このような場合に前掲の「生まれ日による運命の周期表」が応用されるのです。仮に、この人の生まれ日が二九日とすれば、その分類系数は二であります。ゆえに周期表の二の項によって、三〇歳に近い二五歳、二九歳、三四歳がもっとも多事か、転機または吉凶の年であることを知り、同時にこの中の二九歳が、流年法が示す三〇歳前後にいちばん近い年であるとい

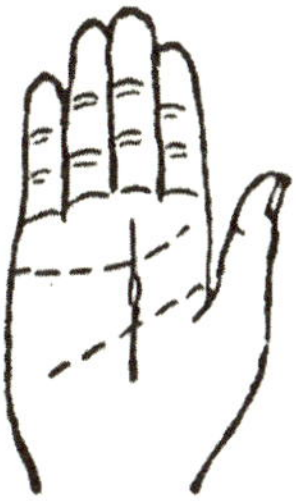

第21図

うことになります。そこで生命線の切れ目が暗示する生命の危機が二九歳の年に発生すると推定します。さらにこの人の生まれ月が、一月、七月、八月の二九日であると、この推定年時はいよいよ確率の高いものとなるのです。

〔例2〕

運命線に第21図に示すような島が現れて、経済上の損失や失敗などによる逆境時を示しているとします。運命線の流年法によって四〇歳前後と推定されます。そこで正確な流年時をつかむため、上掲の周期表が適用されます。仮にこの人が一五日生まれの人であるとすれば、生まれ日の分類系数は六であるから、周期表六の項によって、四二歳の年から当分逆境時代に入ると推定するのです。さらにこの人が五月か一〇月の一五日に生まれた人であると、この推定年齢はいっそう確率の高いものとなります。

以上、第1章から4章にわたって掌線の基礎知識に関する説明を終わりました。何事に限らず、基礎がしっかりしていなければなりません。囲碁にしても将棋にしても、定跡という基礎知識をみっちり修得していないと、本格的な上達は不可能です。同様の意味で、掌線の基礎知識は十分理解することが肝要です。ことに初心者の方は一応本書を初めから終わりまで精読されて後、あらためて以上の総則編をみっちり研究されるようおすすめします。

掌線編

第5章　頭脳線

(1)　頭脳線の概説

A　頭脳線の位置

頭脳線とは、食指の基底線と拇指のほぼ真ん中から、生命線と軽く接触して発し、火星平原を横切って反対側にある月丘の中央部に緩やかな傾斜で走る線のことです。しかもこれが常態の位置にある標準頭脳線です（第22図）。

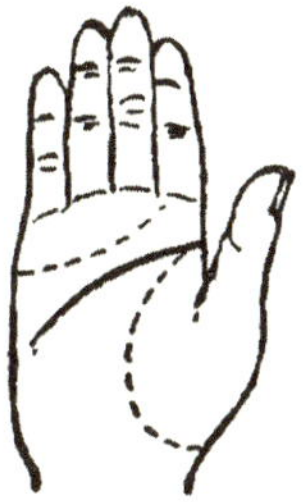

第22図

B　分界の意義

掌は中央を横断する頭脳線によって天地の二つの部分に分かれます。上半分は四指および木星、土星、太陽、水星の四丘から成り立って精神的分野を形成し、下半分は手の付け根の部分を包含して物質的分野を表象するものです。そこでこの境界線をなす頭脳線が上掲の標準線であると、中庸穏健な普通の性格を表示します。しかしこの標準頭脳線の先端が上にあがるほど、下

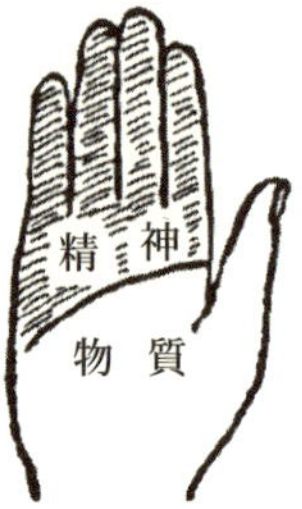

第23図

部の面積が拡大するから物質的傾向の強い性格を示すことになり、反対に標準位置より下に傾斜するほど、上部の面積が拡大するから、精神的傾向の強い性格を表示することになるのです。この原則は頭脳線を観察する場合の基本的理念となりますから十分留意しておく必要があります（第23図）。

C　頭脳線の意義

頭脳線は知能力（頭の良さや創意などを指す）の発達状態や頭脳に関する一切の疾病を表示するもっとも重要な線です。したがってもし頭脳線自体が貧弱であると、この線以外の他の線がどんなに優れた良い相を表示するものであっても、その力はおおいに減殺されることになるのです。また手相判断では頭脳線以外の線や掌紋などによる誤判よりも、頭脳線が表示する意味のつかみ方の不足や誤判から生ずるミスがむしろ重大なものとなるから、この点はとくに注意を要するのです。たとえばどんなに良い太陽線や運命線が現れていても、その手の頭脳線が貧弱であると、それらの吉相線が示唆する幸運や成功は大したものではなく、また永続性もありません。しかし初学の人たちは往々、頭脳線の状態を忘れて吉相線にのみ注意を奪われがちになるのです。

頭脳線が一線鮮やかに刻まれたものでなく、鎖状、波状、中断、島、斑点などの破綻があるとか、線自体が異形または変則の線だったりすると、頭脳になんらかの欠陥があることを示しているのです。ゆえに不完全な頭脳線は明晰な知能力を欠き、推理力や記憶力が弱く、また頭脳の疾患をすら暗示することになります。

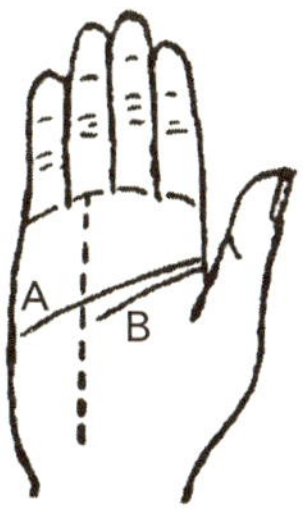

第24図

D　頭脳線の長短

頭脳線は、だいたい薬指の真下の太陽丘の中心から下す仮想垂直線に達するのが普通の長さで、この線外に伸びるのは長い線であり（A）、線内に止まるのは短い線であります（B）（第24図）。長い頭脳線は、優れた知能力を表示するが、それは深く明瞭に刻まれ、線に乱れや破綻のないものでなければなりません。またここにいう知能力（または頭脳力）とは、単なる学問的意味でのそれを指すのではなく、広い意味の精神活動のことです。そしてその精神活動の方向が物質的であるか、精神的であるかは、頭脳線自体の起点や走向によって決定づけられることになります。また、本書中でよく使用される物質的という言葉は、現実的、実利的、実際的などの意味に使用しているのです。

頭脳線の中には異常に短い線もあります。しかし頭脳線が非常に短少だからといっても、ただちにその人の頭脳力が薄弱だとか低劣だと決めてかかってはなりません。せいぜい、土星丘の下部に達するか達しないくらいの短少線であっても、普通一般の知能力を有することは、実地に徴《ちょう》して明らかな事実だからであります。ただその精神活動は想像力がおおいに劣弱で、性格的には物質的傾向が強く、注意力散漫で、仕事などに永続性がないというのが短少線の特徴です。しかもだいたい短命で急死の傾向が強いのです。

頭脳線の全然現れていない手はほとんど稀ですが、もしその手に頭脳線のない人は、奇禍や、災難などで頓死する場合がきわめて多いということです。

E　頭脳線の深さと色合

頭脳線が深く鮮明に刻まれていると、強い精神力や気力を表しているのです。意志力とか勇気は頭脳線の深さに比例するとも言われています。

頭脳線が幅広く、浅い線であると、精神力というよりもむしろ肉体力の発達を表示します。

頭脳線が血色のない幅広い線であるとか、または線自体が弱々しい貧弱な線であると、無気力、優柔不断、懶惰《らんだ》、遅鈍《ちどん》、注意力散漫、移り気などなどの性質を表示します。赤色を帯びた頭脳線は精力家であるが、赤すぎると卒中や癲癇《てんかん》になる危険があります。

(2)　起点および終点の意義

頭脳線のあらゆる実相を研究する前に、この線の起点および終点が表示する意味を理解しておくことが大切です。というのは、頭脳線の起点と終点の意義を十分に把握していると、頭脳線に関するかぎり、判断上の半ばは達せられることになるからです。

A　起点の意義

頭脳線は、要するに次の三点のいずれかが発起点となるのです。

①　起点が生命線と離れて発する頭脳線
②　起点が生命線と結合して発する頭脳線
③　生命線の内側から発する頭脳線

頭脳線は発源の状態つまり起点の位置によって、異なる性格的特質を表示するのです。

ア　起点が生命線と離れて発する頭脳線

起点が生命線と離れて発する頭脳線といっても、その離れ方つまり間隔の広狭によって、その意義に次のような差異を生ずるのです。

第25図

▼生命線とすれすれの間隔で発する頭脳線（第25図）　頭脳線が生命線とごく僅少な間隔をおいて発源していると、果断、独立心、実行力などの意味を表すもので、強固な自信力と克己心をもって目的貫徹に突進する強い性格を語るものです。生存競争に大切な大胆さがあり、他から支配されたり、束縛されたりすることを好まぬ人です。

第26図

第27図

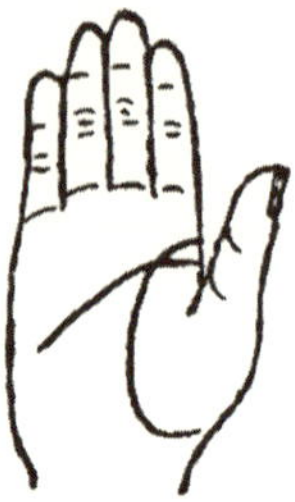
第28図

▼生命線からかけ離れて起こる頭脳線（第26図）　生命線とすれすれに発する頭脳線は吉相ですが、両者の起点の開きが大きいと、無思慮、猪突的行動、興奮性などの性質を表示します。このような頭脳線をもつ人は警戒心がほとんどなく、感受性に乏しい、無思慮、無計画なことをやる人です。起点の間隔が開くほどこのような傾向はさらに強まるが、過度に開きすぎると、脳溢血、ヒステリー、不眠症、その他の脳病に冒される危険があります。大きく開いた頭脳線自体に多くの島が現れているとか、または切れ目や毛状線などの不良な表示を伴うと、自殺や発狂することがあります。

イ　起点が生命線と結合して発する頭脳線（第27図）

頭脳線の起点が生命線に接触していると、敏感、慎重、自信力の欠如などを表示します。この種の頭脳線をもつ人は、あらゆる場合に用心深く、自分の力量や才能を低く見積もる傾向すなわち自己を過少評価するといったすこぶる自信力のない人であります。さらにこの種の頭脳線には、生命線と軽く接触している場合と、互いに織り交ぜたようになっている場合とがあります。後者の場合は、上述した傾向がさらに強く、極度の神経過敏に妨げられて生存競争に耐える力のない無気力な性質の人です。

ウ　生命線の内側から発する頭脳線（第28図）

この線は起点が第一火星丘から発する頭脳線のことです。神経過敏、用心

第29図

深さ、細心、臆病などの性質を表示するもので、この相の人は感情的になりやすく、他人とよく些細なことで仲違いやケンカ争論などする人です。元来が心配や取り越し苦労性の人で、取るに足らぬ些細なことでも気に病む性質だから自然、目先のことにばかりにとらわれて大事の好機を逸する傾向の人です。もう一つ見逃せぬ欠点は、怒ったり激したりすると、常軌を逸した行動に出ることがあります。この手の掌が硬いと短気で、粗暴な性質の人です。

B　終点の意義

頭脳線の走向を個々の手について綿密に調べてみると、千差万別でほとんど同一の線はありません。一直線に走る線もあれば、上向きに走る線もあり、また下向きに傾斜する線もあるといった具合です。しかし手相学では意義の上から観て、だいたい次のように類別するのです。

▼まっすぐに掌を横切って第二火星丘に達する頭脳線（第29図）　一直線に掌を長く走る頭脳線は、意志力、忍耐力、克己心などを表示するのであります。このような走向の頭脳線をもつ人は、実社会的な才能の人であり、実力型の人です。また物質的傾向の強い性質の人で、実社会のあらゆる面、主として実業方面で活躍する人です。しかし、この線が長すぎて、掌の外側にまで伸びていると、過度の推理や理論癖をもち、だいたい利己的、打算的な性格の

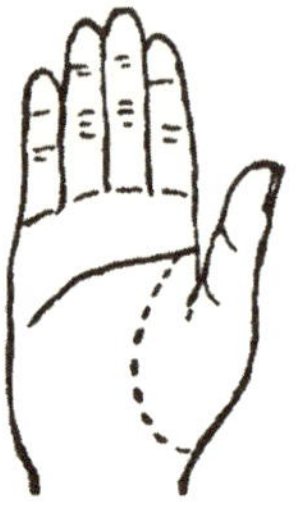

第30図

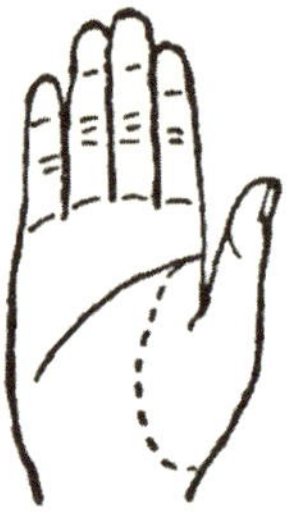

第31図

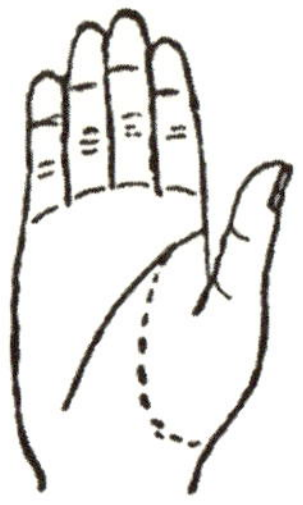

第32図

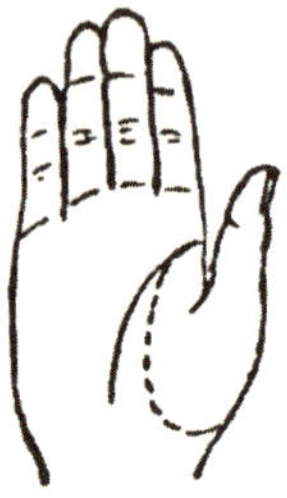

第33図

人です。しかし成功主義者であり、自制力の発達した人ではあります。

▼前半がまっすぐで後半がやや傾斜する頭脳線（第30図）　この種の頭脳線は、理論と想像力との釣合のとれた頭脳を表すものです。非常に穏便で思慮分別に富み、常識の良く発達した人で、また実務的才能の人でもあります。

▼緩やかな傾斜で月丘の中央部に伸びる頭脳線（第31図）　一般にもっとも多く見受けられる標準型の頭脳線です。このような頭脳線の人は、想像力や常識に富み、芸術方面、たとえば文学、美術、音楽、学芸などに関心を惹かれる性質の人です。

▼月丘の底部に向かって垂下する頭脳線（第32図）　頭脳線の先端が強く傾斜して、月丘の底部に向かって走っていると、理想的、観念的、空想的といったような精神的傾向の強い性格を表示するのです。空想や詩的な夢を追うとか、世の中と闘う気力を欠くといった性質の人です。しかしきわめて稀には、芸術や創造の世界で偉大な業績を挙げる人もあります。

▼生命線に接近して垂下する頭脳線（第33図）　頭脳線というものは、下向きに傾斜するほど、精神的傾向の強い性格を表示するものだということは、上述した分界の意義の項で説明しましたが、この相のように、生命線に近接して

垂下していると、空想、放縦、無気力などの特異な頽廃《たいはい》的性格を表示します。意志薄弱で、依頼心が強く、何をやっても仕事に一貫性がありません。

C　起点と終点の関係

頭脳線の起点と終点に関するそれぞれの意義は上述の説明でだいたい理解されたことと思います。さてそれでは両者の関係はどうなるかというと。

① 起点が生命線とすれすれの開きをおいて発源する頭脳線はだいたい掌を一直線に走り、ほとんど傾斜しない場合が多い。

② それ以外の起点から発する頭脳線はすべて傾斜頭脳線である。

もちろん、上述の関係は原則的にはそうだというのであって、実地にあたってみると、必ずしも原則どおりには現れぬ場合もあります。

D　傾斜頭脳線の特徴

頭脳線には上向きの線や直線に走る線は割に少なく、大半は傾斜した頭脳線で、ただ傾斜の度合が大きいか少ないかであります。そこで、傾斜頭脳線の本質的な特質に触れておきます。

傾斜頭脳線は物質的というよりも、精神的傾向が強く、幸運をつかむ機会はあっても、意志力や気力などの精神力を欠くとか、または悪い結果を予想しすぎるとか、あるいは現実にやっている道楽や不品行などに妨げられて、たいした成功はしないといった傾向があります。そして傾斜の度合が強いほど、この傾向もまた増大するのです。

⑶　頭脳線の諸相

頭脳線の起点および終点の意義を十分理解することは何よりも大切なことですが、手相判断の実際に当面すると、一口に頭脳線といっても多種多様の相があって、必ずしも原則どおりの型にはまった線ばかりが現れているわけではありません。しかし、個々の実相について正確な判断を下すのが真の手相判断でなければなりません。

そこで、頭脳線のあらゆる実相に通ずる原理の理解を容易にするため、次に比較的多く見られる実相の解説に移ります。

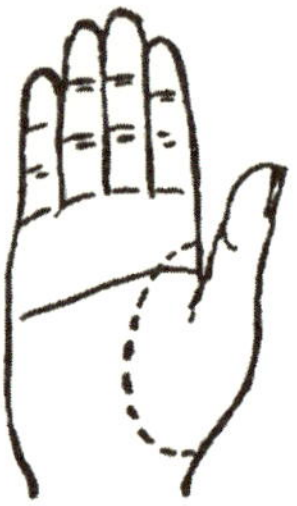

第34図

A　生命線の内側から発する頭脳線

▼生命線の内側から発する頭脳線が掌を横切って一直線に走っている（第34図）

生命線の内側から発する頭脳線は、ほとんどが傾斜しています。しかるにこの場合のように線の方向が掌を直線に走っていると、起点の意義が表示する神経過敏、細心な気質はあるが、年をとるとともに、そうした精神的弱点は矯正されて、神経質な性分が漸次《ぜんじ》克服されてゆくのです。自然半生がしっかりした性格になり、実社会的な活動をする人になります。

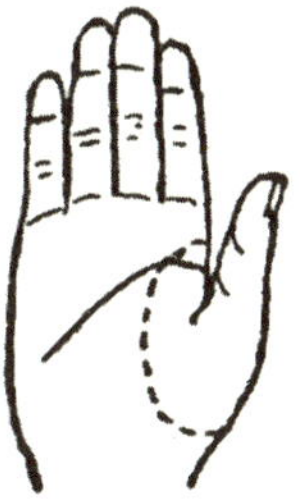

第35図

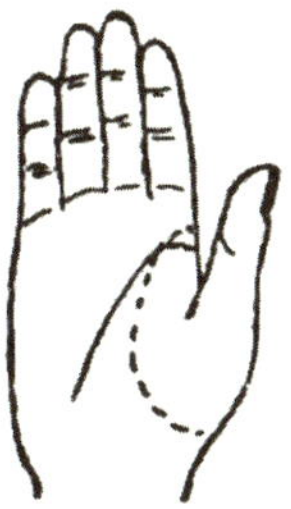

第36図

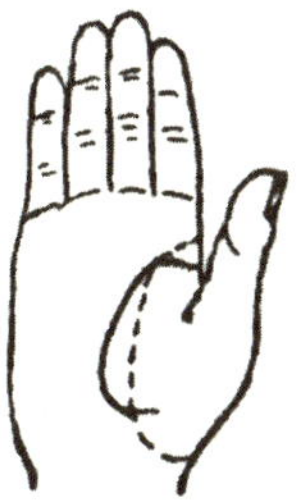

第37図

▼生命線の内側から発する頭脳線が月丘の中央に向かって緩やかに傾斜している（第35図）　敏感で小心な性質ではありますが、想像力がよく発達しているから精神的な方面での仕事、たとえば文学、美術、芸能、音楽、文筆などの仕事に適する相です。もしこの線が鮮明で、長く伸びていると、そうした方面の仕事で才能を発揮できる人です。しかしこの相の人は、実社会における活動力が鈍く、性格的にも多分に放縦、享楽的の傾向があります。

▼生命線の内側から発する頭脳線が月丘の底部に向かって強い傾斜で垂下している（第36図）　喜怒哀楽の感情が強く、そして、空想的傾向の強い人です。社会的な活動力がなく、また気力に乏しい人で、しかも多分に放縦性をもつ人です。しかし感受力や空想力が強く、神秘性に対する感覚が鋭いから易占、手相、透視術、神霊術などの職業または宗教方面に適する相です。もしこの種の頭脳線自体が貧弱な線であるとか、線の末端に星紋か十字紋が現れていると、発狂や精神異常を起こすおそれがあります。さらにこの手の感情線が鎖状や断片の貧弱な線であると、上述の性格的欠点はいっそう強くなります。

▼生命線の内側から発する頭脳線が内曲がりしてその先端が金星丘に割り込んでいる（第37図）　前掲の頭脳線をさらに強める相で、神経過敏の度がいっそう激しく、常に無意味な強迫観念にとらわれ、極端に臆病な性質を表すので

第38図

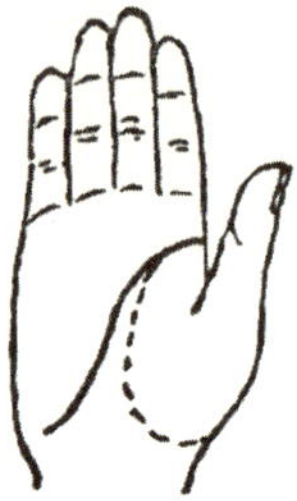

第39図

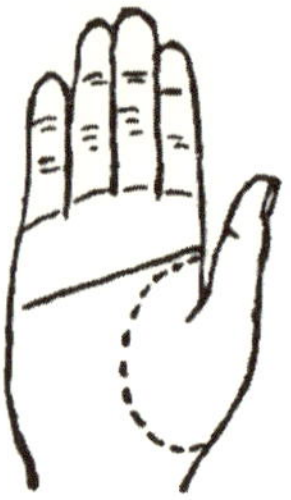

第40図

す。この線はまた愛情関係の悲運を表示することがあります。

B　起点が生命線と結合して発する頭脳線

▼生命線と結合して発する頭脳線が後半やや傾斜して月丘の上部に達している（第38図）　この種の頭脳線はよく見受ける線です。実務的才能と想像力との均衡のとれた良い頭脳力を表示するもので、この相の人はきわめて常識に富み、穏健で分別のある人です。

▼生命線と結合して発する頭脳線が強い傾斜で垂下してその先端が月丘の底部で側面に方向を変えている（第39図）　病的な空想癖と極端な神経過敏を表示するもので意志薄弱の無力型の人です。また孤独遁世的な傾向があり、なかには厭世自殺する人もあります。

C　起点が生命線と離れて発する頭脳線

▼生命線とすれすれに発する頭脳線がまっすぐに掌を横切って第二火星丘に達している（第40図）　実社会の活躍にもっとも適する実力型の相です。この相の人は、明敏な頭脳と実務的才能によって成功を遂げる人であり、意志と実行力の人です。しかし人情の機微に通ぜぬ冷徹な一面があります。キロ氏はこの頭脳線を評して「この線は優れた才能と幸運を約束する吉相であるが、彼は生涯の目的をもっていなければならない。目的がなければ、思慮の海に漂

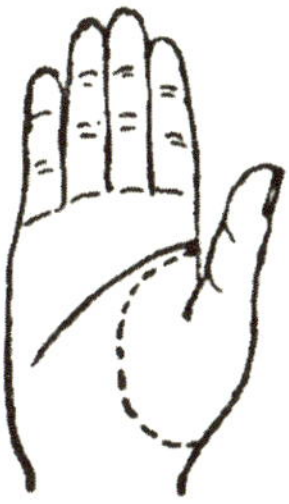

第41図

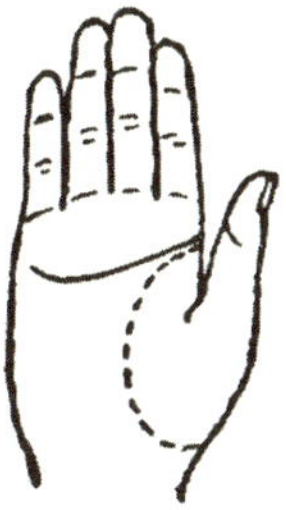

第42図

流する小舟のようなもので、求めるところがなければ、その人に天職もこなければ彼らを向上発展させる野心の好機もなく、目当てのない生涯を空費するに終わるだろう」と警告しています。

▼生命線とすれすれに発する頭脳線が直線的でなく傾斜している（第41図）　生命線とすれすれに発源する頭脳線は、一直線に走る線が普通です。にもかかわらず、この線が傾斜頭脳線になっていると、起点が示唆する優れた性格の人であっても、おそらくは何らなすところなく、一生涯を浪費することに終わる人です。

▼生命線とすれすれに発する頭脳線の先端がやや上向きになっているか、または水星丘に上っている（第42図）　この相の人は、自分で社会的義務だと信じて乗り出した仕事には一切を挙げて熱中し、場合によっては家庭も愛情もあらゆるものを犠牲にする人です。「この人は多分に民衆運動の指導者を独り決めに自負するといったような人物」だとキロ氏は説いています。

D　頭脳線の分岐

頭脳線が途中で分岐して、その分岐した線の先が四指の直下の丘またはその他の丘のいずれかに向かって走っていると、その丘が象徴する意義が混入するという意味になるのです。

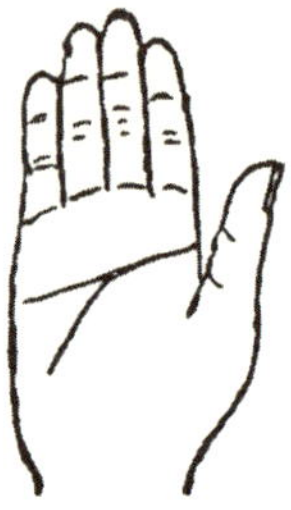

第43図

第44図

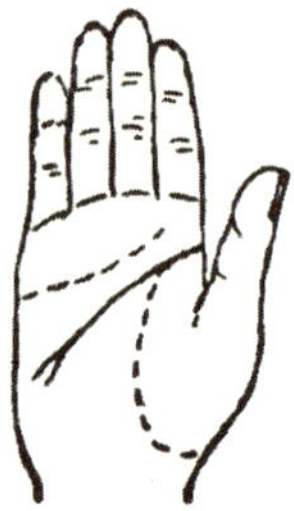

第45図

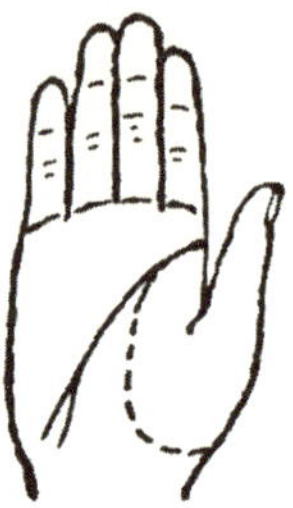

第46図

▼**頭脳線が大きく分岐して一方はまっすぐに第二火星丘に走り、他方は月丘に向かって垂下している**（第43図）　理想や想像力を実現することのできる才能や能力を表示します。月丘に垂下する線は想像的才能や理想主義的な性格を示し、まっすぐに第二火星丘に走る線は意志力や実行力を表示する線だからです。両者のいずれに重点がかかるかは、起点の状態や手の型などの総合判断によらねばなりません。

▼**頭脳線の先端が二叉になり、等長でしかも近接している**（第44図）　この種の頭脳線の起点が、生命線と結合しているかまたは生命線の内側から発して、敏感な性質を表示している場合は、明らかに決断力がなく、何事に対しても遅疑逡巡《ちぎしゅんじゅん》してことに煮え切らぬ性質の人です。

▼**傾斜した頭脳線の先端が月丘上で小さい二叉になっている**（第45図）　文学的才能を表示するもので、もしこの手の型が円錐形であると、その才能はいっそう強力なものとなります。またこの頭脳線の線上または線に接触して白い斑点が現れていると、文筆方面で成功する人です。

▼**垂下して月丘の底部で二叉になる頭脳線**（第46図）　頭脳線が月丘の底部に向かって垂下していると、非常に神経過敏で、空想的な傾向の強い人であるが、さらにこの線の先端が二叉に分かれていると、病的な空想癖と、神秘に

第 47 図

第 48 図

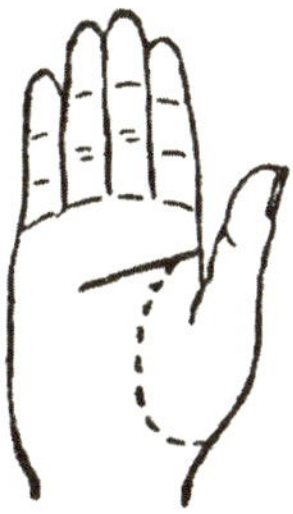

第 49 図

対する狂信的な性格を表示するものです。この相はまた精神錯乱の徴候を示していることがあります。

▼頭脳線が二叉になって、一方の線が月丘の方向に走っている（第47図）　この二叉の他方の線は、第二火星丘にまっすぐに走る線ではなく、図のように短いか、傾斜した普通の線であります。この種の頭脳線は、嘘や偽《いつわ》りをその場、その時の機宜に応じて捏造する性質の人です。女性の場合は、苦労や困難を避けることにかけて如才のない人です。

E　変則の頭脳線

▼起点が生命線と結合したまま、低下して発源する頭脳線（第48図）　この相の人はだいたい独立の気迫を欠き、依頼心が強く、過度に神経過敏で非常に用心深い臆病な人です。成熟が遅いということも、この線の特徴の一つですが、反面には繊細、緻密を要する工作、工芸などに優れた才能があります。この相の人はまたたいへん官能的で変態的傾向があり、もしこの種の頭脳線自体が貧弱であると、精神薄弱で浮薄な性質を表示します。

▼太陽丘の下部にやっと達するくらいのまっすぐな短い頭脳線（第49図）　現金主義のきわめて冷たい性格を表示する線です。ことに男子の場合は、温かい情を欠くばかりか、信頼のおけぬ不実の人で、この相の人には、文学、美術、

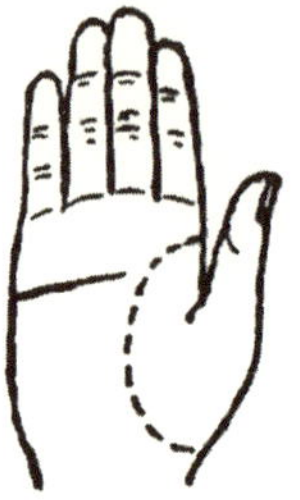
第50図

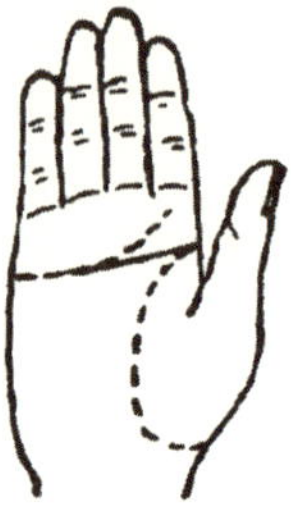
第51図

第52図

音楽などの芸術的センスは望むべくもありません。また愛情問題にしても情緒的な感情などは持ち合わせぬ人です。

▼反対側の第二火星丘から発して生命線に近く止まる頭脳線（第50図）　頭脳線としてはきわめて稀な異形線ではありますが、往々見かける相です。この相は激しい眼病に冒されるか、または冒されたことのある珍しい相を表示するのです。

▼普通の位置にある感情線に流れ込むように結びつく頭脳線（第51図）　このような頭脳線の人は、残忍性、凶暴性を生まれながらにもつ人であり、また罪悪に対する非凡な才能の人でもあります。英国のヘンリー・フリス氏は「この頭脳線は異常な激情と、その激情に理性が手段として役立つことを示す相である」と説いています。この相の人はだいたい、執拗で利己心が強いから蓄財や社会的地位を築く可能性もあるが、浮沈もまた多い人です。

▼掌の中央に孤立して現れる頭脳線（第52図）　先天的な低い知能力を表示する相で、多くは酒毒などの遺伝に起因するのです。白痴や低脳児などの手によく見受けられます。

第53図

第54図

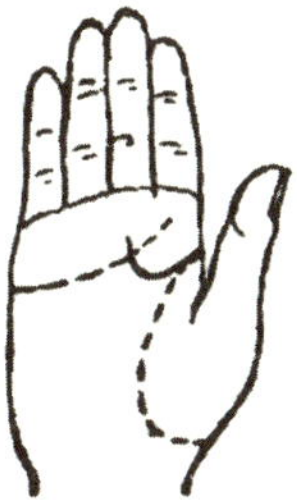

第55図

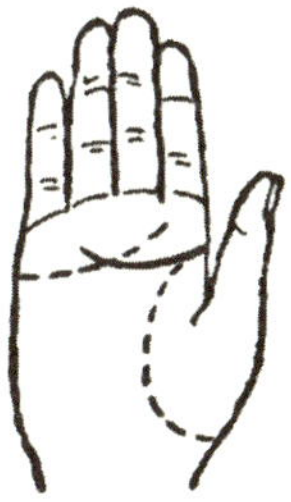

第56図

▼生命線の内側の拇指球から発する頭脳線（第53図）　起点が生命線の内側から発する頭脳線の一種ですが、この場合は、その発源点が低く、一見して異形の頭脳線です。この相の人は、気力も実行力もない無力型の人で、感情の起伏が非常に強い人です。

▼先端が土星丘の下で内曲がりする頭脳線（第54図）　意志薄弱、小心、臆病な性質を表示する相です。またたいへん煮え切らず、しかも依頼心の強い性質を表す相でもあります。

▼先端が土星丘の方に跳ねて感情線で食い止まっている頭脳線（第55図）　この相は頭脳の疾患に冒されやすい素質を表示します。この線の先端が感情線の上に抜けていると若死にの暗示となります。その線はまた頭部の負傷や脳震盪《しんとう》などで死亡するという相です。

▼先端が太陽丘に走る頭脳線（第56図）　頭脳線の普通の位置は、感情線の下方に傾斜して横切るものですが、この線とは逆の方向、すなわち感情線を突切って太陽丘に達していると、芸術的才能かまたは技術的才能を営利面や職業面に生かす人です。

第57図

▼先端が水星丘に走る頭脳線（第57図）　事件処理に対する特殊の才能かまたは機敏な行動性を表示する相です。したがって弁護士や司法官または警察官などに適する相です。しかしこの相の人は、打算的というより、狡猾な性質の人が多く、また無遠慮や無節操な性質の人です。この相はまた神経系統の疾病に罹りやすく、もしこの線の先端に星紋が現れていると頓死の凶相となることがあります。

F　頭脳線の支線

頭脳線から発する支線が、上向きに木星丘、太陽丘、水星丘のどの丘かに昇っていると財運または成功を約束する吉相となります。しかし障害線、十字紋、島などが、この支線上に現れていると、その吉相はなんらかの原因で阻害されるという暗示になるのです。障害の意味を表示するこれらの障害線や紋は、それが現れる位置によっても自《おの》ずから事情を異にするので、周到な観察と綿密な注意が必要です。

また仮に、これらの上向き支線が示唆する吉相が実現しないとか、または高の知れたものであるとすれば、その人の関心や努力が、間違った方向にそれているということが考えられるのです。たとえばその手の型が円錐形の手で芸術的センスのある性格を示しており、同時に頭脳線の支線が太陽丘に達しているにもかかわらず、その人が芸術の分野で成功していないとすれば、その人は、他の方面に努力の方向を目指していることをうかがい知る

第 58 図

第 59 図

第 60 図

第 61 図

ことができます。

▼木星丘に昇る頭脳線の支線（第58図）　この支線は社会的地位、金運、権力などに対する野心や願望の表示です。幹線の頭脳線自体が良い線であれば、この野心なり願望は達成されるとみてよいのです。この支線が二、三本同時に木星丘上に立っているか、またはこの支線が丘上の星紋と結びついている場合も目的達成の吉相です。しかしこの支線が伸びて、食指の基底線に達している場合は単なる自負心や高慢心を表示するにすぎません。

▼食指と中指の中間に昇る頭脳線の支線（第59図）　この支線もある種の野心なり企図なりを表示する相ではありますが、その目的が達成できるかどうかは、障害を表示する線や紋などの有無、頭脳線自体の良否その他の総合判断によって判定しなければなりません。

▼頭脳線の支線が太陽丘に昇っている（第60図）　財運をつかむとかまたは芸術、芸能方面での成功を約束する吉相です。そのいずれであるかは頭脳線自体の走向や手の型などによって判断できるのです。

▼水星丘に昇る頭脳線の支線（第61図）　この支線は次のような方面の成功を約束する吉相です。すなわちある種の特技における成功、または技術、発

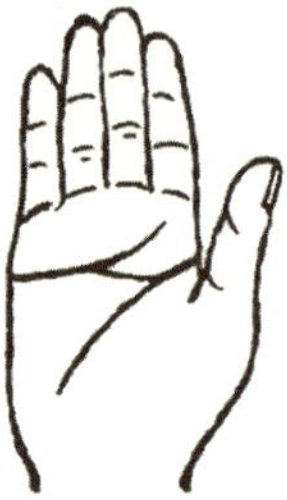

第62図

明、発見などにおける成功、あるいは実業方面における成功などです。

▼頭脳線から発する上向きの支線が感情線と結びついている（第62図）　これは感情線と頭脳線を結ぶ線です。この相は愛情とか仕事上のある大きな魅力が、この人の生涯を支配するといった暗示です。前者の愛情関係では深刻な恋愛や愛情に陥りやすい性質の人で、いったんそうしたことになると理性を失って情熱の虜になる人です。

G　頭脳線に伴う短細な斜線

ここにいう斜線は支線というほどの強い線ではなく、頭脳線から斜めに派生するきわめて繊細な短い線の意味で、むしろ毛状の斜線です。

▼頭脳線から金星丘の方向に現れる多数の短細な斜線　陰気な性質を表示するもので、何事によらず一応は反抗的で、また疑い深い人です。この毛状斜線は、この人の衰運を予兆するものでもあります。

▼頭脳線から月丘の方向に多数に派生する短細な斜線　上述の場合とは反対に明朗で愛嬌のある陽気な性質を表示する相です。

▼頭脳線の上側に多数に派生する短細な斜線　意志薄弱を表示する相です。心

第63図

第64図

第65図

に迷いの多い性分で、物事を悲観的にみる傾向の強い人です。

▼頭脳線の上下に派生する短細な多数の斜線（第63図）　多才、多芸の器用な才能を表示する相です。もしこの手の型が混合形の手であると、いっそうその傾向を助長し如才のない人です。混合形の手については後章に説明します。

H　鎖状または波状の頭脳線

頭脳線に鎖状または波状の乱れがあると、頭脳線自体が表示する知能力の減退を意味するのです。

▼起点から中程までが鎖状の頭脳線（第64図）　この種の頭脳線をもつ人は、注意力散慢で思考力に統制を欠く人です。意志力にも乏しく放縦な性質の人です。

▼線全体が鎖状の頭脳線（第65図）　繊弱な知能力を表示するもので、思慮に乏しく、思考力散漫で、物事を自分の頭ではっきり処理できません。自然境遇や運命のままに流れる人です。また起居《たちい》振舞《ふるまい》の鈍い人です。この種の頭脳線が強く傾斜していると、意気消沈したり、憂欝の発作に罹るとかいったような病的症状を呈する傾向があり、そのようなときは人嫌いしたり、一時的な発作で自殺することもあります。

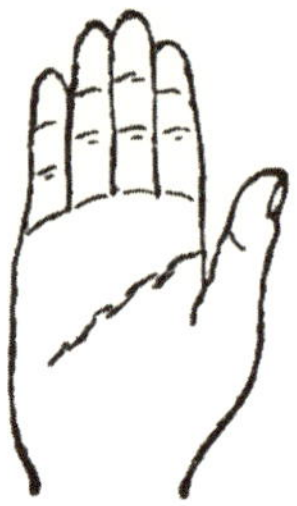

第66図

第67図

第68図

▼波状の頭脳線（第66図）　この線は蛇行形にくねった格好の頭脳線です。性格的にも底意地が悪く、虚言を弄する人です。またぐらつきやすい移り気の性分で落着がありません。この線は肝臓病を表示する場合があります。もちろん上述の性質とともに肝臓病を表示することもあります。

I　切れ目のある頭脳線

頭脳線に赤い斑点や中断の切れ目があると、頭部の故障や負傷または疾病を暗示するものです。そのような障害の程度は、線自体に現れる切れ目の大きさに対応します。また手相でいう頭部というのは首から上の部分、すなわち、鼻、口、目、耳、咽喉を含めての意味です。

▼食指の真下に現れる頭脳線の切れ目（第67図）　下足部の負傷または疾病を暗示する場合と、転落または転倒による頭脳の負傷を予兆する場合とがあります。

▼中指の真下に現れる頭脳線の切れ目（第68図）　この切れ目は、頭部に関連する凶運を予兆するものです。たとえば頭部の障害とか疾病によって、不慮の死を招くようなことです。左右の手がともに、このような切れ目になっていると、この凶運は確実な警告となります。

第69図

第70図

第71図

第72図

▼一見に粉らわしい散り散りの細片によって構成される頭脳線（第69図）　繊弱な知能力を表す相です。この相の人は、記憶力や思考力に乏しく、優柔不断かつ無定見の人であり、また無節操で信頼のおけぬ人です。たいていは頭痛持ちの人が多いようです。

▼切れた両端が重なり合う頭脳線（第70図）　頭部に生ずるなんらかの障害、負傷または頭部の疾患を暗示するものですが、この場合のように切れ目が重複していると、その疾患が重症でないことを語っています。

▼末端が切れ切れになった頭脳線（第71図）　これも薄弱な精神力を表示する線で、意志力もなければ実行力もない無気力の人です。

▼線の中途が切れ切れになった頭脳線（第72図）　頭脳線の一部分が切れ切れになっていると、流年法が示すその時期に頭部の疾病に冒されるという暗示になります。頭脳線が切れ切れになっていると意志力や実行力の減殺を語るものので、この種の頭脳線は神経衰弱に罹っている人の手によく見受けられます。

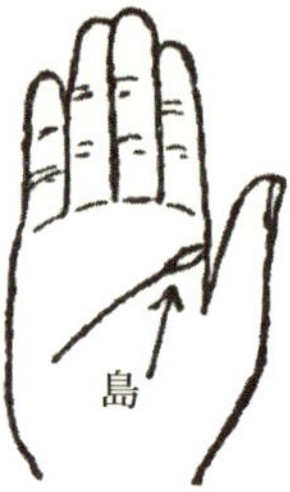

第73図

第74図

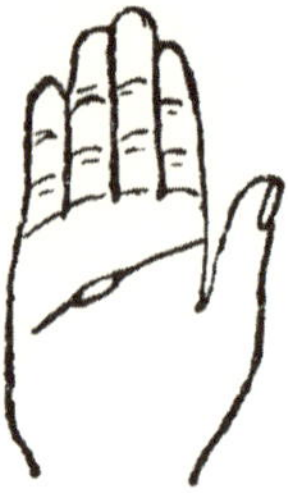

第75図

J　頭脳線上に現れる島

頭脳線上に現れる島は頭部すなわち耳、目、鼻、咽喉、瞼などを含む首より上の部分の疾病を予兆する不吉の相です。ヘンリー・フリス氏の説によると「頭脳線の島は非常に傷つきやすい神経、頭痛持ち、神経痛を予兆する」とも述べています。頭脳線の島は、それが現れる線上の位置によって次のような意味を表示します。

▼食指の真下で頭脳線に現れる島（第73図）　幼少年期における知能力、精神力の薄弱を語るもので、このような子は、だいたい勉強を嫌い、またぼんやりした子で、野心や向上心がありません。

▼中指の真下に現れる頭脳線の島（第74図）　この島は、憂欝症の傾向を示し、ことに脳炎に罹りやすい素質を表すものです。もしこの島から先が貧弱な線になっていると、その疾病は完全には回復しません。この島はまた災難や失敗に遭遇するという暗示ともなります。

▼薬指の真下に現れる頭脳線の島（第75図）　この島は、眼病または近視に罹る予兆です。もしこの部分に小さい多くの島が現れていると、たいていは失明するか視力減退の危険があります。

第76図

第77図

第78図

▼小指の真下で頭脳線に現れる島（第76図）　この島は、老年期における頭脳力の著しい衰退を予告するもので、心配、取り越し苦労などの強い神経質に陥るという暗示です。もしこの島が鮮明に現れているとか、多くの島になっていると、心配や取り越し苦労が昂じて精神に異常を生ずることがあります。

▼頭脳線の末端の島（第77図）　強い傾斜で垂下する頭脳線の末端に島が現れていると、精神病を予兆する凶相です。この種の相をもつ人は、発作的な発狂によって凶行などを演ずることがあり、また自殺する人もあります。

K　頭脳線と十字紋

小さく鋭い鮮明な十字紋は、頭脳線のどの部分に現れていても、それが線に接触しているか、または線上に直《じか》に現れていると、頭部に被る不測の傷害を予告する凶相となります。キロ氏は十字紋の現れる位置によって、傷害の原因を次のように説明しています。

▼食指の真下で頭脳線上または線に接触する十字紋（第78図）　多くの場合、この人が強制的だとか、独断にすぎるとか、または非道、圧制などのために被る頭部の傷害を暗示する。

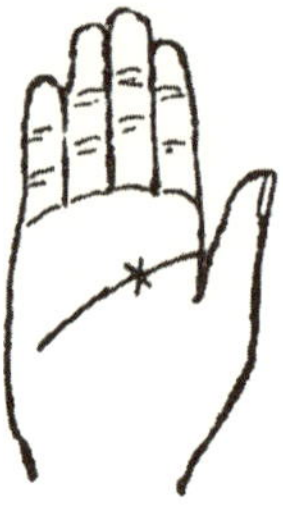

第79図

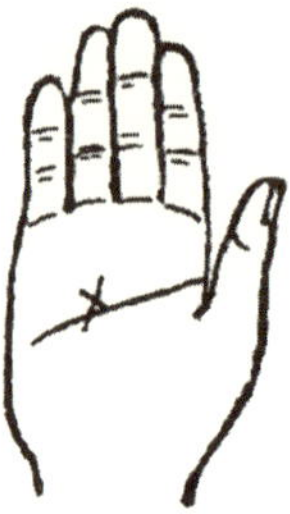

第80図

第81図

第82図

▼中指の真下で頭脳線上または線に接触する十字紋（第79図）　この人の裏切り行為や不実な行動に起因する事件で不慮の危害を招く相である。この十字紋はまた狂犬、牛馬、その他の獣類によるか、または鉱山や火薬などの爆発による頭部の傷害を予兆する。

▼薬指の真下で頭脳線上または線に接触する十字紋（第80図）　不意の転落や転倒によって被る頭部の傷害を暗示するもので、たとえばこの人が不用意に転落して頭部に打撲傷を負うとか、転倒して脳震盪を起こすなどの不測の奇禍を予兆する。

▼小指の真下で頭脳線に接触するかまたは線上に現れる十字紋（第81図）　科学の実験の際などに惹起する頭部の負傷、または危険な商業上の冒険や投機などによって気が狂うとか怪我をするといった意味を予兆する。

L　頭脳線とその他の紋

頭脳線に関連して吉凶を予兆する紋には、上述した島や十字紋の他に次のような表示があります。

▼頭脳線の先端に現れる星紋（第82図）　傾斜頭脳線の先端に現れる星形の紋は薄弱な頭脳に警告を与える相です。頭脳線が強い傾斜で月丘に垂下して、

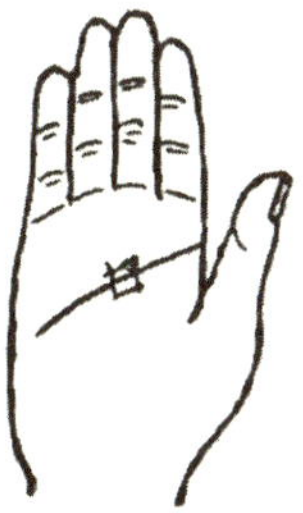

第83図

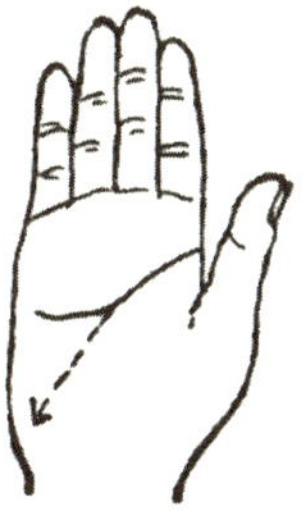

第84図

その先端に星紋が現れていると、遺伝的悲運を意味するもので、多分に自殺の危険を示唆する相となります。

▼**頭脳線に接触する四角紋**（第83図）　頭脳線上または線に接触して現れる四角紋は、頭脳線の保護や補強の役割を果たすもので。たとえば頭部の障害を暗示する頭脳線の切れ目を、四角紋が囲んでいると、たとえ罹患や傷害を負ってもそれは重大なものではないということを暗示しているのです。

(4)　頭脳線の変化

頭脳線の研究で、非常に興味のあるいま一つの観察法があります。それは頭脳線が途中でその本来の進路を変えている場合や、頭脳線から派生する支線に注意深い観察を向けてみることです。

〔例1〕

▼**傾斜頭脳線が、その本来の進路を変えて、ある位置からやや上向きにカーブしている**（第84図）　頭脳線が進路を変えた個所あるいは位置が表示する流年に、非常に発奮するとか、異常な奮闘努力をするような事情が起こるという暗示です。そしてこの人は、生まれつきの性質は、その傾斜頭脳線が表示する精神的傾向の強い人ですが、難局を立派に切り抜けることのできる意志的

第85図

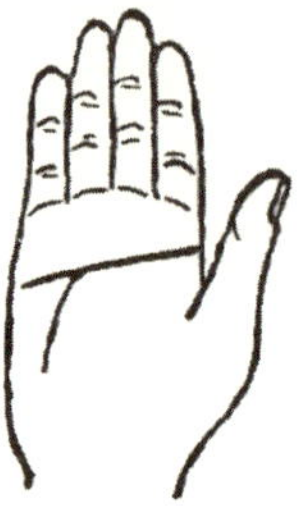

第86図

な性格に変わっていく人で、生まれつきの性格とはまったく逆な実務的、現実的才能の発達がうかがえるのです。

〔例2〕

▼傾斜頭脳線の上部に図のような明瞭な短い支線が発している（第85図）　頭脳線の上部のある個所から力強い支線を発していると、この分岐個所が示す流年から、この人の性格が現実的、実際的な方向に変じつつあることを示唆するのです。本来の頭脳線は精神的、観念的傾向の強い傾斜頭脳線ですが、この分岐支線は年とともにだんだん発達して一種の第二頭脳線となることがあり、かつその方向がまっすぐであると実際的、現実的な性格に成長することになるのですから、このような発芽的支線は、そうした意味を暗示するものとして観察しなければなりません。

〔例3〕

▼掌をまっすぐに走る頭脳線から下向きに傾斜支線を派生しているか、またはそのような支線が明らかに生じつつある（第86図）　上掲の二つの例は、傾斜頭脳線が基本となっている場合ですが、この場合は直線の頭脳線に関連するものです。

　掌をまっすぐに走る頭脳線は物質的、現実的な性格を表示する線だが、この種の頭脳線から下向きの支線を派生していると、その分岐個所が示す流年から、性格に軟らか味を帯びてくるとか、想像力が発達しつつあることを示唆するのです。このような場合、さらに次のような推測もできるのです。すなわちこの分岐点が表示する流年に、この人が裕福になって、その性格が芸術的に豊かなものになったと観察するのです。しかしこの推測は、この人が闘ってきた現実生活の緊張が減じたかどうか、すなわち富裕になって、性格に余裕ができただろうという仮定に立ってのことであって、もしこの手に同時に太陽線が明瞭に現れているかどうかということも確かめてみなければなりません。果たしてそうだとすれば、この推察は確信してよいのです。

第87図

第88図

〔例4〕

▼頭脳線が上向きに曲がっているか、またはその末端が水星丘に達している（第87図）　ほとんど例外なく、この相の人は長生きすればするほど、金銭欲の強くなる性格の人で、金銭をもとうとする意欲は齢とともに強まってゆく人です。もしこの相が女性の場合であると夫婦の和合がしっくりゆかぬようです。

〔例5〕

▼頭脳線が標準の位置をそれて感情線に結びついている（第88図）　この種の頭脳線をもつ人は、いったんこうと決めた目的に対しては、不動の決意をする人です。たとえその欲求する目的が何であろうと、それを達成するまでは何事も顧慮しないといった強い性格の人で、もしその手が角張って、ずんぐり

した物質的性格を表示する手（方形または原始形の手）であると、その人はある物質的欲望を遂げねばおかぬ人で、たとえ犯罪を犯しても、その狙いは必ずやり遂げる人です。もしこの頭脳線が精神的傾向を表示する長い手（円錐形、思索形の手）に現れている場合は、その人の野心が知識的な方面に結びつくことは確かです。いずれにしても、その目的を遂げるためには、決定的決意をする人です。

⑸　二重頭脳線

頭脳線は掌の中央を一本の線で走るのが普通です。しかし稀には同一の掌に二筋の頭脳線が現れていることがあります。これを二重頭脳線と呼びます。

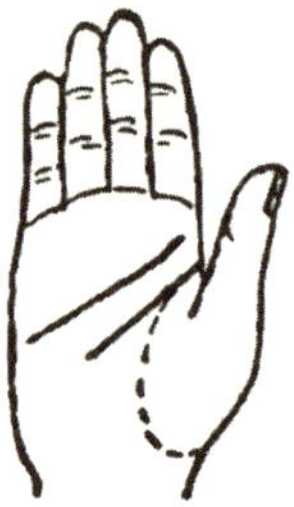

第89図

▼標準の二重頭脳線（第89図）　標準の二重頭脳線は、次のような形で現れます。すなわち木星丘から発する一方の線が長く、生命線から発する線が短い。そしてこの両線は、ほぼ並行して走るのが普通です。そこで、この両頭脳線がそれぞれに表象する二元的な性格が、二重頭脳線の特徴となります。すなわち木星丘から発する線が表象する奔放、自信、大胆であるとともに、生命線と結合して発する他方の線が表象する冷静、用意周到、敏感、細心な性格を表示するのです。

だいたいこの相の人は非常に多才で、意志力と激しい知的活動に堪えうる頭脳力をもち、そうした天稟《てんぴん》の才能によって成功や幸運をつかむ人です。また政治的才能や事業的手腕を発揮する人であります。しかしこのような二重頭脳線が女性の手にある場合は、職業婦人としては適するが、家庭運には恵まれぬようです。

(6) 手の型と頭脳線の関係

手は指や掌の形状によって、七つの型に分類されます。そしてこの七つの型は、それぞれ独自の意義を表象するものです。ところで頭脳線と手の型との関係をみると、普通は、その手の型が象徴する意義とほぼ合致する頭脳線が現れるものです。もしそうでないとなると、そこに別な意義が生ずることになるから、この点についての観察もまた必要となります。手の型に関する詳細な研究は後章にゆずります。

原始形の手　物質的、野生的な性格を表示する。
方形の手　物質的、実際的な性格を表示する。
円錐形の手　精神的、芸術的な性格を表示する。
思索形の手　精神的、思索的な性格を表示する。
尖頭形の手　精神的、空想的な性格を表示する。

箆《へら》形の手　活動的、独創的な性格を表示する。

混合形の手　多角的、変通的な性格を表示する。

たとえば掌を一直線に走る頭脳線や後半がやや傾斜する頭脳線は、物質的な性格を象徴する方形の手に現れるのが普通です。傾斜頭脳線や垂下頭脳線は、精神的傾向の強い性格を表象する円錐形、思索形、尖頭形の手に現れるのが原則です。しかるに頭脳線がそれ自体の表示する性質とは反する型の手に現れていると、その頭脳線の意義は特異なものとして観察しなければなりません。次に概略の説明をしましょう。

A　原始形の手とまっすぐな頭脳線

原始形の手には、掌の半ばに達するか達しないくらいの短い直線か、一見してお粗末な短い頭脳線が普通であります。もしこの型の手に、まっすぐな長い頭脳線が走っていると、元来この人は下劣な肉欲と野獣的な性格をもつ粗野な人ではあるが、優れた知能力も発達しているということを語っているのです。

B　方形の手と傾斜頭脳線

方形の手には、掌をまっすぐに走る長い頭脳線か、それに近い頭脳線を伴うのが普通です。しかるに、この型の手に傾斜頭脳線が刻まれていると、この人の物の考え方なり意図するものは本質的には物質的であり、実際的なものであるが、外見以上に芸術的センスや想像力が著しく発達した人です。

C　円錐形または尖頭形の手とまっすぐな頭脳線

円錐形または尖頭形の手のような精神的傾向を表示する手には、同じく精神的傾向を表象する傾斜頭脳線や垂下頭脳線を伴うのが普通です。しかるに、この種の手に掌を横切るまっすぐな頭脳線が刻まれていると、たとえこの人が高遠な夢想や理想的な空想をする場合でも、きわめて常識的であり、実際的な人であることを示しています。

D　思索形の手とまっすぐな頭脳線

思索形の手には、傾斜した長い頭脳線を伴うのが普通です。しかるにもしこの型の手に、掌をまっすぐに走る頭脳線が現れていると、この型の手には期待できない現実的、実際的な性質も発達していることを示しているのです。この法則は円錐形、尖頭形の手について同様のことがいえます。

E　箆形の手とまっすぐな頭脳線

箆形の手には普通、長く明瞭な傾斜頭脳線が現れるものです。もしこの型の手に、一直線の頭脳線が走っていると、箆形の手自体が表象する行動的な精力や独創力を現実に発揮させようと努力する実際的頭脳の発達を示すものです。

F　混合形の手と理想的な頭脳線

この型の手には長くまっすぐな、かつ明瞭な頭脳線が望ましいのです。なぜかというと、この型は、すべての型の手が混合して形成された手であるから、混合した多角的な性格の中に、まっすぐな頭脳線が表示する実際的な、穏健な精神を維持しなければならないからです。

第6章　感情線

(1)　感情線の概説

A　感情線の位置

感情線とは、四指のすぐ下を走る線のことです。起点は、小指の基底線と第一手頸線との全幅の上から約四分の一のところから発源し、緩やかな上向きの弧を描いて、ほぼ木星丘に達する線です。またこのような位置を占める線が、常態の位置にある標準の感情線です（第90図）。

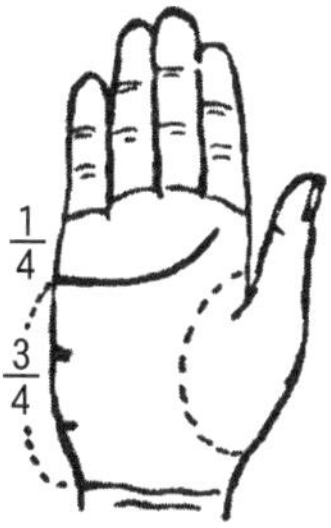

第90図

B　感情線の起点について

感情線の起点に関しては、二つの説があります。すなわちその一つは、この線の起点が木星丘から発して水星丘の方向に走っているという見方であり、これに対して他方は、水星丘の外側から木星丘の方向に走るとみる見方です。これは明らかに後者の説が正しいのであって、線の姿からみても、その先端が木星丘の方向に先細りして、さらに伸長の可能を示しているからです。このことはさらに向上する運命をも暗示しているのです。したがって、水星丘の側面から発源すると見るべきです。流年法の説明の中でちょっと触れたように、この相対立する両説の見解が感情線の流年を読む場合にまったく対蹠的な差異を生ずる結果となります。

C　感情線の意義

感情線は不思議な暗示を示唆する線であり、また人間の心情や個性を表示する線です。米国のM・C・ポインソット氏は、この線について「感情線とは、たとえば、その人の人生が歓喜に包まれたものか、悲哀に終わるものであるかを語る言葉だといえるだろう。あるいは愛情の困難や悩みを告げる感情の声ともいうべきだろう。そしてこれらの言葉や声は、男子より女子の場合がさらに雄弁であり、いっそう説明的である。また感情線が暗示する予言は、金星丘の状態や頭脳線によって補足されるものである」と述べて、感情線と頭脳線の緊密な関係および女性の手に現れた感情線の暗示力を男子の場合よりも強いと指摘した点が注意を惹くのです。

D　感情線の走向

感情線は、終点の位置すなわちその先端がどこで止まっているかという点で、表示する意義を異にするものです。大雑把にいうと、先端が長く伸びているほど、敏感で、情に脆い、精神的な性質を語るものであり、反対に短いほど情に冷ややかな物質的な性質を表示するものです。また上向きに孤を描いて走る長い感情線は細やかな愛情、直線に走る線は、直情径行型の性質、先端が下向きになった線は感傷的な性質を表示します。

E　感情線の一般的原則

理想的な感情線は、線になんらかの欠陥を伴わず、長く、血色の良い、しかも適度の彫《ほり》をもつ線でなければなりません。このような感情線は、強く堅固な愛情、よく均衡のとれた精神、善良穏健な情操などの意味を表示します。また幸福な愛情関係を示唆します。

糸のように細く、蒼白い感情線は、趣味もなければ、思想もない人で愛情や熱情といった情緒をもたぬ冷たい性質だから夫婦関係の潤いもなく、また友人、知己などの交際も少ない人です。物欲が強く、きわめて自己本位に終始する人です。

感情線が全然現れていないと、まったく自己本位で、非常に勘定高い、そして冷血で、感動もなければ情緒もない人です。使用人を酷使するとか、自分の利益のためには、知人でも友人でも平気で裏切ったり、犠牲にして、少しも意に介さない人です。

感情線に斑点、島、切れ目、鎖状、波状等の乱れを伴うと、心臓機能の故障を表示する場合が多く、反対になんらかの欠陥をも伴わぬ鮮明な良い線は強い循環機能を表します。

幅広く浅い感情線が血色のない蒼白い線をしていると、放蕩に倦み果てて愛情などにはすでに無関心な人で、愛情不感症とでもいうべき相です。

感情線の彫が深すぎると、脳溢血の予兆となることがあります。また残酷、冷酷などの性質を表すこともあります。

感情線全体の位置が普通の位置よりも低下して、頭脳線に近接しているのは、感情に支配される人です。反対に感情線が普通の位置よりも高く、頭脳線もまた、感情線に接近して両線の間隔を狭めていると、感情よりも理性の勝った人で、愛情問題などでも非常に打算的です。

短い感情線は短命を暗示することがありますから、この点も考慮にいれておかねばなりません。

(2) 感情線の諸相

A 普通の感情線

▼木星丘の中央に達する感情線（第91図） この感情線をもつ人は、精神的傾向が強く、愛情、自尊心、体面、貞操、道義心などの堅固な人です。どちらかといえば理想的傾向の強い誠実な人で、愛情関係では自分よりもすべてに優れた相手との結婚を期待するといった人です。この線が乱れや凶紋などを伴わぬ良い線であると愛情の幸福を暗示します。もしまた、この線が弧形の

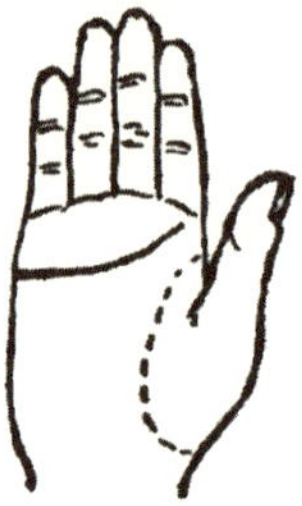

第91図

第92図

第93図

第94図

線でなく、直線的に木星丘に走っていると、直情径行的で、短刀直入な実直の人です。

▼長く木星丘の側面に伸びる感情線（第92図）　この線は、前掲の感情線の先端がさらに伸びて、木星丘の外側に達している場合です。このように長すぎる感情線をもつ人は、たいてい嫉妬深い人で、そのため、愛情関係では激しく悩む人です。もしこの手の金星丘がよく発達していたり、また頭脳線が強度に傾斜していたりすると、そうした嫉妬心や猜疑心はさらに激しいものとなり、興奮したり、激情的になったりする傾向もいっそう強くなります。

▼食指の基底線に達している感情線（第93図）　この線の人は、非常に精神的で、清純な愛情の人であります。それだけに相手の短所をみる明を欠き、相手も自分と同じように、強い愛情があると思い込む人です。そこで裏切られたり、背かれたりした場合の精神的衝撃が大きく、かつ悲劇的なものとなる危険があります。しかしながら、両人が共にこの相の人であると、その結婚は至上の幸福を築くようです。この相の人はまた、精神力が強く、自分の仕事に熱情を注ぐ人だから、自然と富と成功を約束する吉相とされています。

▼木星丘上で二叉か三叉に分かれた感情線（第94図）　先端が食指の下で二叉か三叉になった感情線は、前掲の感情線をさらに強める吉相です。この種の感

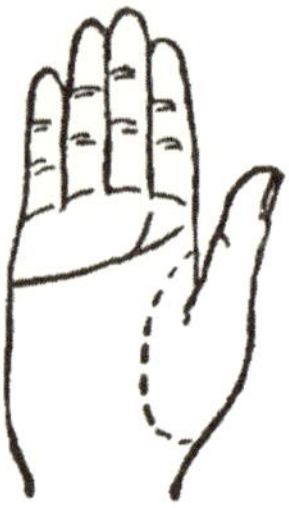

第95図

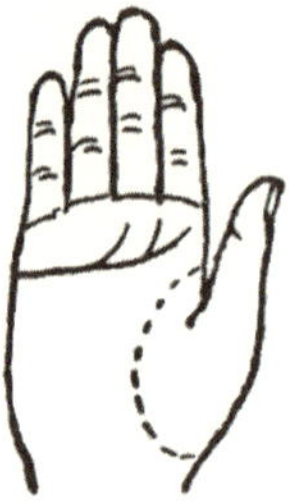

第96図

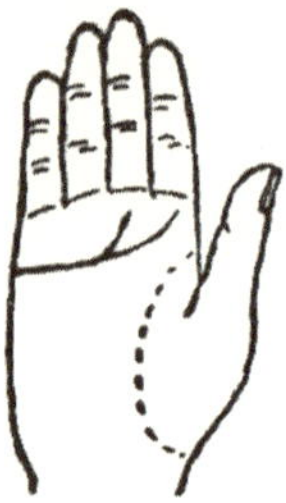

第97図

情線をもつ人は、相手に対する愛情が豊かで、正義感に強く、信頼のおける人です、交友関係も広く、性格もきわめて明朗で、同情心にも厚い人です。したがって富と名誉を約束する吉相とされています。しかしこの相の人は、知性的というよりも、むしろ感傷的な性質を表示するもので、情に流されたり、他人に騙されやすい短所があります。

▼先端が二叉に分かれて、一方は木星丘に、他方は食指と中指の中間に向かう感情線（第95図）　明朗で、愛情の潤沢な性格を表示する相です。概して人好きのする性質で、幸福平穏な家庭運に恵まれる人であります。

▼前掲の線にさらに土星丘に向かう支線が出て三岐になった感情線（第96図）　この相は、それぞれの支線が表示する官能、冷静、情熱を表象するものですが、だいたい情熱的な性格を語るものです。またこの三つの支線の中で、もっとも強い線がもっとも強い傾向を表示することになります。中指の下の土星丘に向かう支線は官能的傾向を示し、食指の下の木星丘に向かう支線は情熱、両者の中間に向かう支線は愛情に対し冷静できわめて常識的な傾向を表示します。

▼先端の二叉が木星丘と土星丘に向かう感情線（第97図）　宿命観にとらわれがちな性質を表示するもので、狂信者などに多く見受けられる相です。また中

第98図

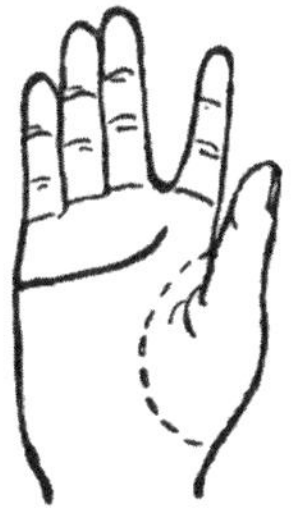

第99図

第100図

指の下の土星丘に昇る支線が曲がっていると、不倫の恋に陥る相とされています。

▼四指の付け根に接近して直線的に走る感情線（第98図）　猜疑心の強い性格を表示します。このような感情線の人は、他人の幸福にも嫉妬するといった傾向の強い人です。

▼食指と中指の中間に伸びる感情線（第99図）　愛情に溺れきることのできない性格の人で、さりとて情欲に走ることもない、愛情関係ではきわめて慎重で、常識的な人です。ヘンリー・フリス氏は、この線についてきわめて興味ある解説をしています。すなわち「この種の感情線は、情に脆い性質を表すとともに、次の意味の警告となる相である。この相をもつ人が、愛情を抱くとか、恋愛をする場合は、彼はそれまでに異常な努力で働いておくか、あるいは非常に困難な事業をやり遂げていなければ、その恋の願いは達せられない」と。この線の先端が食指と中指の股の中に流れ込んでいる場合も同じ意味を表すが、この場合はさらに早熟という意味と、女子の場合は相手に対する好き嫌いの感情が強いのです。

▼土星丘の中央に達する感情線（第100図）　きわめて利己心の強い性格を表示する線です。この相の人はたいへん官能的、肉欲的であるが、心情の冷たい

第101図

第102図

第103図

人です。何事も自己本位で、他人の迷惑や不幸など意に介しない冷酷さがあります。いったん思い込むと遮二無二の強引さがあるが、目的を達すると親切や執着などケロリと忘れ去る人です。この感情線が鎖状や幅広く浅い線だとそうした傾向はいっそう強いものとなります。

▼土星丘の底部に向かう感情線（第101図）土星丘に向かう感情線の先端が低く、土星丘の底部に走っていると、前掲の線が表示する意味をさらに強める相となります。放蕩、漁色の相と呼ばれ、愛情に対してたいへん官能的、激情的で、自己本位の強い性格を表示します。非常にわがままで、冷酷な人です。またこの手の掌が軟らかいと、好色の度はいっそう強くなります。

▼きわめて短い感情線（第102図）薬指の下の太陽丘に達するか、達しないほどの短い感情線は、ほとんど稀ですが、もしもこのような短線だと、感情の動きが単純で、細かい心遣いや、人情味に乏しく、むしろ冷酷な性格を表示します。

▼先端が食指の下で下向きに垂下する感情線（第103図）親切で、愛情の深い個性をもつ人ではありますが、非常に感傷的で、情の前には無分別になる傾向の強い人です。この相はまた、不思議な宿命を予兆するもので、愛情問題で失望して非常に悩むとか、信頼した友人に裏切られるとか、あるいは自分よ

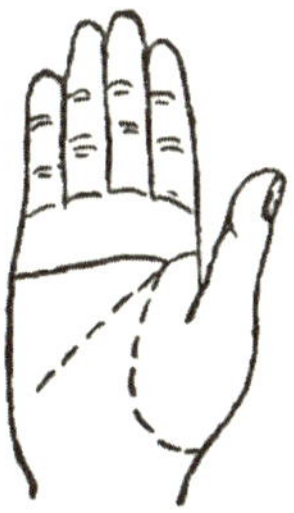

第104図

第105図

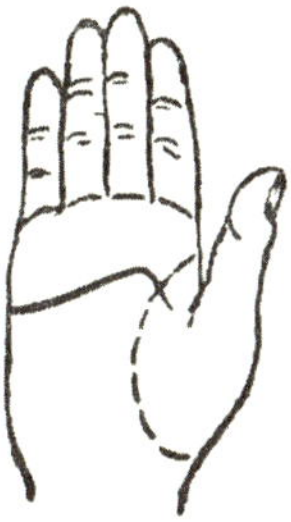

第106図

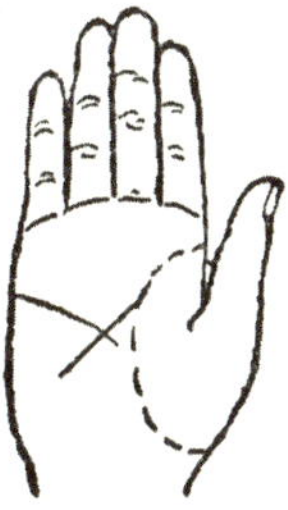

第107図

り地位や身分の劣る相手と結婚するといったような不運の相です。

▼先端が下向きになって、生命線、頭脳線と同一点で接触する感情線（第104図）

この線は強い感傷癖を表示するもので、情に駆られて盲目的になるといった性質の人です。情死でも、失恋自殺でもやりかねないほどの感傷家だから、それだけに人が善く、だまされやすい人です。この相はまた、自殺の相とされています。生命線に死を予兆する相があるかどうかという点もあわせて観察する必要があります。

▼先端が中指の下で曲がって頭脳線に接触する感情線（第105図）　激情に駆られやすい衝動的な性格を表す線です。触発すれば凶行も演じかねないほどの激情家で、ことに愛情問題では、無思慮、無鉄砲になる人です。この相の人は往々、非業の死を遂げることがあります。

▼先端が食指と中指の下で急に下向きになって、生命線と接触する感情線（第106図）　この種の線は、急性の病気で死亡する凶相です。青壮年期の頓死によく見られる相ですから、この相をもつ人は余程注意しなければなりません。

▼生命線を低く発する頭脳線と傾斜する感情線が谷のような格好で交錯している（第107図）　何事にも消極的で、無気力な性格を表示する相です。愛情問題で

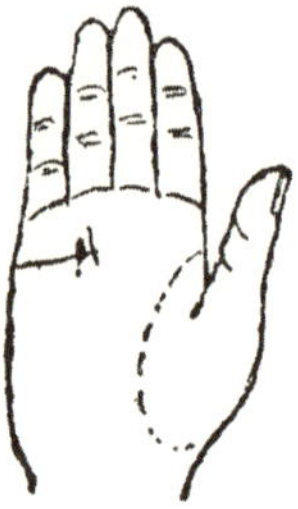

第108図

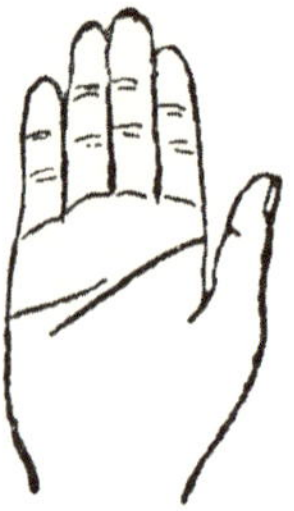

第109図

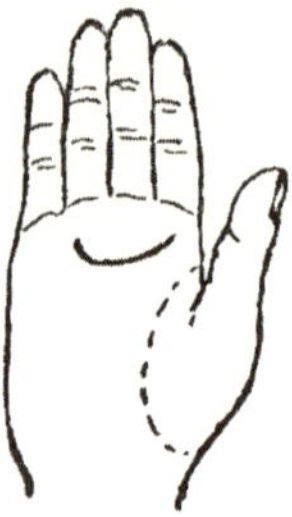

第110図

もきわめて内気で、ひそかに片思いするような弱気の人です。

▼薬指の下で、細かい斜線に阻止されて食い止まった短い感情線（第108図）だいたい短い感情線は、感情の動きが単純です。したがってこの相の人は、愛憎の感情が極端であります。またすべてのことに熱しやすく、冷めやすい性質の人で、性格的にも冷たく、人情味などありません。

▼短い感情線が頭脳線と重なり合っている（第109図）短い感情線はまた情緒に乏しいという表示になります。この相の人は、愛情の対象というよりも、官能的な情欲の相手として、異性と交渉をもつといった傾向の強い人です。

B　変則の感情線

感情線の中には、異形の線も少なくありません。次に挙げる線は比較的多く見られる変則の感情線です。

▼太陽丘を起点として木星丘に伸びる感情線（第110図）太陽丘が予兆する芸術的センスが愛情関係に影響するといった相です。この相の人は、恋人や愛人、または結婚の相手を芸術的感覚によって選択する傾向の強い人で、つまり美人好みです。

第 111 図

第 112 図

第 113 図

第 114 図

▼水星丘を起点にした感情線（第111図）　水星丘が象徴する実利的傾向の強い性格を表示する相です。この相の人は、すべてを打算的に割り切る人だから、愛情問題でも物質的で、純真な愛情というよりも、むしろ政略結婚などに利口に立ち回る人です。

▼二重に現れている感情線（第112図）　いわゆる二重感情線のことです。二重感情線をもつ人は、だいたい精力家で、潤沢な気質と、広い胸襟をもつ人です。たとえ悲哀や悲運に遭遇しても、それに耐えうる精神力があります。しかし性本能が強く、それだけに縁もしばしば変わる人が多いようです。この相の女性は、職業婦人として立つにふさわしい相です。

▼木星丘に伸びる標準型の感情線の他に、これと並行する別の線が頭脳線と接触している（第113図）　これは女性の手によく見られる一種の二重感情線です。この相の女性は、宿命的に職業婦人として世に立つ人で、もしこの手の型が方形の手であると、客商売などで成功する人です。

▼二つに分離した感情線（第114図）　いわゆる分離感情線のことです。この種の線でもっとも多く見られる型は、図に示すように、上の線は金星帯のように見えて線が太く、下の線は、頭脳線に接触しています。この相は初婚に破綻するという暗示で、男子の場合は、それに耐えうることもあるようです

第115図

が、女子は、ほとんど自分から飛び出すとか、職業的に進出する場合が多いのです。

C　鎖状または波状の感情線

感情線が鎖状や波状になっていると、感情線自体の意義にさらに悪い意味が加わります。

▼線全体が鎖状の感情線（第115図）　線全体が鎖状の感情線は、二つの意味を表示します。その一つは、多情多感な性質を表示する場合であり、いま一つは心臓病、心悸亢進症などの疾病を表示する場合です。前者はたいてい浮気や移り気な性質の人です。この鎖状感情線が標準の位置よりも低く横たわっていると盲目的な情熱家で、男子の場合だと単なる浮気どころか一種の漁色漢です。ことにこの種の線が赤色を帯びると、いっそうそうした傾向を助長することになります。しかしこれが女性の場合だと少し事情が異なります。すなわち女性は情に冷ややかな性質であるよりも、むしろ鎖状感情線が表示する多感で魅力的であることが好ましく、かつ感情が細かく働くことになるから多少の鎖状は、むげに悪相としてしりぞけるべきではありません。男女とも要は自制力や意志力の有無によって良相ともなり、悪相ともなるのですから、頭脳線の状態とも睨み合わせて判断しなければなりません。

第116図

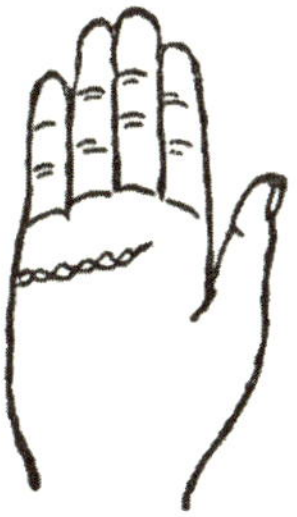
第117図

第118図

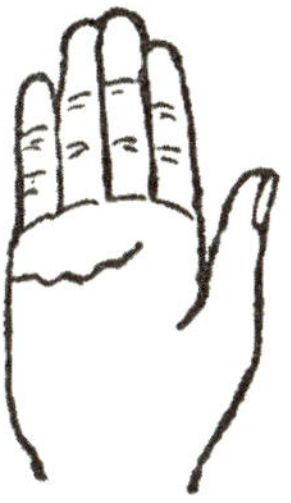
第119図

▼太陽丘から発し、木星丘に伸びる鎖状の感情線（第116図）　この相は下劣な情欲を表示するもので、多分に変態的傾向を語るものです。ことに強い傾斜頭脳線や貧弱な頭脳線を伴う場合がそうです。

▼土星丘で終わる鎖状の感情線（第117図）　土星丘で終わる感情線は、利己本能の強い性格を表示するとともに、強い官能的情欲を語るものですが、この種の線が鎖状になっていると、この傾向をさらに助長し、愛情に関するかぎり頽廃《たいはい》の相です。

▼下向きに弧を描く鎖状の感情線（第118図）　異性蔑視の相だとされています。しかし筆者は個人について、この相を見たことがないので、何ともいえません。原始形の手にこの種の線があると、性的悪癖を表示するということです。

▼土星丘で終わる波状の感情線（第119図）　打算の強い、冷酷な性格を表示するもので、この相の人は、我欲一点張りで、他人のどんな犠牲も意に介しない無情な人です。

第120図

第121図

第122図

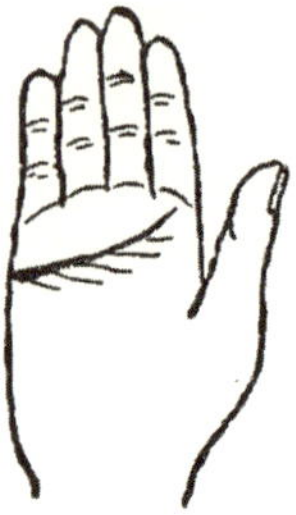

第123図

▼**感情線の起点の部分のみに現れた鎖状**（第120図）　これは小指の下の外側に近い部分に現れる鎖状のことで、生殖機能が弱いということを表します。ことに女子の場合は、不妊症の表示となります。

▼**線全体が切れ切れの細線で構成される感情線**（第121図）　このような感情線の人は、気力に乏しく、起居振舞の鈍いきわめて消極的な人です。しかも浮気や移り気の傾向が強く、愛情関係も長続きしません。この線はまた単に虚弱な心臓機能を表示する場合もあります。

D　感情線の支線

▼**感情線から上向きに多数の支線を派生している**（第122図）　感情線から派生する細かい上向きの支線は、楽天的な明るい性格を表します。友情、恋愛、家庭運に恵まれる人で、男子の場合は、女性の人気を集める相とされているが、女子の手にはあまり現れないようです。またこの多数の上向き支線が現れるのはたいてい左手です。右手は能動的な行動を表象するが、左手は先天的素質を表すものだからです。

▼**下向きに多数の支線を派生する感情線**（第123図）　上向きの支線が楽天的であるに反し、この相は悲観的傾向を表すもので、つまり取り越し苦労性の人です。また多感な性質や感傷癖を表すもので、一般に悲哀、失恋の相とされて

第124図

第125図

第126図

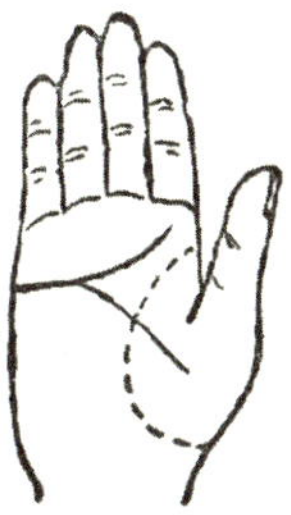

第127図

います。

▼上下に多数の支線を伴う感情線（第124図）　この相は、心臓弁膜症に多く見受けられます。きわめて神経過敏な反面、自説や我意を押し通そうとする強情な性質の人です。

▼感情線の起点の部分に現れる二、三条の上向き支線（第125図）　機智頓才とユーモアに富む明朗な性格を表すもので、そうした方面に優れた才能を発揮するから、外交官やアナウンサーなどに適する相です。もっとも頭脳線の良否もあわせて観察しなければなりません。

▼逆に発する支線が感情線と頭脳線の中間に現れ、手頸線の上にも短い線が図のような形で現れている（第126図）　この種の線もしばしば見られる相です。愛情や恋愛問題ではたいへん打算的な性質を表示します。

▼感情線から発する支線が金星丘に達している（第127図）　熱烈な恋愛なり愛情関係の表示です。その関係は現在の場合もあれば、過去の場合もあり悲恋に終わる相とされています。この支線に島があると、その男女関係には不倫を伴うという暗示、またその島が金星丘にある場合は、愛情に関連する紛糾や面倒が起こる暗示となります。

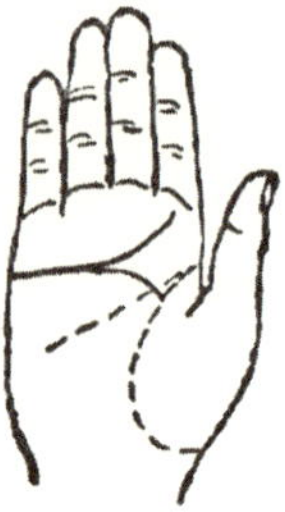

第128図

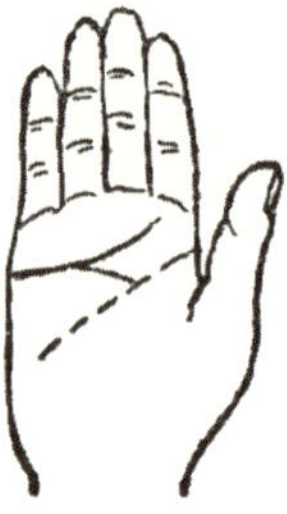

第129図

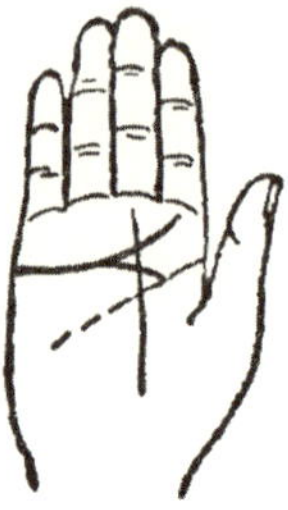

第130図

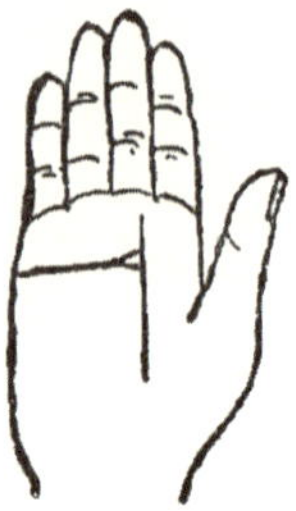

第131図

▼感情線の支線が食指か中指の下で頭脳線または生命線と交叉している（第128図）

夫婦とか愛人との間に破綻が生ずるという暗示です。この相とともに、幹線である感情線または結婚線、影響線、印象線などの愛情関係を示す線のどれかに、たいていは失恋や離別の相が現れているはずです。

▼感情線の支線が頭脳線と結びついている（第129図）　この相の人が恋愛や愛情関係を結ぶと、それに夢中になり、盲目的になる人で、よくいえば非常な熱情家だが、これは一種の色難の相というべきです。感情線自体も情熱を表示する線になっていると、惑溺《わくでき》の傾向はさらに強烈なものとなります。

▼感情線の中ほどから出る強い支線が運命線と交錯して十字形になっている（第130図）　感情線と頭脳線の中間で、運命線と交叉して形成する十字を神秘の十字紋と呼びます。これは、手相、骨相、観相、易占、霊媒などの神秘術に優れた才能があるという表示です。この手の頭脳線が強い傾斜で月丘の底部に向かっていると、その才能を発揮する人です。

▼感情線の先端が小さい二叉になって、運命線で食い止まっている（第131図）　配偶者または愛人との宿命的な切断を暗示する相で、この人は、中年期に愛人とか配偶者と離別する運命に遭遇します。先端が二叉でなくても意味は同じです。

第132図

第133図

第134図

第135図

▼感情線の起点の部分に現れるきわめて小さい上下の支線（第132図）　旺盛な生殖機能の表示です。この小さい支線が多いほど多産で子宝に恵まれることになります。しかし子供は相手のあることだから、現実にそうであるかどうかは配偶者が共にこの相か否かということに帰結します。

▼感情線の起点の部分に上下の明瞭な支線が出て三岐になっている（第133図）　結婚当初におけるトラブルを暗示するものです。たとえば親が反対するとか、経済上の事情が結婚を妨げる原因になるといったような面倒が生ずるという意味です。

E　感情線に伴う紋

▼感情線に小さい三個の島が重なりあって現れる（第134図）　商売なり事業なりの方面における外交手腕を示す相だといわれています。この相は、水商売などの女性に多く見受けられます。またこの島は小指の下位に現れるものです。

▼中指の真下に現れる感情線上の四角紋（第135図）　四角紋はほとんどの場合、線の補強を意味するものですが、感情線だけは例外です。ことにこの四角紋は配偶者か愛人が、不慮の災難に遭うとか、病難に倒れるといった不吉を予告する相です。

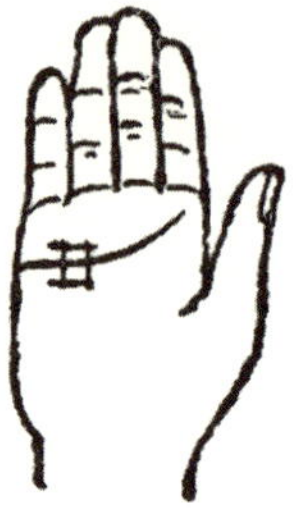

第 136 図

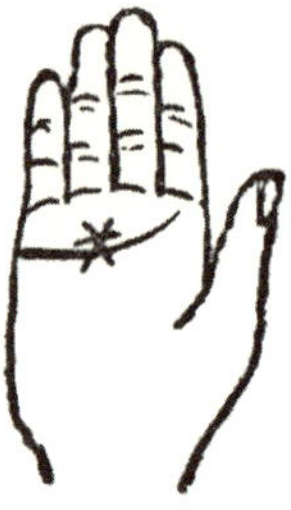

第 137 図

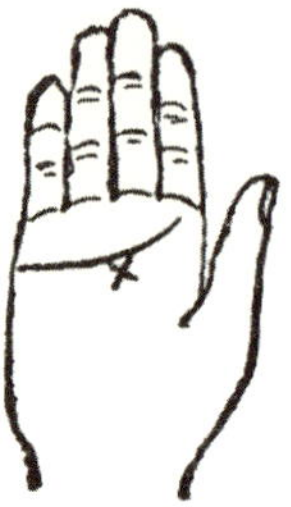

第 138 図

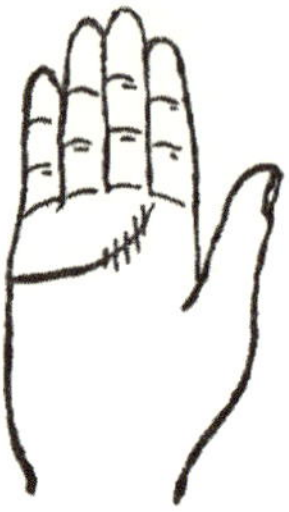

第 139 図

▼感情線上に現れる四角紋（第136図） 前掲の中指の真下に現れる以外の個所では、愛情関係の紛糾や難問題を暗示する相です。相手の甘言に乗ってその術中に陥るといったような暗示にもなります。

▼感情線上または線に接触して現れる星紋（第137図） 感情線に伴う星紋は愛情の破綻を予兆するものです。それは外部から宿命的にくるものではなく、まったく当人同士の感情や紛糾に起因するもので、たいていは離別を意味するのです。

▼明確な小さい十文紋が感情線に接触して現れる（第138図） この紋は小さくても凶運を予兆するから見逃せぬ紋です。すなわち配偶者か愛人が不慮の奇禍に遭うか、急病に罹って死亡するという重大な不吉を予告するのです。

▼食指と中指の中間に伸びた感情線の先端の部分に連続して現れる刻み目（第139図） 売笑婦などに多く見られる相で、筆者の知るかぎり、この相の人はほとんどが早熟で、淫奔な性質の人です。頭脳線や金星丘などの状態もあわせて観相すべきでしょう。

第140図

第141図

第142図

▼感情線上に現れる刻み目や斑点（第140図）　感情線には、刻み目や小さい凹みの斑点がよく現れるものです。たいていは心臓の障害、虚弱な体質を表すが、もう一つの場合は、悲恋、失恋、愛情の紛糾による苦痛などを表示することが多いのです。

F　感情線の切れ目

感情線の明白な切れ目は、愛情関係の中断を意味し、離縁、失恋などの表示です。この他に心臓機能の疾患を表す場合もあります。

▼感情線が、中指の下で明白に切れている（第141図）　この場合の中断は、当事者の意志とは無関係の原因で、夫婦別れするとか、愛人と離別する暗示です。もちろん死別の場合もあるし、『婦《おんな》系図』の場合のように当人同士の不本意な離別を示唆する場合もあります。

▼薬指の下で明白に切れている感情線（第142図）　薬指の下の中断はきわめて多く、そして、この場合の切れ目は図に見るように、たいていは二重感情線のように現れる大きい切れ目が特徴です。この切れ目は感情による愛情の破綻や離縁を表示する宿命の相です。

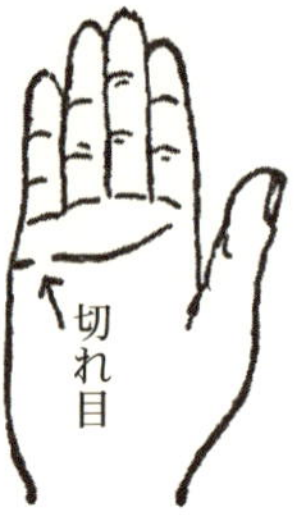

第 143 図

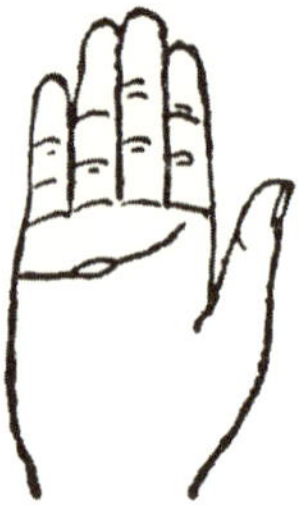

第 144 図

第 145 図

▼小指の下で感情線に現れる切れ目（第143図）　これもまた離別の相ですが、この場合は当事者の一方かまたは双方の強い物欲的性格が、結局は離縁や離別の原因となることを暗示しているのです。

G　感情線に現れる島

感情線の島は、線のどの個所に現れていても、不吉の暗示となり、また現れる島の数が多いと、不運、悲哀などを予兆するのです。

▼薬指の真下で感情線に現れる島（第144図）　心臓の機能が弱い場合とか心臓病に罹っている場合に現れます。もう一つは眼病を予告する表示です。現に筆者も左眼に重大な故障を生じているが、症状を自覚する約一年くらい以前から、この島が漸次明確になってきたのです。

▼土星丘で終わる感情線の中央に現れる島（第145図）　土星丘で止まる感情線は、自己本位、冷酷、放蕩、漁色などの性格を語るものですが、この島は、その意味をさらに強めるもので、自我の強い暴君型、同情心や愛情など薬にしたくもないといった冷血漢の表示です。この島はまた掌紋の章で説明した、悪い意味を表示する線を、さらに強める場合の一例です。

第146図

第147図

▼感情線の先端に現れる島（第146図）　夫婦生活や愛情関係の破綻を暗示する相です。夫婦が離縁するとか、恋人同士が何かの原因で離別する相であるが、その原因が死亡である場合もあります。

▼感情線の島が運命線との交叉点に現れている（第147図）　運命線に現れる島は経済上の損失や失敗などを意味するものですが、この場合のような両線の交叉点上の島はその原因が愛情関係によるものであることを示しています。この場合の島は、また三角関係による紛糾や苦悩を意味する場合もあります。

第148図

第7章　桝掛線

(1) 桝掛《ますかけ》線の概説

A 桝掛の位置

感情線と頭脳線とが一本になって、掌の中央を横断する線を「ますかけ」と呼びます。俗にトカケを握るともいいます。桝掛線は多くの場合、掌中に強い線で現れるのが普通です（第148図）。

B 桝掛線の意義

この相をもつ人は、たいてい孤独な一面をもつ人です。だいたいこの相の人は、他人から聞いて理解するとか、感動するというようなことがないから自然、孤独な影を伴うことになるのかもしれません。また世間一般の成功や出世などという問題に関しても、全然無関心であるか、反対に強い執着をもつか、そのいずれかであって、中間というものがありません。だからこの相

第149図

の人は、大成功するか、社会から落伍するかのどちらかであって、この相に良い運命線か太陽線を伴う場合は、たいていは大成功するが、運命線も太陽線も伴わぬ場合は人生の敗残者に終わるというのが、この相の通念です。

C　桝掛線と手の型

精神的傾向の強い手（円錐形、尖頭形、思索形）に現れた桝掛線は、どちらかといえば陰性な性格を表示します。そして執着心が強いから、愛情問題の場合など、人一倍に悩む傾向があります。これに反し物質的傾向の強い手（方形、原始形、箆形）に現れている場合は、元来の物質的性格にさらに意志力や強い執着心が加わることになるので、たとえどんな困難や、反対があっても、それを押し切ってゆく強情さや頑固さをもつ人です。この種の手に、良い太陽線や運命線が現れていると、多くは成功する人です。

(2)　桝掛線の諸相

▼桝掛の線上に太陽、運命の両線が現れている（第149図）円錐形、思索形、尖頭形などの精神的傾向の手に、この相がある場合は、文学、美術、音楽、学芸、文筆などの精神活動の分野で成功する人です。またもしこの手が、方形の手のような物質的傾向を表示するものであると、商業や事業、その他の実業方面における成功を語るのです。いずれにしても、この相は目的達成の吉

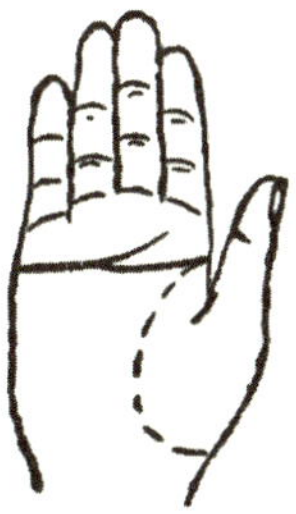

第150図

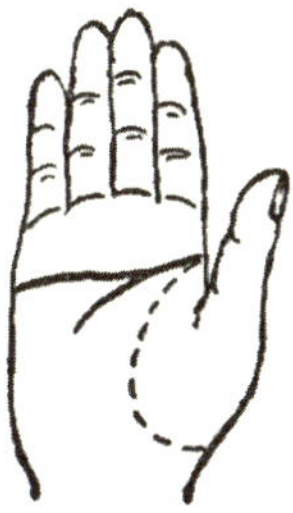

第151図

第152図

相です。

▼頭脳線の先端が感情線に上向きに結合して、一種の桝掛となっている（第150図）　自分の感情を制御できる自我の強さを表す相です。この相の人は、いったん決意したことは手段選ばず目的を遂げようとする強固な決意と強い執着心をもつ人です。

▼前掲の場合とは反対に、頭脳線の先端が下向きになっている（第151図）　桝掛線が象徴する強い執着心や気難しい性格の人ではありますが、前掲の相よりも常識的な性格をもつ人です。

▼二重の金星帯を伴う桝掛線（第152図）　金星帯については別の章で説明するが、この線は感情線と四指との中間の部分に現れる半環状の細い線、多くは土星丘と太陽丘にかけて、切れ切れの線で現れます。桝掛線の手に、二重の金星帯が現れていると、変態的な欲情を語るもので、もしこの手が精神的傾向の強い手であると、さらにその意義を強めることになります。またこの場合の桝掛は、感情線と頭脳線が一本になっている場合もあれば、頭脳線の先端が上か下に出ている場合の桝掛もありますが、意味は同じことです。

第8章　生命線

(1)　生命線の概説

A　生命線の位置

生命線というのは、食指の基底線と拇指とのほぼ中間から発して、拇指球を取り囲んで走る半円球の線のことです。手相学では、この線によって生命力の強弱や健康状態および疾病の有無を観相するのです（第153図）。

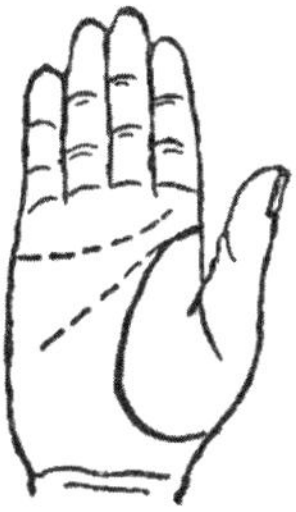

第153図

B　長短の意義

生命線の長短は、遺伝的寿命または自然的寿命を表すものです。自然的寿命というのは、不慮の奇禍による頓死とか、疾病による急逝とかまたは発狂その他の原因による自殺などを考慮に入れない、換言すればそのような事態が起こらなければ、それまでは生きられるという意味の寿命を指すのです。したがって長く鮮やかな生命線は、原則的には、長命を暗示するものですが、それを決定的なものと思い込んではなりません。

上述のような生命短縮の相は、生命線をはじめその他の線や掌紋などによって表示される暗示によって読みとらねばなりません。要するに人の寿命判断は生命線の状態を基本にして、他の線や掌紋などの総合判断によらなければ正確を期することができません。たとえば、健康線が生命線と交叉している場合、この両線がほぼ同じ太さの線であると、その交叉点は死期の予兆となります。また土星丘から垂下して生命線を縦断する災害線も死を暗示する表示となります。これは要するに、生命線の長短そのものが確定的に寿命を表示するものではないということです。

生命線が掌の中に深く張り出して見事な弧線を描いていると、旺盛な生命力と強健な体質を表すが、これに反し、拇指球をせばめて垂下する生命線は、不健康か脆弱な体質を語るものです。生命線の彎曲《わんきょく》度の強弱がそのまま体質の強弱を表示するともいえます。

C　左右の生命線

疾病の時期や死期を判断する場合は、必ず双方の手を観察しなければなりません。たとえばどちらか一方の生命線に明白な切れ目があり、他方にそれがない場合は、その切れ目が表示する流年に、重態に陥るほどの病気に罹るという予兆ですが、左右ともに、同一個所に明白な切れ目があると、それはほとんど確実に死期を予告することになるのです。

D　生命線の表示

生命線上に現れる切れ目や島や十字紋その他の不吉な紋がだんだんに薄れて消えると、不健康や疾病も自然に回復するものです。もっとも人の健康状態は、掌面の血色、爪の状態、その他の線などにも、その表示が現れるものです。

幅広く浅い生命線は、外観は強健な体質のようにみえても、明瞭で狭く深い生命線ほどに良い線ではありません。幅広く浅い生命線は、肉体力をもつ人の手にはよく現れる線であるが、深く、狭く、明瞭な生命線は、気力、意志力をもつ人の手に多く現われ、疾病や過労に対する強い抵抗力を示すものです。前者はこのような抵抗力や精神力において劣るのです。

E　生命線の色合

生命線が良い肉色を呈しているか、淡紅色を帯びていると、良好な健康状態を表すが、線に血色がないと、気力に乏しい、虚弱な体質を表示します。赤色を帯びた生命線は、強健な体質を表すものですが、赤すぎると性格が粗暴になります。また鉛色の生命線は、非道、残忍な性格を表示するものです。

F　起点の意義

生命線は拇指と食指の基底線とのほぼ真ん中から発するのが普通だが、こ

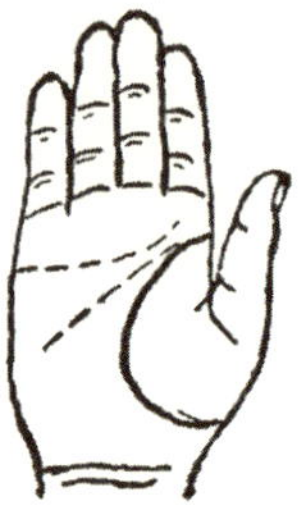

第154図

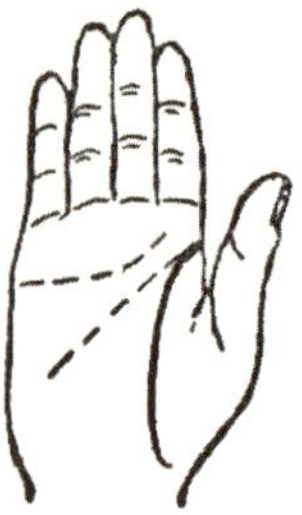

第155図

の線が標準の位置より高く発源していると、その人は、自制力をもち覇気に富んだ生涯を送る人です。ことに木星丘から出発している場合がそうです。これに反し、標準より低く発していると、覇気や自制力に乏しい人です。

(2) 生命線の諸相

A　長い線と短い線

生命線の長短は次のような意味を表します。

▼**掌に深く張り出した生命線**（第154図）　強い体質と長命の可能を示唆する線です。この種の線をもつ人は、病気に対する強い抵抗力があり、肉欲もまた旺盛です。このように掌深く彎曲した生命線の末端が手頸線に達している場合も同じ意味に解してよろしいでしょう。しかしいずれの場合も、一筋に強く鮮明に刻まれた血色の良い線でないと、上述の意味が弱くなります。

▼**拇指に接近した生命線**（第155図）　この生命線は彎曲度がほとんどないから、それだけ線が短く、また拇指球も狭くなるのです。この相の人はたいてい虚弱な体質で、肉欲にもまた劣弱です。総じて挙措動作が鈍く、いわゆるスローモー型の人です。女子の場合はほとんどが不妊症の人です。

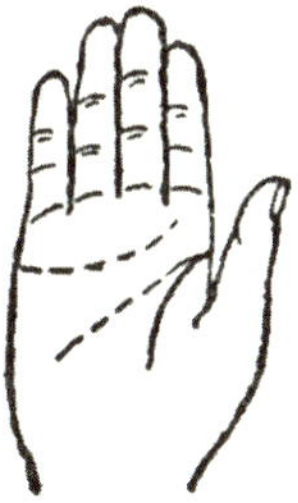

第 156 図

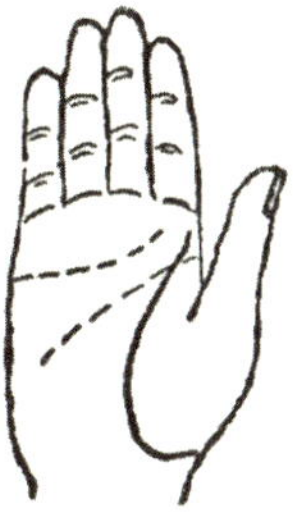

第 157 図

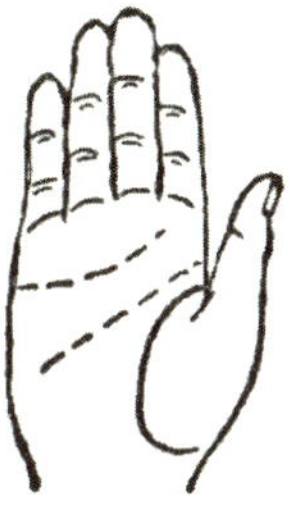

第 158 図

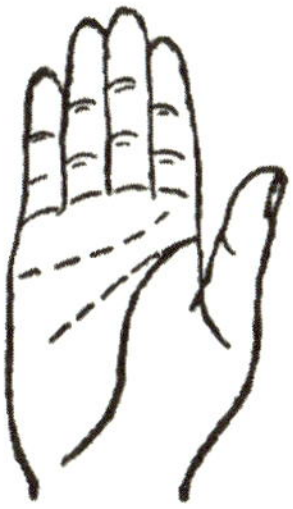

第 159 図

▼短小の生命線（第156図）　生命線が短いのは短命の相です。しかし頭脳線および感情線がともに長く伸びた良い線である場合は、それほどでもないが、生命線が左右とも短い線だとまぎれもなく短命の相となります。

B　起点と終点の意義

▼起点が高く食指の基底部から発する生命線（第157図）　生命線の起点が、標準より高く発しているのは、勇気や決断力をもつ人です。生命線の起点が高いと、第一火星丘を拡大することになり、闘争力、向上心、決断力などの強い気力を表示することになるからです。またこの線が感情線の先端を包むような形になっていると、目的達成の吉相となります。

▼起点が拇指に接近して発する生命線（第158図）　生命線の起点が低く拇指に接近していると、自制心や克己心に乏しい性質を表示します。このような相の人は、若い人だとケンカ腰や反抗的で、勉学の野心に乏しい性質の子です。

▼末端が月丘の底部に向かう生命線（第159図）　職業や住居などを転々と変える落ち着きのない性質の人です。また旅行癖をもつ人が多く、女子の場合は多くは不妊症です。

第160図

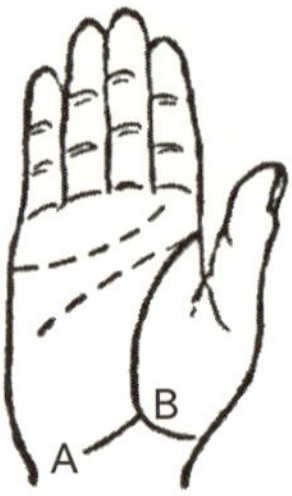

第161図

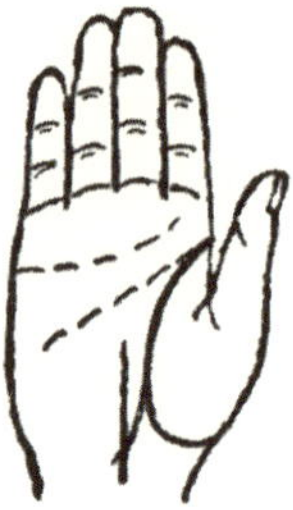
第162図

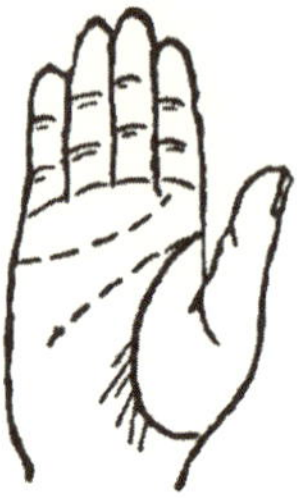
第163図

C　下向きの支線

▼生命線の中ほどから分岐する支線が月丘の底部に伸びている（第160図）　自制力、克己心、落ち着きなどに乏しい性質の人で、だいたい怠慢、放縦です。また酒色におぼれるとか、強い刺激を追い求める人です。しかし手の型がしっかりしたもの（方形、篦《へら》形など）であると、単に職業や住居を変えるとか、旅行を好むといった性質の表示にすぎません。

▼生命線の末端近くで支線が分岐している（第161図）　生命線の末端近くで分岐して、月丘の方向に走る支線Aが、分岐点から先に伸びる本線Bよりも長く強い線になっていると、大旅行に出るとか、生地を離れて遠い他郷で生涯を終える場合がほとんどです。反対に内側のB線が分岐線Aよりも長く強い線であると、どこに旅行していても、またいずれの土地に住んでいても、ふたたび生まれた土地に戻ってくることになります。

▼生命線のやや低目の部分から発する下向きの支線が運命線と結びついている（第162図）　このような相をもつ人は、生涯あまり振るわぬ人で、無《む》為《い》徒食《としょく》するか、気力のない生活に終始するような、きわめて冴えぬ人生を送る人です。

▼生命線から下向きに多数の細線または毛状線が現れている（第163図）　生命線から多数の細かい毛状線が派生すると、体力の減退や衰弱を表示します。生

第164図

第165図

第166図

第167図

命線の一部分に細線または毛状線が現れていると、流年法によるその時期が不健康、病身、精力減退などの故障を表しています。毛状線は生命線の内外に現れることがあります。

▼生命線の末端に総《ふさ》状の毛状線が派生している（第164図）　活力や精力の消散を意味するもので、生命力の枯渇を暗示する相です。このような相は、生活の破綻や不摂生が原因する場合もあれば、生来の脆弱な体質がついに終末期にきたことを暗示する場合もあります。

▼生命線の底部から分岐して金星丘に向かう支線（第165図）　この種の線に関する説は、他に見えた場合を知りません。ただ、米国のM・C・ポインソット氏は「幸運を損う表示である」と説いています。

▼下端が二叉に終わる生命線（第166図）　この人の生涯はあまり冴えたものではありません。多くは苦難か、貧困か、不運に終わることになります。米国のヘンリー・レム氏は「不遇な境涯に終わる」と書いています。

▼生命線の起点の部分から分岐する支線が第一火星丘内に走っている（第167図）　神経過敏、小心、虚栄、自惚れなどの性質を表すもので、もしこの手の掌が硬いと粗暴な性格となります。この支線は、生命線の内側から発する頭脳線

第 168 図

第 169 図

と同様の意味のものです。

D　上向きの支線

生命線から分岐する上向きの支線は、すべて吉相線です。そしてこれらの支線は、その支線が達する丘の影響を受けるのです。丘の影響を受けるという意味は、丘が象徴する吉相を表わすということです。たとえば木星丘にのぼる支線は、木星丘が象徴する権力や地位を得るという意味であり、また太陽丘にのぼる支線は、太陽丘が象徴する人気や財運における成功を約束するものであるという意味です。

▼**生命線から多数の支線が上向きに発している**（第168図）　非常に精力的な生涯を送る人です。これらの細い支線が頭脳線や感情線を突っ切っていると、この人の個人的努力によって成功するという暗示です。

▼**生命線から発する支線が木星丘に達している**（第169図）　生命線のどの部分から発していても、その支線が木星丘に達していると、強い奮発心や野望を表示します。またこの支線が障害線や十字紋などを伴わぬ強い線になっていると、権力、地位、富などの吉運を暗示します。米国のヘンリー・レム氏は、この支線について「往々未来の成功が突如としてやってくる」と述べています。

第170図

第171図

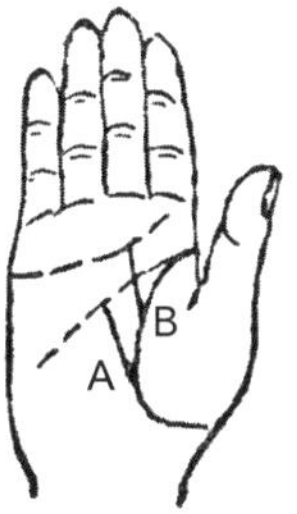

第172図

第173図

▼生命線の支線が太陽丘に達している（第170図）　生命線のどの部分から分岐する支線であっても、それが太陽丘に達していると、成功や金運に恵まれる吉相となります。その成功なり金運が、どのような方面の仕事によるものであるかは、手の型や頭脳線などの総合判断によらねばなりません。また水星丘に達する支線は実業または科学方面での成功を暗示する吉相です。

▼生命線の支線が火星平原に伸びている（第171図）　あらゆる苦闘や試錬を経た後に、中年期に至って、その努力が実を結ぶといった相です。もちろんこの支線は明瞭な力強いものでないと吉相にはなりません。

▼生命線の支線が頭脳線か感情線で食い止まっている（第172図）　生命線の支線が頭脳線の位置で止まっていると（A）、たとえどんなに努力しても、判断違いや愚鈍などのために、損失や失敗するという相です。また感情線で食い止まる支線は（B）、愛情関係に起因する失敗や蹉跌を暗示するものです。

▼生命線の支線が運命線と結びつくか、それを突っ切っている（第173図）　この支線が生命線から分岐する流年に、この人が発憤して努力することになるといった相です。もしこの運命線が、この支線との交叉点から上に、強く良い線で伸びていると成功や幸運を予兆する吉相となります。

第174図

第175図

第176図

▼前掲の支線から図のような別の上昇線が立って、運命線と並行している（第174図）　この上昇線は、第二の運命を暗示する相です。この場合、生命線から発する支線自体やこの支線から上伸する線が良好な線であると、非常に成功的な第二の運命を開拓する人です。

E　生命線の切れ目

生命線の切れ目は、生命力の故障や疾病を予兆します。その障害が発生する時期は、切れ目が示す生命線の流年によって推定されるのです。また生命線の切れ目は、左右の同一個所に現れると重大な意味を予兆する警告となります。

▼生命線が明白に二片に切れている（第175図）　生命線の明白な中断は、大きいほどその意義も重大なものとなります。この切れ目は重態の疾病とか病死の暗示で、左右の線が同一個所で断然と切れていると、明らかに死亡の予告となります。しかし弱く貧弱な生命線が切れ切れになっている場合は、生来の病弱を表示するもので、柳に風折れなしの状態を続けるものですが、強い生命線が上下の二片に明確に切れている場合の意義は重大です。

▼切れた上の線が金星丘に内曲がりしている（第176図）　生命の危機を予告するもので、切れ目の中ではもっとも悪い相です。この相は重態か死亡の暗示で

第177図

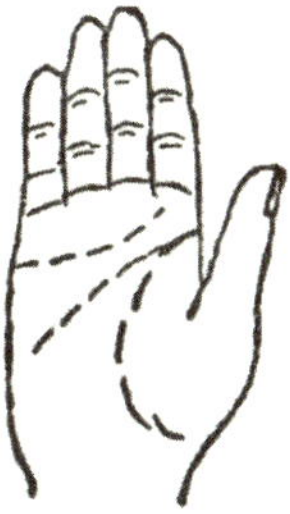
第178図

第179図

第180図

すが、両方の手に、この種の中断が現れていると、それは確定的な死亡の予告であります。

▼生命線の切れ目が二重になっている（第177図）　重複する生命線の切れ目は、一時的な病気や健康障害の表示で、一命にかかわるほどの疾患を意味するものではありません。しかし上下に引き離す重複の幅が長いほど回復の困難を語るものです。

▼生命線の切れ目が断続している（第178図）　生涯のうちにしばしば重態に陥るほどの病気に罹るが、生命力はある程度まで持続するという相です。生命線の中途が薄れている場合もなんらかの病気を予兆するものです。

▼上下で運命線に吸収されている生命線（第179図）　この相の人は、危篤に陥るほどの重病に罹るが、強い運勢によって奇蹟的に一命を取り留める人です。この線はそうした意味を表示する相です。

▼金星丘の底部から発する運命線によって補足される短い生命線（第180図）　短い生命線は短命の相ですが、このような形で運命線がそれを補強していると、強健な体質を表示することになります。筆者の知人に、この相の人がいるが、彼は壊滅した特攻部隊で、生き残った三名の中の一人でした。この点か

らいえば、予兆された短い生命を強い運勢が支えるといった相とも見られるのです。

F　鎖状または波状の生命線

すべて、生命線が乱れて不鮮明だとか、切れ切れになっているとか、鎖状や波状になっている不良な線は、弱い体質と無気力を表すものです。しかし硬い手の場合は、その手の型自体が頑丈な体質を表示しているのだから、同様に不良な生命線であっても等しく繊弱な体質を表すものとは限りません。

第181図

第182図

▼全体が鎖状または波状の生命線（第181図）　この種の不良の生命線は、ほとんどが力なく垂下する生命線で、虚弱な消化力や精力の欠乏を表すものです。またこの種の生命線をもつ人は、消極的な性質で、仕事に根気がなく、たいていは苦労の多い生涯を送る人です。

▼起点の部分のみが鎖状になっている生命線（第182図）　食指の直下にあたる部分、すなわち生命線のはじめの部分の鎖状は普通に多く見受けられます。多くの手相家は、幼少年期の虚弱性を表示すると説いているが、それは必ずしも妥当とはいえません。もっとも、明瞭な線に比べて劣るものであることは争えません。

第183図

第184図

第185図

▼線の一部が鎖状または波状になっている生命線（第183図） 生命線の一部分に現れるこのような乱れは、病気、健康障害、衰弱などの表示ですが、一時的な症状を表しています。このような身体障害が起こる時期は、生命線のその部分が示す流年によって推定されるのです。

▼生命線の末端に現れる鎖状または波状の乱れ（第184図） 生命線が普通の長さのもので、その末端に鎖状や波状の乱れがあると、初老期以後の健康障害を暗示するもので、この場合はたいてい、老衰の予兆です。

G　生命線上の島

生命線に現れる島は、きわめて多く見られるものです。この島は、生命線のどの部分に現れていても、主として慢性の疾患を表示するものです。多くの説は、島の現れている位置が、流年法による罹患の時期を表示するとしていますが、必ずしもそうとは限りません。むしろ現在すでになんらかの病気に罹っていると解するのが正しいのです。この掌の健康線にも島が現れていると、その人は呼吸器系統の病気に罹っていると判断して間違いありません。生命線の島は大きいほど長期の病気を意味するのです。生命線の島はまた病後のある期間は消えずに残って余後の衰弱を表示している場合もあります。病気が回復すれば島はだんだん薄れます（第185図）。

第186図

第187図

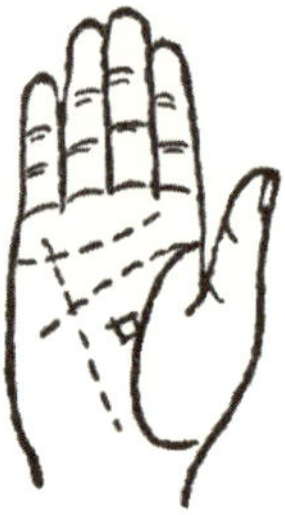

第188図

▼生命線の島からまっすぐな線が出て、頭脳線の斑点と結びついている（第186図）
咽喉または気管の病気に冒されているという表示です。この場合の斑点は、針先で突いたようなきわめて小さい凹みのことです。

▼生命線の起点の部分の大きい明瞭な島（第187図）　大半の手相家は、この人の出生にまつわるある秘密を示唆する相だと解しています。たとえば私生児だったとか、異父母に育てられたとかいうような出生当時の暗い事情を指すのです。キロ氏によると「出生当時の秘密を暗示するという説はたいていの場合、正しいと思うが的確な法則とは断定しがたい」と述べています。

H　生命線と四角紋

生命線上に現れる四角紋は、生命線の力を補強するものです。また四角紋に囲まれている部分に線の中断や島などの病気の相があっても、それは速やかに回復するという意味を表しています。

▼火星平原で生命線と接触する四角紋（第188図）　この場合の四角紋は隔離の意味を表すのであります。たとえば入院、禁足、入獄など一般世間との隔離を暗示します。金星丘内で生命線に接触する小さい四角紋も同様の意味を表します。

第189図

第190図

第191図

▼生命線を横切る短小線を囲む四角紋（第189図）　この場合の短小線は、病気や心配事を暗示する障害線ですが、この種の障害線を四角紋が囲んでいると、そのような障害はたいしたことに発展せず、平常に復するという意味を表しています。

I　生命線とその他の紋

▼生命線上に現れる斑点（第190図）　生命線に並列して現れる黴粒の凹みは、体力や精力の減退を表しています。生命線の斑点が真赤な色を帯びていると熱病、暗色または紫色は急性の疾病、黒色は悪質の疾患を暗示します。この場合の斑点は、ソバカスのようなシミの斑点もあります。

▼生命線に現れる十字紋または星紋（第191図）　これらの紋が生命線上に現れているか、線に接触していると、不測の災難や災害に遭遇するとか、病気などによって生命の危機に当面するという暗示です。そうした事態が発生する時期は、これらの紋が現れている生命線上の位置を、流年法によって推測するのです。

　ヘンリー・フリス氏は「生命線の末端の十字紋は、不運や病気などの原因で、その人の人生が失敗に終わる」と説いています。

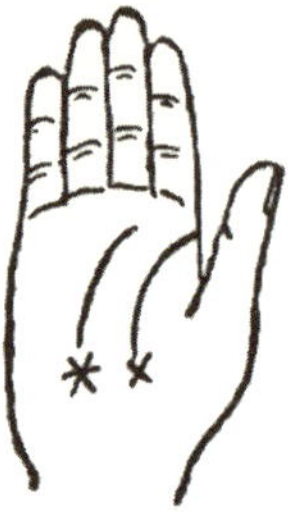

第192図

第193図

第194図

第195図

▼短い生命線の末端に現れる十字紋または星紋（第192図）　短い生命線は、短命の相であるが、この線の先端に十字または星紋が現れていると、その短命は不慮の奇禍または発病による宿命の凶相を語っているのです。

▼生命線を横切るきわめて小さい断線（第193図）　生命線を横切る線は、長短を問わず障害線であるが、ごく短細な横線は、単なる健康障害、心痛事、家庭上の紛糾などを暗示する軽度のものです。そして、この横線に限らずすべて障害線は現れる位置が不定です。

▼生命線の切れ目をつなぐ短細な横線（第194図）　生命線の切れ目は発病の表示となるが、この切れ目をつなぐ短細な横線は、その病気が速やかに回復することを表しています。

▼生命線の一点から、火星平原に向かって図のような短細な二つの支線が横向きに現れている（第195図）　これはちょっと変わった珍しい意味を表す相です。すなわち二人の愛人とか異性の後援者が同時に両人現れるという暗示です。この二線の長さは必ずしも等長ではありません。

第196図

▼生命線の末端近くに並行して現れる線（第196図） この線は、房事過度や生殖器の発育不全を表示する放縦線と混同しやすいから間違えてはなりません。この場合の線は短く、そして生命線の末端と並行しているのであります。この線は養子にゆくという意味を表します。養子先で一家を隆盛にすることができるかどうかは、運命線などの総合判断によらねばなりません。

(3) 生命線の概念に関する諸家の説

生命線の解説は以上でだいたいを終わりましたが、最後に筆者は、欧米の著名な手相家たちが、彼らの著述の中で述べた生命線に関する冒頭の一節を、それぞれ引用して、生命線についての概念をいっそう鮮明にしたいと思います。

英国の手相家キロ氏の説

「この世に生を享《う》けたすべての人は、なんらかの病原または、やがてはそれが死因ともなる病気の萌芽を潜在的にもっているということは、医学上の明白な事実である。はたして然りとすれば、この萌芽は、それが漸次発育して身体を壊すことになる以前に、多年にわたって脳髄に伝達され、さらに生命線にも影響を与えているはずである。したがってその病原が、聴診器やその他の医療器によって発見されるに至るずっと以前に、すでに身体の一部分である手にその兆候が現れるのだという仮定はきわめて合理的な説である。生命線の意義を一般の人々に理解させることは、かなり困難なことである。というのはほとんど大半の人々は、長い生命線が金星丘をぐるっと取り巻いているということだけでただちに長命だと断定する先入観をもっているからである。もっともこの考え方は一応の観念としては正しい。もしその生命線が完全無欠で、切れ目や障害線や、曲がったり薄れたりするものでなければ非常な健康と長命を約束するものである。しかしそのような生命線はきわめて稀である。」

キロ氏はまた彼の別の著述の中で次のように述べています。

「生命線とは拇指の基底部を取り巻いて走る線のことである。そしてこの線はグレート・パルマー・アーチと呼ばれる太い血管の上をじかに覆って走る線である。さらにこの血管は心臓や胃やその他の重要な諸器官と直結しているのである。このようにパルマー・アーチが生命を支える重要な器官と密接に連結しているといふ事実が、生命線をして天与の寿命を予兆することになるのだと推察される。生命線は長く明瞭に刻まれ、なんらの乱れも、切れ目もない正常の位置にある線でなければならない。このような良い生命線は長命、活力、無病、強健な体質を表示するものである。上述したように、生命線は胃やその他の重要な器官を象徴するものであるから、生命線が良好に刻まれていると、胃や消化力も必然に強健である。切れ切れの小線で構成される生命線や鎖状の生命線は不健康、脆弱な消化力、精力の欠乏などを明確に表示するものである。さて私は次に述べる法則について、読者の注意を換起したい。この法則は他のいかなる手相書にも、また私のこれまでの著述にも書かれたことのない法則である。すなわち生命線はあらゆる意味において、人間の身体やその主要部分を表象するものである。ゆえに生命線に現れる切れ目、鎖状、島、十字紋などの表示はこれもまた、身体の中のもっとも冒された部分を反映していることになるのである。私はまた、次の事実についても読者の注意と理解を促さねばならない。およそ掌面に刻まれたすべての線は、二つの役割を演ずる面がある。その一つは、その人が天与の寿命をまっとうするには、あまりにも疾病に罹りやすいということを表示する場合と、いま一つの役割は、病気が最大の危機に到達する時期を表示するという事実である。」

米国の手相家ポインソット氏の説

「手相学の著者フライヤー氏の説によると、生命線はむしろ活力線と呼ぶべきだと述べている。一般の人々や低級な女予言者などは、生命線と寿命とは一致するように考えているが、必ずしもそうではないから私も活力線と呼ぶのが正しいと思う。生命線の長さは生存年数と必ずしも一致するものではない。したがって手相家が『あなたは若死する』とか『何歳で死ぬ』というような予言をすることは罪深いことで、少なくとも危険なことである。そのような予言は、その人に宿命の時が近づきつつあると思い込ませ、道徳的にも、医学的にもその人を劣等の状態に陥れるような固定観念を植えつけることになる。またその固定観念に駆られて死期を早める冒険に駆り立てることにもなりかねない。しかしその反面には、このような予言によって、その人が自分自身の健康に必要な注意を払うことになり、同時に生命線、繰り返していうが活力の表示としての生命線そのものを長くすることにもなるのである。」

英国の手相家ヘンリー・フリス氏の説

「掌の線のなかでももっとも興味ある生命線は、われわれの生存年数が概算できるから読者の好奇心をひくに足るものといえるのである。しかし私はこの場合、概算という言葉を用いる。なぜかというと、われわれの実際の命数を正確に判断することは不可能だからである。ある手相家は生存年数を予言することは可能だと主張しているが、私はどんな方法によっても命数については数年先のことすら正確なことがわかるとは考えられない。それにもかかわらず、ほとんどそれに近い生存年数は、たとえば運命線の長さと比較することなどによってつかむことができるのである。」

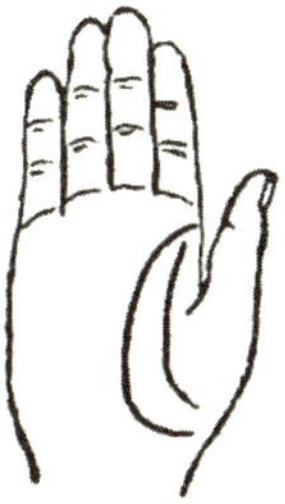

第197図

第9章　副生命線

(1)　副生命線の概説

A　副生命線の位置

生命線の内側を走る線を副生命線とか火星線と呼びます。この線は第一火星丘から発して、生命線に沿って走り、概して深く太く現れる線です（第197図）。

　生命線の内側を同じく並行して走る線に印象線があります。印象線は副生命線に比べ、線が細く、その発源の位置も低く起こるのが普通です。この両線は混同せぬよう、印象線の章と比較研究して両者の区別を理解しなければなりません。

B　副生命線の意義

副生命線は、生命線の力を強め、その欠陥を補強するものです。この線は、異常な精力や疾病に対する抵抗力を表示するばかりでなく、闘争的な性格を表象するものです。したがってこの線の現れている人には、危険や向こう見ずな突進をあえてするような性格をもつ人が多いのです。もしまたこの線が女性の手にある場合は、自由奔放な情熱の表示となる傾向があります。

副生命線が深く刻まれ、それが赤味を帯びていると、その掌の他の部分に現れている凶相をいっそう強めることにもなります。

第198図

C　副生命線と手の型

副生命線は多くの場合、短くずんぐりした方形の手または原始形の手に現れて、異常な健康と闘争的な性質を表すのが普通です。しかしこの線が円錐形の手のような薄く長い手に現れていると、体質は前者と同様に強健で病気に対する抵抗力を表しますが、性格的には落ち着きのない、そして興奮したり、短気だったりする神経質な性質を表示することになるのです。

⑵　副生命線の諸相

▼生命線と副生命線がどちらも明瞭な線で終末まで並行して走っている（第198図）　強健な肉体力と闘争的な気力を表すもので、また長命を示唆する相でもあります。前述したように、この相が円錐形や思索形の手に現れている場合は、落ち着きのない、神経質な性質を表すことになります。

第199図

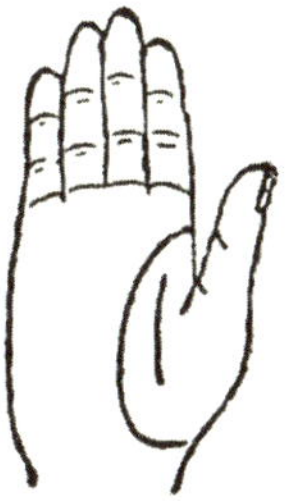

第200図

▼副生命線から強い支線が出て、月丘の底部に向かって走っている（第199図）　この相の人は、落ち着きのない、そして激しい刺激を追い求めたり、渇望したりする性質の人です。この手の頭脳線が貧弱な傾斜頭脳線または起点が生命線とかけ離れて発する頭脳線になっていると、放縦で自制力がなく、酒色に耽溺したり、あらゆる種類の不節制に走る人であります。そしてこの支線と生命線との交叉点が多くの場合、それらの不節制による死亡の時期を暗示することになります。

▼生命線の一部分に沿って走る短い副生命線（第200図）　生命線のその部分にあたる流年が旺盛な体力や精神的な健康状態を語るものです。仮に生命線のこの部分に切れ目、鎖状、島などの不吉な相があっても、副生命線はそれを補強する役目を果たすことになります。たとえば死を予兆する明白な切れ目があっても、生命線のこの切れ目の部分に沿って副生命線が現れていると軽い病気に終わり、死に至るものではないということを示唆しているのです。

第10章　健康線

(1)　健康線の概説

A　健康線の位置

健康線とは、小指の直下の水星丘から発して、生命線のやや底部に向かって斜めに走る線のことです。多くの説は、これとは逆に、生命線の底部から指の方向に走るとしているが、この点については筆者はキロ氏の説によるものであります（第201図）。

第201図

B　健康線の意義

健康線は、生命線とともに、現在の健康状態や疾病を表示する線です。ゆえにこの線は他の線に比べると、割によく変化する線です。ここでふたたび読者の注意を促さねばならぬことは、生命線の形状や長さというものは、単に、形質遺伝による寿命を表示するもので、疾病、奇禍などの生命短縮の原因が発生しない場合の自然的寿命を表示するにすぎないということです。しかるに健康線は、この自然的寿命に変化を与える表示となるものであり、また、この線は疾病を表示するといったが、このことは病気に対する事前の警告をも意味するものです。この点はとくに留意しなければなりません。

　問題はこの警告に従うか否かということですが、たいていの人は、頭から従わないか、あるいは従おうとしないから暗示された疾病に倒れてしまうのです。天意はわれわれに多くの警告を与えるものですが、人間はこの警告にあまりにも盲目であるがために、ついには手遅れになるのです。

C　健康線の表示

　健康線が明瞭になってくると、神経系統の衰弱を表しているか、またはある病気が亢進しつつあることを示しているのです。そしてこの線の先端が強い線で生命線に侵入すると、その交叉点が示す流年に、それらの疾病が極点に達するという重大な暗示となります。またこの線を観察する場合は、三大線の状態、爪相、掌の血色などを総合的に調べてみなければなりません。とくに生命線と頭脳線の状態が必要です。たとえば、健康線の現れている手の生命線が鎖状や波状の弱々しい線であると、そのような貧弱な生命線が表示する虚弱な体質は、さらに増大することになります。またこの手の頭脳線に鎖状や島があると、脳病や頭痛を明確に予告することになります。

　健康線が全然現れていないということは、健康な体質と健全な神経組織を

第202図

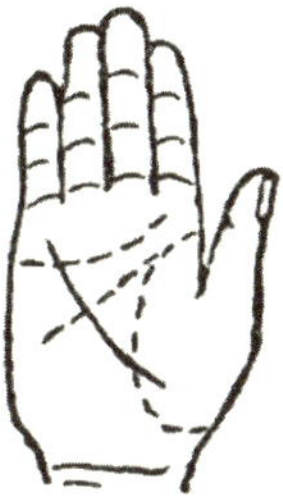

第203図

第204図

語るものです。この点からいえば、健康線という呼称はむしろ不健康線とか疾病線とでも呼ぶのが妥当だと考えられるが、一般的に健康線の名称で通っているし、外国でもLINE of the health の名称を使っているので筆者もまたこの呼称に従いましょう。

(2) 健康線の諸相

▼直線的に垂下する健康線（第202図） 同じ健康線でもこの場合のように、生命線から引き離れて、まっすぐに垂下する健康線は、本質的な体質は強健なものではないかもしれないが、外見はかなり強健です。

▼生命線を横切る健康線（第203図） 生命線のどの部分で交叉していても、その交叉点が生命を脅かす表示となります。その危機は疾病によるものですが。両線が同じくらいの太さや強さの線であると、死期を示唆するものです。そして、この交叉点が示す流年が、その時期を暗示しているのです。

▼健康線から発する支線が生命線を横切っている（第204図） 健康線の支線が生命線を横切っているとき、その生命線が貧弱であるか、またはその交叉点が島になっていると、少なくとも死の脅威を示しているのです。

第205図

第206図

第207図

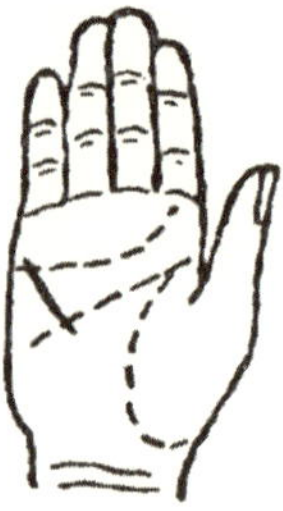

第208図

▼**水星丘の直下にあたる部分の感情線から発する健康線**（第205図）この種の健康線が幅広い線で、先端が生命線に達していると、明らかに心臓機能が弱いかまたは心臓病に冒されていることは確実です。

▼**頭脳線から発する健康線**（第206図）脳病または脳膜炎に罹りやすい体質を表示するものです。この場合、その頭脳線自体が貧弱な線であるとか、島や鎖状などを伴う線であると、脳膜炎に冒される予兆となります。

▼**第二火星丘から発する健康線**（第207図）健康線は水星丘から発するのが普通ですが、その直下の第二火星丘から発する線は、脳神経が冒されているか、または少なくともその傾向なり、素質があることを示しています。

▼**感情線と頭脳線を結ぶ健康線**（第208図）この場合の健康線は、強く深く現れているのが普通で、卒中や脳膜炎に冒される危険があります。その健康線に鎖状や島が現れていると、その危険はいっそう強いものとなります。

第209図

第210図

第211図

第212図

▼水星丘上で先端が小さい二叉になった健康線（第209図）　小指の下で、健康線の先端が小さく二叉に分かれていると、体質が弱化して、早く老衰するという予兆です。この相はまた、過淫などによる性的障害の表示です。

▼水星丘上で小さく三叉に分かれる健康線（第210図）　前掲の線をさらに強める相で放逸な性生活を表示するものです。荒淫による肉体力の減退がやがては早老へと移行することを語っているのであります。

▼月丘の底部よりやや上目に、直線的に現れる横の線（第211図）　これも一種の健康線で、不摂生などによる胃腸病の表示です。この線が先に伸びて生命線と交叉すると、かなり亢進した症状を語るものです。この線は月丘の底部に同じ形で現れる放縦線と混同してはなりません。

▼薬指の直下で健康線上に現れる星紋（第212図）　悪質の眼病に冒されるという予兆です。なかには盲目になる危険があります。

第213図

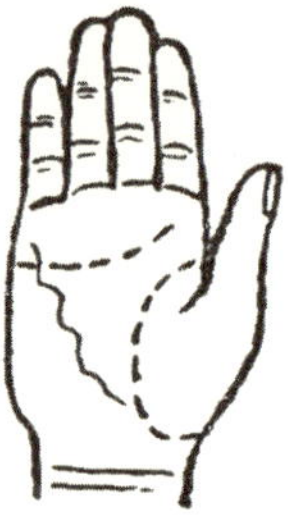
第214図

第215図

第216図

▼切れ切れの断片によって構成される健康線（第213図）　この種の健康線は非常に多く見かけます。生まれつき体質の弱い人で、胃腸が弱いか、胃腸病に罹っている人です。要するにこの線は消化不良の表示です。

▼波状の健康線（第214図）　波状にうねった健康線は、肝臓病または腎臓病を表示するものです。この種の線が黄色を帯びていると、肝臓病に冒されているのです。

▼健康線に現れている島（第215図）　健康線に島が現れていると、なんらかの疾病にすでに罹っているのです。そしてその島は大きいほど、重い病気を暗示します。島は健康線のどの部分に現れていても、罹患の表示となりますが、その病気がなんであるかは、その手の爪相によっても察知することができます。たとえば、

小さく丸い爪＝咽喉または気管支の疾患を表示します。
長い爪＝胸部、たとえば肋膜、肺の疾患を表示します。
短い爪＝心臓が悪く、脈拍が弱いという表示です。
平たい貝爪＝神経痛または中風を表示します。

▼月丘上で健康線の下部に現れる島（第216図）　腎臓または膀胱の疾患を予兆する表示です。

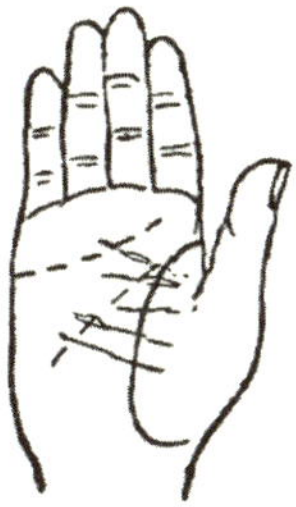

第217図

第11章　障害線

(1)　障害線の概説

生命線または生命線の内側から火星平原に向かって走る線を障害線または干渉線と呼びます。障害線にはこの他に主要線を斜めか、横に交叉する単独の短細線で現れる場合もあります。また障害線は線自体が細いのが普通です（第217図）。

障害線が主要線を横断するか、交叉していると失敗、災害、損失、干渉、疾病、離別などの不吉な事態が発生するという暗示になるのです。そのような凶事や不運が発生する時期は、この線と主要線との交叉点が表示する流年がそれを予告しているのです。またその障害の程度は、障害線の勢いや太さに比例するのが通則です。

生命線の内側つまり拇指球内に無数の横線が現れている手は少なくありません。この場合の多数の横線は、拇指の基底線と生命線との間の丘上に皺の

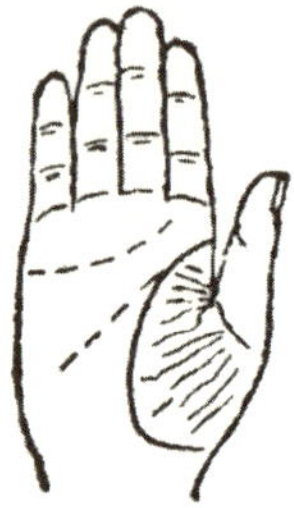

第218図

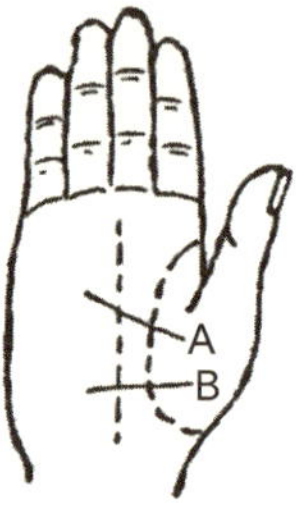

第219図

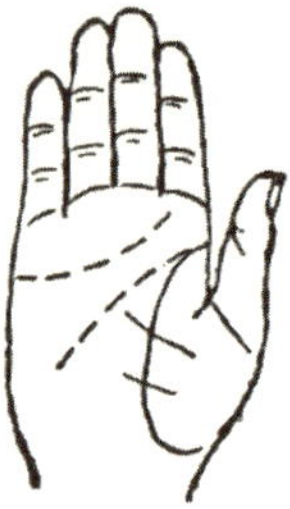

第220図

ように現れるもので、神経過敏、取り越し苦労性などの神経質な性質を語るのです（第218図）。

金星丘から生命線の外側に向かって走る線は、ほとんど障害線ですが、ただ運命線を上斜めに横切る線（A）は影響線といって近親者や親戚縁者などの影響を表す線です。しかし運命線と直角に交叉していると（B）、障害線になります（第219図）。

(2) 障害線の諸相

すべて主要線を横切る無名線は、上述の不運を予告する障害線となるのですから、各主要線の解説で補足的に説明いたしました。ここではその説明から洩れた例について述べることにいたします。

▼金星丘から発する障害線が生命線を横切る（第220図）　この障害線は精神的苦痛、取り越し苦労、心配事などの発生を予兆するものです。それは多くの場合、家族や親類縁者に関連する問題が原因です。この種の障害線がきわめて短小の線であると、単なる健康障害の表示にすぎません。

第221図

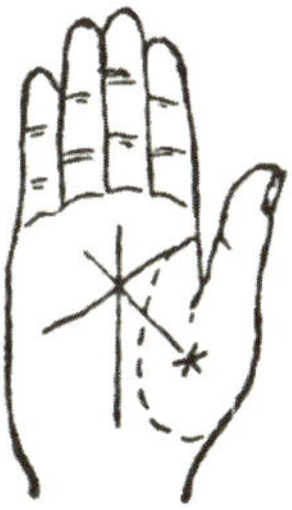
第222図

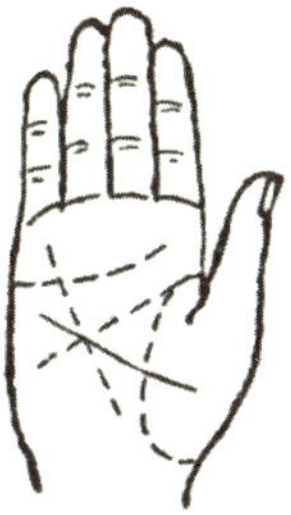
第223図

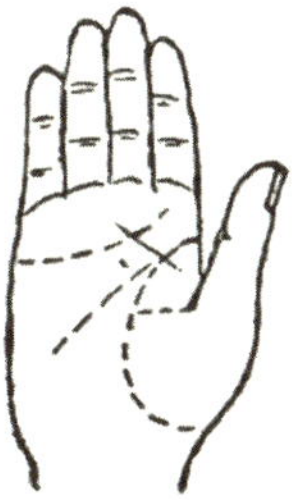
第224図

▼弧形の短小な障害線が生命線を横切る（第221図）　偶発的な災難や急病が起こるという暗示です。それらの原因で急死する場合もあるから注意を要する表示です。

▼頭脳線、運命線と一点に会する障害線が拇指球内の星紋を起点として発している（第222図）　金星丘内に突如として星紋が現れると、親の死期接近を予兆するものですが、この場合のような相も両親のうちのどちらかが近く死亡することを暗示しているのです。

▼金星丘から発する障害線が第二火星丘に達している（第223図）　この種の障害線は、干渉、妨害、迫害、裏切りなどのいずれかを他から被るという暗示ですが、その相手は、この人と同性の人です。つまりこの人が男子であればその相手も同じ男子であり、女子の場合は相手も女子であります。

▼第一火星丘から発する障害線が感情線に接触している（第224図）　この相はしばしば見受ける相で、親戚や身内の人たちとこの人が何かの事情で疎遠になるとか、または不和になるという表示で、交際の途絶を暗示します。

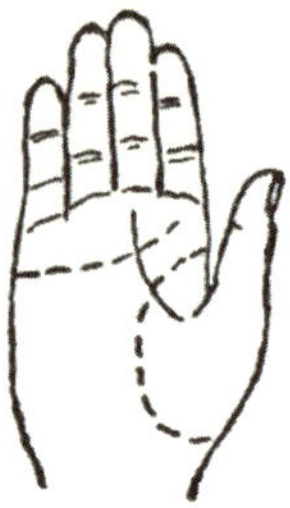
第 225 図

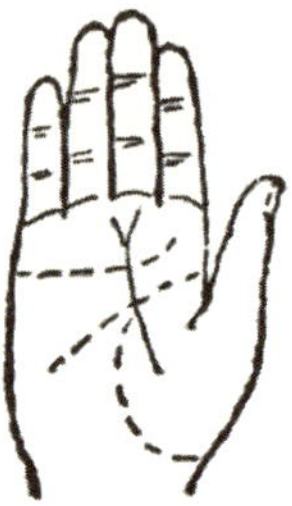
第 226 図

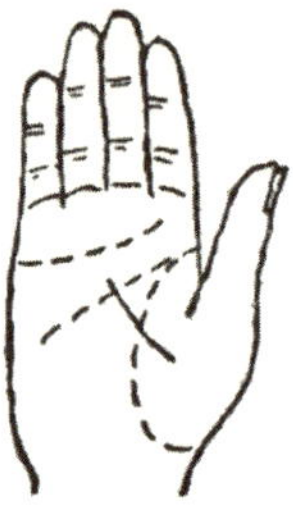
第 227 図

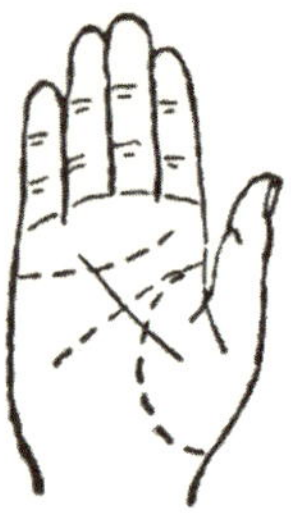
第 228 図

▼**弧形の障害線が土星丘に伸びている**（第225図）　若い女性などが、男子に誘惑されるような場合に現れる相です。この種の障害線は、鮮明な場合もあれば切れ切れになっている場合もあります。この相はまた、難産の表示となることがあります。男子は房事過多による体力の減退を表示する場合が多いようです。

▼**土星丘で先端が二叉になる障害線**（第226図）　離婚を暗示する相であります。しかしこの二叉がきわめて小さいと、災難による負傷を暗示するものであります。

▼**頭脳線を横切る障害線**（第227図）　他から干渉、反対、妨害などを被るという暗示であります。そのため非常に心痛するとか、精神的苦悩を生ずる心労の相であります。

▼**感情線を横切る障害線**（第228図）　愛情問題に関連して他から反対、干渉、妨害などが起こる暗示です。その時期は、両線の交叉点が示す感情線の流年によって測定されます。この線の先端が二叉になっていると、情事問題が原因して夫婦生活に破綻を生ずる暗示となります。

第12章　運命線

(1)　運命線の概説

A　運命線の位置

運命線とは、第一手頸線のやや上部から発して、掌の中央をまっすぐに上昇し、土星丘の中央に達する線を指すのです（第229図）。ただし起点はこの他に生命線、頭脳線、火星平原、月丘、金星丘などから発源する場合もあります。

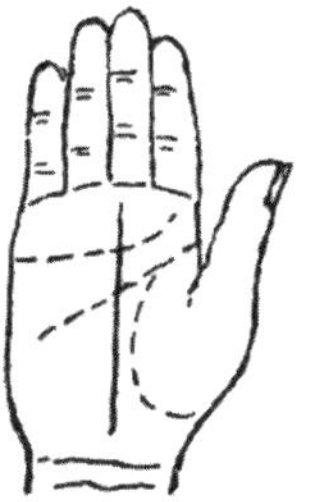

第229図

B　運命線の意義

運命線は人の一生涯の中に起こってくる幸福、不運、事業の盛衰、環境の変化、結婚の吉凶などを表示する線です。どうしてそういうことになるのか誰にも説明はできないが、この線が人生のそうした主要な出来事を表示することは疑いありません。また運命線が表示するものは上述のように人生の吉凶ですから、この線が現れているからといって、それがただちに幸運を表示するものとばかり即断してはなりません。しかしこの線が順調な運命を示唆する傾向の強いこともまた見逃せないのです。

C　運命線と太陽線

すべて幸運とか成功は、運命線に並行する太陽線を伴ってこそ確実な予兆とみられるのです。しかし運命線、太陽線といえども三大線に対しては、第二義的な意義をもつものですから、運命線が現れていないからといって、その人が不運だと断定することは早計です。人の運命は手の型や三大線の状態、その他の線などの総合判断によってもつかみうるものです。

D　運命線と手の型

運命線は手の形状とも密接な関係があります。この線は物質的な性格を表示する原始形、方形、箆形の手には現れにくいが、思索形、円錐形、尖頭形などの精神的傾向の強い性質を表示する手には容易に現れるのが普通です。換言すれば、運命線は物質的傾向を示す手よりも精神的傾向の手により強く現れるものだということです。したがって円錐形、尖頭形、思索形の手に現れた明瞭な運命線をもって原始形、方形、箆形の手に現れた運命線と等しく重要性をもつものと思い込んではなりません。同一の運命線であっても、物質的傾向の強い手に現れた場合は、精神的傾向の強い手に現れた場合よりもその意義は強いものとなります。だから方形、原始形、箆形の手に現れた貧弱な運命線をみて、とるに足らぬものと過小評価してはなりません。

E　運命線の態様

運命線が直線的でなく、曲がりくねった波状の線や切れ切れの中断線になっていると、波乱の多い運命を語るもので浮き沈みの生涯が暗示されます。

運命線が支線も太陽線も伴わず、ただ一本のいかにも心細い線で土星丘に昇っていることがあります。もちろんこの線は力強いものでなく、細く頼りない線です。このような運命線をもつ人は、宿命に翻弄され、環境の鉄柵に繋がれる人です。そして運命の試錬や困難や災難などから避けられない人です。彼らには他人の支援もなく、もたらされるものは悲哀と悲劇だけで永久に幸福はありません。

理想的な運命線は弱すぎず、強すぎず適度に刻まれた線でなければなりません。そして太陽線を伴うものが最上です。

運命線とともに長く良い頭脳線をもつ人は必ず知脳力によって成功する人です。しかし具体的にその知能力を説明することはできないが、手の型や頭脳線自体の形状によってその特質をつかむことはできます。

第230図

F　運命線が全然現れていない手

運命線の全然現れていない手があります。もしその手の頭脳線もまた別に取り立ててどうということもない普通の線にすぎないものであると、とくにその人の運命について告げるほどのものがないということになります。この人は結局は特色も見栄えもしない生涯を送る人で、しかもその単調で変化のない生活に、光明をもたらす生涯かけての目的をもたない人です。

(2)　運命線の諸相

A　一般的運命線

▼手頸線の付近から始まり、まっすぐに中指の下の土星丘に勢いよく昇る運命線

（第230図）　この線が運命線としては基本的な型の線です。俗に天下筋ともいわれる理想的な運命線でもあります。この相をもつ人は、青壮年期から老年期に通ずる生涯において幸運に恵まれ、また成功する可能性があります。もちろんこれは可能性というのであって、どんなに努力しても、または才能があっても結局は徒労に終わるような運命ではないという意味です。しかしこの相が女性の手にある場合は、往々独身や寡婦に終わる場合が多いので、この点は留意しなければなりません。

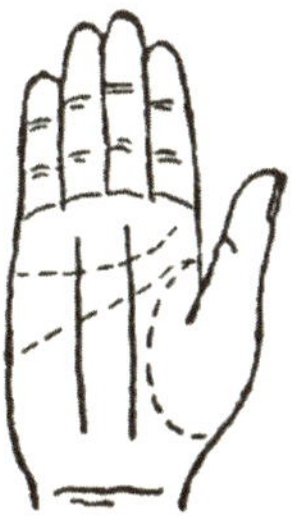

第231図

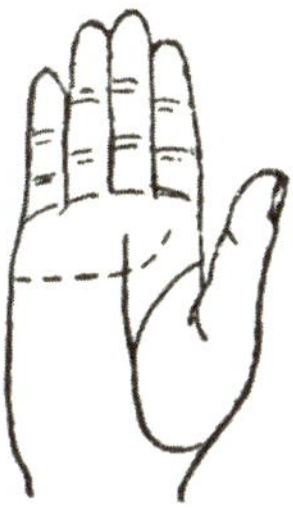

第232図

第233図

▼上掲の運命線が、これと並行して昇る太陽線を伴っている（第231図）　運命線と太陽線が、どちらも明瞭な勢いのよい線で並行していると吉相ですが、さらに頭脳線もまた長く伸びる良い線であると、豊かな財運や社会的地位に恵まれる理想的な大吉相です。しかしながらこの場合、頭脳線が貧弱であると一時的な成功はあっても、永続性がありません。

▼生命線から発する運命線（第232図）　この運命線は、土星丘に昇る生命線の支線のことです。この相は、当人の個人的努力や手腕によって幸運や成功がもたらされるということを示唆しているのです。概して幼少年期や青年期までの生活に苦労や困難が多く、もしこの支線が明瞭で力強い線で土星丘に達していると、そのようなあらゆる困難を切り抜けて成功することになります。

▼火星平原から発する運命線（第233図）　この人の青年期に至るまでの生活には苦労や困難が多く、終始、彼の目的を達するための困難な努力をつづけなければなりません。しかしこの線が火星平原から明瞭に力強い線で土星丘に昇り、同時にこの線から発する支線が太陽丘に伸びているか、別に太陽線を伴っていると、幸運を築く人です。他人の支援や援助がなくても、自身の努力と力量で幸運を獲得する人です。

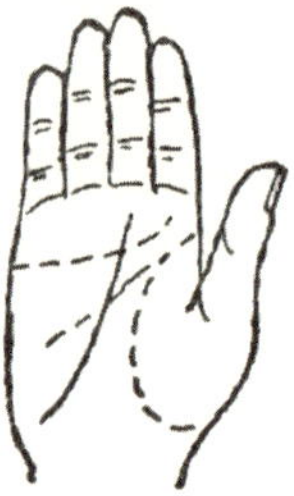

第234図

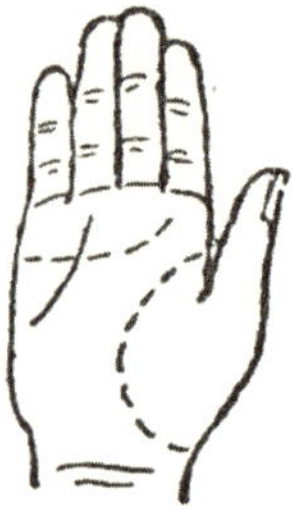

第235図

第236図

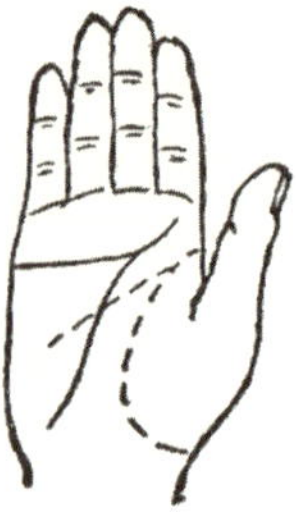

第237図

▼月丘から発する運命線（第234図）　月丘から発する運命線が、明瞭で力強く土星丘に達していると、芸術家や芸能人のように大衆的人気による成功や、他人または配偶者の精神的支援、あるいは物質的援助によって開運して成功するといった相です。しかしこの種の運命線が表示する成功は変化しやすく、不安定なものです。この線の先端が土星丘に達せず途中で立ち消えになっていると、その流年に人気や活動が凋落するという暗示になります。

▼月丘の上部から発する運命線（第235図）　この場合の運命線は、大衆的人気や他人の援助による開運の相ではなく、自分自身の努力によって地歩を築くといったような相です。

▼月丘の底部から弧線を描いて上昇する運命線（第236図）　この運命線は、直観力と敏感な勘を表示するものです。投機や企画などに適する相ですが、この線が力を発揮するためには、手の型が円錐形の手でなければなりません。

▼月丘から発する運命線が感情線と合流して木星丘に伸びている（第237図）　異性の援助による開運の相です。この相はまた幸福な結婚の暗示となります。その結婚は相手の空想や気まぐれまたは浪漫的動機によるもので、たとえば金持ちの婦人と結婚するというような僥倖な事情を示唆するものです。

第238図

第239図

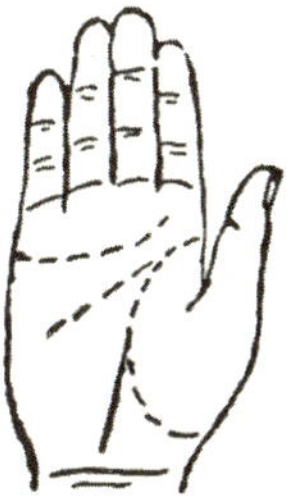

第240図

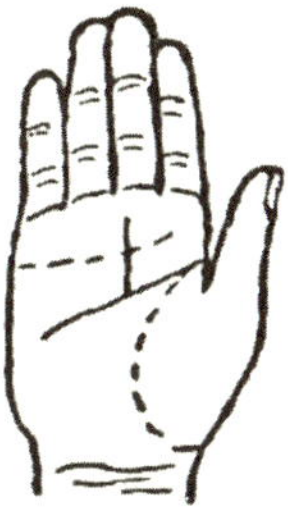

第241図

▼運命線が感情線と合して木星丘に達する（第238図）　この場合の運命線は、前掲のように月丘から発する運命線ではないが、これも異性の愛情や援助によって幸運や成功をもたらす吉相です。この相の人はまた、友人、知人、他人などの支援によって幸運をつかむ人です。

▼金星丘から発する運命線（第239図）　この人がある異性に対して抱く強い愛情や思慕が、その全生涯に影響する宿命の相です。多くの場合、この相の人は恋してならない人を慕うとか、結婚によって縛られている人またはこの人の愛情に応えることのできない人に愛情を抱くために、その生涯を不幸にする人です。ことに婦人の手にこの相があるともっとも不運な相となります。

▼手頸線の付近から発する運命線が生命線に流れ込んでいる（第240図）　幼少年期における不運な境遇を語るもので、少なくとも少年期に家庭の犠牲になるとか、不運な事情などによって順調な運命が阻まれるという暗示です。

▼頭脳線から発する運命線（第241図）　この線が明瞭な良い線であると、約三〇歳以後における幸運や成功を約束するものですが、その幸運なり成功は、この人の知力なり才能によるものです。

第 242 図

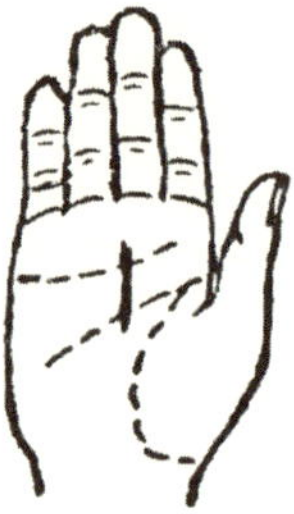

第 243 図

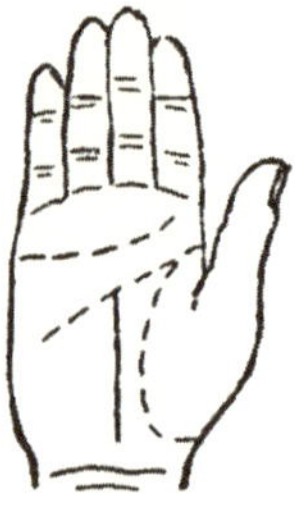

第 244 図

第 245 図

▼感情線から発する運命線（第242図）約五〇歳ないし五五歳以後における開運の相です。この人のそれまでの生涯はおそらく苦労や困難の多い途を経なければなりませんが、晩年は安泰の境涯を送る人です。

▼頭脳線と感情線の中間に現れる運命線（第243図）三〇歳を越えて五〇歳前後に至る壮年期は順調な運勢に乗るが、青少年期と老年期に苦労が多くかつ不運な境遇であるという暗示です。

▼頭脳線で食い止まっている運命線（第244図）この人の誤算や間違った考えによる失策のため、生涯の破滅や失敗を招く相です。もしこの運命線が少しでも頭脳線を上に抜いていれば、その損失なり失敗は、取りかえしのつくものと判断してよいのです。女子の場合、誤解や嫉妬などによる離別が考られます。

▼感情線で食い止まる運命線（第245図）悪縁によって結ばれた愛情関係なり結婚が原因して、生涯の破滅や失敗を招く相です。感情線にも、そのような意味の表示が現れていると、この暗示はいっそう確実なものとなります。またこの相はいわゆる情に棹さして流される人情負けの失敗を暗示します。

第246図

第247図

第248図

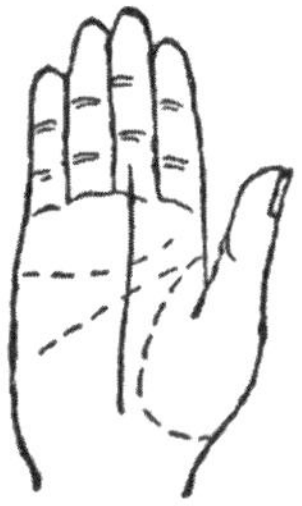
第249図

▼頭脳線より低い個所で消える運命線（第246図）　幼年期から青年期頃までは順調、幸運な境遇であっても、中年以後は衰運に傾き、不運な境遇になるという暗示です。

▼途中の一部分が、生命線に吸収されるか、接触している運命線（第247図）　幼少年期における運命の阻害を表示するもので、たとえばこの人が幼少時代か少年期に疾病、災難、家庭的不運などの運命を阻害する不遇に陥るということを語っているのです。しかし上に伸びる線が明瞭な力強い線になっていると、そうした不運や逆境を切り抜けて以後の運勢が調子よく進展することを示唆するのです。

▼手頸線から発する運命線（第248図）　運命線は土星丘を昇りすぎても、手頸線へ下りすぎても順調、幸福な運命を表示することにはなりません。この場合ももちろん不吉な運命を示唆する相となります。

▼土星丘を越えて中指に割り込む運命線（第249図）　一代の権勢や資産も余勢の蹉跌で悲運に終わるといった運命を示唆する相です。この相の人は力量を越えた野心や事業に手を出して失敗する人で、いずれにしても倒産、失脚などの不幸な終局に遭遇する人です。女性の場合は一種の後家相で、配偶者に若くして死別する人が多いようです。

第250図

第251図

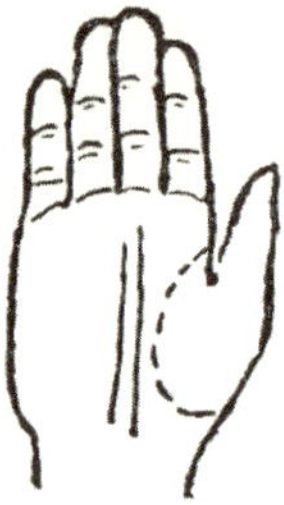

第252図

▼生命線に近接して発する運命線（第250図）　肉親、縁者の力によって、運勢が順調良好に進展する相で、生まれながらにして裕福な家庭に育った人によく見られます。運命線は起点によって、それぞれの意義に相違があります。だいたい掌の中央から発している場合は自力開運の相、月丘から発する場合は他人の支援による開運、金星丘寄りに発する運命線は近親者による開運の相です。

B　先端が土星丘以外の丘に向かう運命線

運命線は、その先端が土星丘に達するか、またはその方向を目指す線です。もし運命線が本来の方向である土星丘をそれて、他の丘に向かっていると、その丘が象徴する方向にこの人の努力なり志向が傾いているということになります。しかしこのような運命線は、運命線から分岐して他の丘に向かう上向き支線ほどの強い力をもつものではありません。

▼月丘から木星丘を指して昇る運命線（第251図）　月丘を起点とする運命線は他人の援助によって開運する相です。この人は他人の援助を足場にして、その企図する努力は、木星丘が象徴する権力、社会的地位、支配などの人の上に立って采配を振るうといった方面を志しているのです。

▼運命線が二重に傍側に並んで現れている（第252図）　二途の運命を表示するも

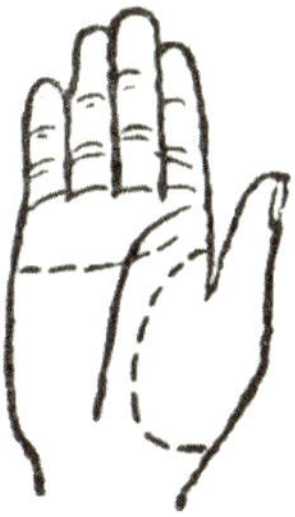

第253図

第254図

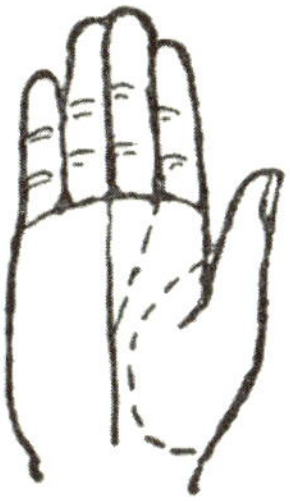

第255図

第256図

ので、両線がともに良い線であると、二つの仕事に成功します。この場合、たいてい一方が本職で他方は趣味の生活を暗示するのです。

▼土星丘を経て木星丘に終わる運命線（第253図）晩年の偉大な成功を予兆するものですが、それは野心を満足させるに足る大いなる成功を意味するものです。

▼太陽線と交叉する運命線が第二火星丘に伸びている（第254図）運命線と太陽線とは並行して昇るのが原則です。この相のように両線が交錯していると、複雑な運命をたどる暗示となり、素質的には良い運勢をもつ人ではあるが、時に思わぬ不幸にも遭遇する人です。

▼先端が指と指の間に流れ込む運命線（第255図）運命線が長く力強い線で上昇していると順調で良好な境涯を暗示するものですが、その先端が両指の股に流れ込んでいると、浪費癖を示唆するもので、蓄財などはまず至難です。

▼土星丘と木星丘の中間に向かう運命線（第256図）積極的な性質の人で、野心もあるから中年以後における運勢は良好です。しかし女性の場合は、夫運がないようです。この運命線は生命線から発する場合もあります。

第257図

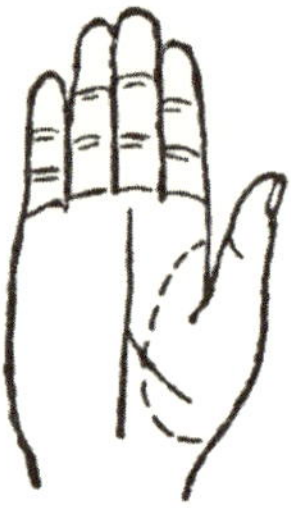

第258図

第259図

第260図

▼土星丘と太陽丘の中間に伸びる運命線（第257図）　この相が女子の手にある場合は、自活意識が強く、共稼ぎするか、あるいは独りで一家を背負って立つといったような宿命の人です。この相の女性はだいたいしっかりした手と丈夫な体格の持ち主が多いようです。

▼金星丘から発して運命線に結びつく上向きの斜線（第258図）　親戚や身内の人たちからの援助によって運勢が開けるといった相です。たとえば遺産相続によって幸運の途が拓けるとか、幸福な結婚生活に入るといった意味を暗示するのです。この線は上向きに運命線と結びつくもので、障害線ではなく影響線です。

C　二叉の運命線

▼土星丘で先端が二叉になっている運命線（第259図）　土星丘上で運命線の先端が形の良い肉叉《にくさ》状になっていると、運命線が表示する意義を強めるもので、事業なり仕事が着実に発展する吉相です。

▼末端が火星平原で二叉になっている運命線（第260図）　頭脳線の下で、運命線の下端が二叉になっていると、第三者の影響を暗示するものですが、この二叉から上に伸びる線の良否によって、その影響の良否も推察されるのです。

第261図

第262図

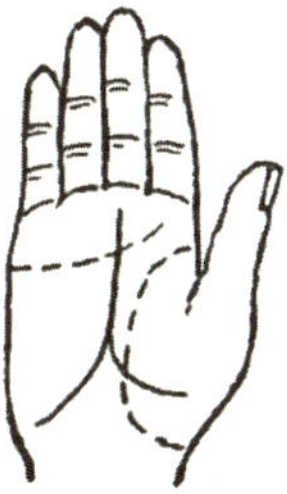

第263図

第264図

▼**生命線から発する運命線の起点の分岐**（第261図）　生命線から土星丘に昇る強い支線は良い運命を示唆する吉相ですが、その起点が図のような二叉になっていると、その意義をさらに強めるものです。

▼**二叉の一方が金星丘から発する運命線**（第262図）　肉縁関係の薄縁を表示する相です。たとえば養子にゆくとか、早く両親と死別するといった相であります。この相は運命線に結びつく影響線（第258図）と混同してはなりません。

▼**月丘と金星丘を二叉に跨いで発する運命線**（第263図）　空想と恋愛の間を絶えず彷徨《ほうこう》するとか、情熱と情欲の間を泳ぎ回って日を暮らすといったような運命をたどる人であります。しかしこの二叉から上の線が強くまっすぐな良い線になっていると、必ずしもそうではありません。この場合、頭脳線の状態も観察しなければなりませんが、たとえばこの手の頭脳線が強く傾斜していると、上述の傾向をいっそう強めることになり、掌をまっすぐに走る頭脳線だと、知力や自制力の抑制が加わることになるから、そうした昏迷の運命をたどるようなことにはなりません。

D　運命線の切れ目

▼**運命線の中途に現れた明白な切れ目**（第264図）　強くはっきりした線に現れる切れ目は、当然その切れ目もまたはっきりするものです。この明白な切れ目

第 265 図

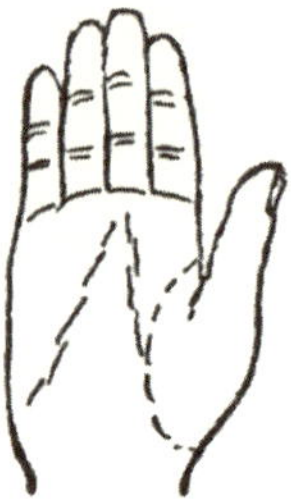

第 266 図

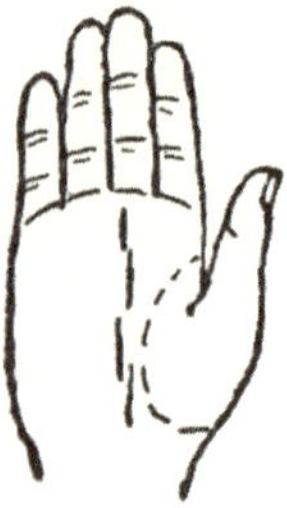

第 267 図

が運命線に現れていると資金難、失敗、災難などの不運や逆境を暗示するのです。そうした不運に伴う職業の変化、住居の変動などもあわせて推察されます。そしてこの切れ目が大きいほど不運も大きく、境遇の宿命的な変化が予想されるのです。女性の場合は配偶者との死別、環境の変化、離縁などが暗示されます。

▼**切れた上下の先端が重複する運命線**（第265図）　この相は必ずしも悪い相とはいえません。多くは境遇や地位の変化を表すものです。切れた上の線がまっすぐか力強い線になっていると、その変化は良好な暗示となります。またその時期は上の線の末端が示す流年によって測られるのです。

▼**切々の微弱な運命線または鎖状の運命線**（第266図）　宿命的に波乱の多い生涯を暗示するもので、一時的な運勢はあっても、失敗とか困難などの苦労の多い、いわば不安定な運命をたどる人です。また職業、家庭、住居のいずれかが安定した状態にならないことを暗示しています。

▼**明瞭な断片の線で構成される運命線**（第267図）　この相の人は数奇な運命をたどる宿命の人です。またこの相は放浪性を表示します。すべてこのような運命線は、頭脳線の状態とにらみあわせて適切な判断を下さなければなりません。

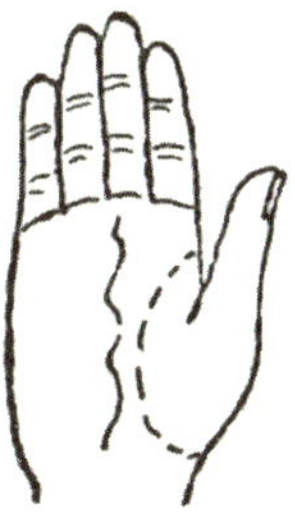

第268図

第269図

第270図

第271図

E　波状または島を伴う運命線

▼波状の運命線（第268図）　生涯かけて茨《いばら》の道を歩く波乱の相で、困難や苦労の生涯をたどる人です。すべて線はまっすぐでなければ力がありません。このような波状の運命線は、たどる一生もまたジグザグの苦労多い曲折を暗示します。

▼運命線の下端に現れている島（第269図）　運命線が第一手頸線の付近から発している場合、その下端の島は、出生当時の秘密を暗示します。たとえば私生児であるとか、またはこの人の出生には不法、不純な暗い事情が秘んでいるといった相です。

▼火星平原内で運命線の中途に現れる島（第270図）　火星平原は運命線の流年によると約二〇歳から五〇歳前後の年齢期にあたります。この相は、そうした青壮年期における損害や失敗を予兆するもので、たいていは金銭上の損失が多いようです。しかしもっとも血気さかんな時代だけに、異性関係から生ずる苦労、困難、紛糾を暗示する場合もあります。

▼運命線との交叉点に現れる頭脳線の島（第271図）　この相もまた失敗や損失などを表示するものですが、この場合はむしろその人の鈍感や知能力の不足に原因する場合が多いのです。すなわち不明による失策を示唆するものです。

第272図

第273図

第274図

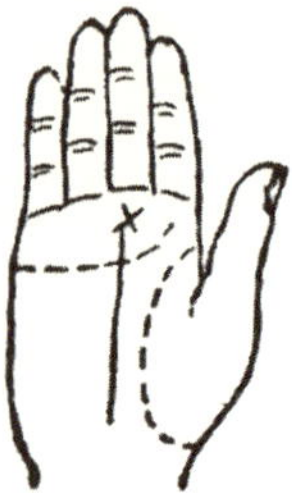
第275図

▼運命線との交叉点に現れる感情線の島（第272図）　これも失敗または損失の表示ですが、その原因は愛情関係からくるもので、これは一種の色難の相です。このような相はよく注意しておかぬと見落としがちなものです。

▼女性の手の金星丘内の島が図のように運命線と結びついている（第273図）　女性の手の場合は、男に誘惑されるとか、貞操を蹂躙されるような事態が起こる予兆となります。

▼島のある線が月丘の側から運命線に結びつく（第274図）　有夫の女性と関係を結ぶ不倫の相です。もしこの手の運命線にも島があると、さらに問題の紛糾が推察されるのです。これは前掲の相の場合にも同様のことがいえます。

F　運命線と十字紋

運命線上に現れる十字紋は、線のどの部分に現れていても不幸、損失、失敗、災難などの不吉を暗示するものです。そのような悪い事態がいつ起こるかということは、十字紋の位置が示す運命線上の流年によるのです。

▼土星丘上で運命線の先端に現れた十字紋（第275図）　この相は、悲劇的な末路を暗示する凶悪な相です。たいていの場合、非業の死に終わる宿命を予告するものですが、事実この相は死刑囚の手に多く見受けられます。

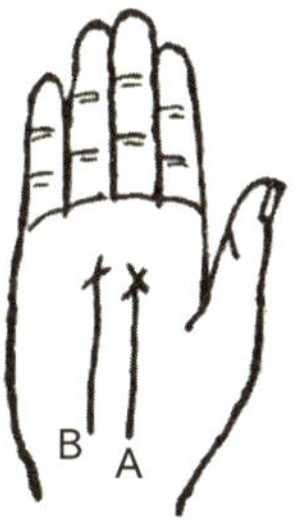

第 276 図

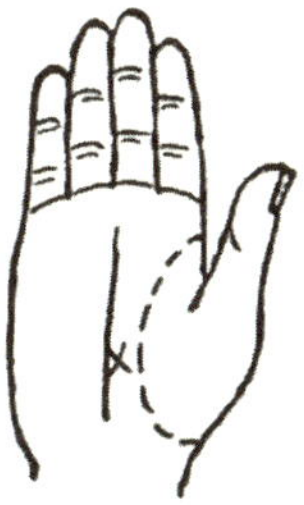

第 277 図

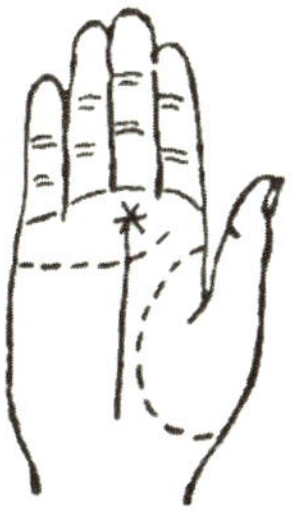

第 278 図

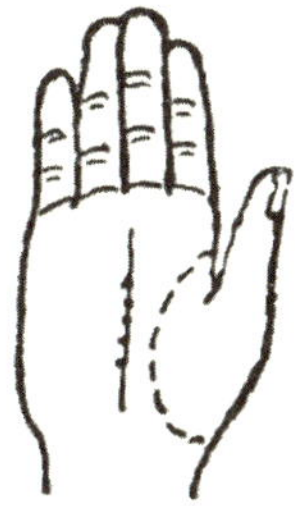

第 279 図

▼運命線が突如十字紋に終わっている（第276図） 運命線が十字紋で止まって突如消えていると、頓死、惨死、変死などの不慮の死を予兆する凶相です。この相はまた、ある大きな災害や不運の遭遇による精神的打撃を暗示する場合もあります。

▼運命線に接触する十字紋が金星丘側に現れている（第277図） 家庭内や近親との間に生ずる紛糾や困難を示唆するものです。もしこの十字紋が月丘側にあって運命線と接触していると、旅先や遠い取引先に出かけて生ずる損失や災難を暗示します。

G 運命線とその他の紋

▼運命線上に現れる星形の紋（第278図） 運命線上に現れる星紋は、十字紋よりもさらに強い非運を示唆するもので、不測の損害、災害、奇禍などを予兆する凶相です。土星丘上に現れている星紋と下から昇る運命線が結びついていると、これも十字紋と同じように非業の死を暗示する凶悪な相となります。

▼運命線に現れる斑点（第279図） 運命線に斑点が現れていると、これも不吉の相ですが、多くは一時的なもので、それが表示する意味も強いものではありません。

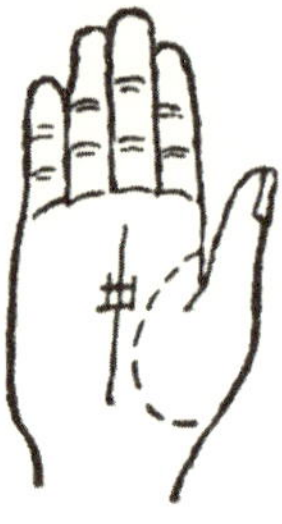

第280図

第281図

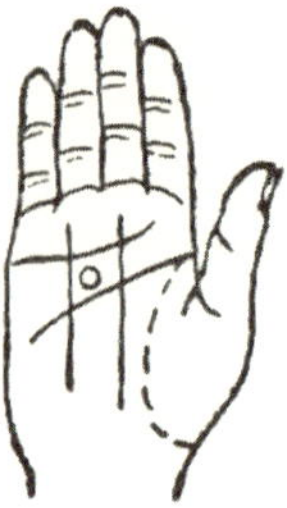

第282図

▼四角紋を通り抜けている運命線（第280図）　運命線上に四角紋が現れていると、災難、損失、不運に遭遇しても、回復が速やかで損失の程度が軽いという意味の表示です。

▼運命線に接触している円環の紋（第281図）　運命線に接触する円環の紋は線のどの部分にあっても運勢の否定を暗示する不吉の相です。この紋が線に接触して現れていると、幸運や愛情などに恵まれない不運な運命を暗示するものです。

▼頭脳紋と感情線、運命線と太陽線が図のように井桁をなして、その中に円環の紋が現れている（第282図）　太陽線と運命線が並行して上昇する相は、大運勢を表示するものですが、この大吉相も円環の紋が井桁の中に現れていると、その崩壊を暗示するのです。

H　運命線から発する上向きの支線

運命線から分岐する支線が、木星丘、太陽丘、水星丘のうちのどの丘かに向かって走っていると、その丘が象徴する特質によって、その人の生涯が支配を受けるという意味を暗示しているのです。いずれにしても、運命線から発する上向きの支線は吉相線には相違ないが、障害線を伴わぬ良い線でなければなりません。さらにこの上向き支線が表示する意味を的確につかむためには、頭脳線や手の型などの状態も慎重に観察することが肝要です。

第283図

第284図

第285図

▼運命線から分岐して木星丘に向かう支線（第283図） 運命線のどの部分から分かれていても、その支線が木星丘に接近していると、その人の野心や意図が実現する可能性があります。もしこの支線が伸びて木星丘の中央に達していると。もっとも素晴らしい幸運を表示するもので、権力、地位、財運などの社会的成功を遂げる吉相となります。またこの手の型が方形や篦形の手であると、さらにその意義を強めるものです。このような幸運が開ける時期は、分岐点が示す運命線の流年によって推測されるのです。

▼運命線から分岐する支線が太陽丘に向かっている（第284図） 運命線のどの部分から分岐していても、その支線が太陽丘に達していると、成功や財運を暗示する大吉相であります。そして、支線の分岐点が表示する流年から、その幸運が開けることになります。

▼運命線から発する支線が水星丘に達している（第285図） この支線も前掲の二つの支線と同じく成功を約束する吉相ですが、この場合はある特種の業績に関する成功を示唆するもので、主として科学方面か実業界のどちらかにおける成功を予兆するのです。

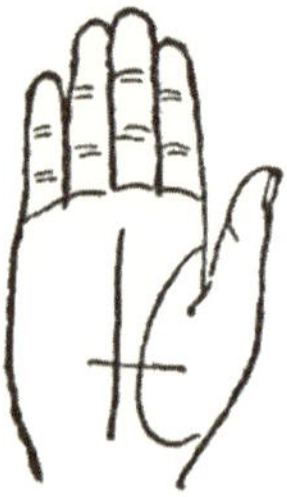

第286図

第287図

Ⅰ　運命線と障害線

運命線を横切る無名線は、たとえそれが短細な線であっても、また運命線のどの部分を横切っていても、それは運命上の蹉跌を暗示する障害線となります。運命線を横切る障害線は、失意、失敗、困難などの逆境を示唆する不吉の相です。そして運命線と障害線の交叉点はそのような悪い事態発生の時期を示す流年となります。また障害線は単線の場合もあれば、数本の複線の場合もあるが、後者の場合は、いっそう悪い意味を強めることになります。

▼金星丘から発して運命線を横切る障害線（第286図）　親戚や肉親関係から被る失敗、損失、愛情関係の破綻などを暗示するもので、ことに男子の場合は、愛情関係から生ずる運命の蹉跌を暗示する場合が多いのです。しかし障害線から上に伸びる運命線の良否によって、その後の運命を判断しなければなりません。この種の障害線はまた第三者の干渉や妨害による地位や名声の阻害を意味する場合もあります。ここで注意を要することは、同じく金星丘から発する線であっても、その線が運命線と真横に交叉している場合が障害線となるのであって、上斜めに交叉する場合は障害線でなく影響線となるのです。

▼運命線の先端に現れる数本の障害線（第287図）　運命線自体が乱れた貧弱な線であると、生涯恵まれることのない不運な生涯をたどるという相ですが、た

第288図A

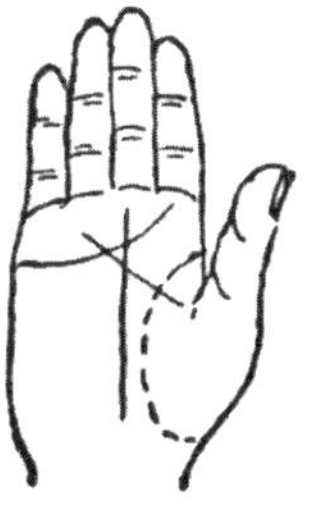

第288図B

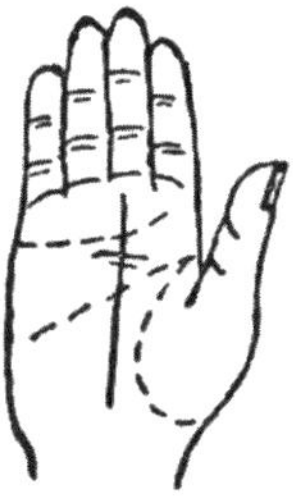

第289図

とえ運命線が強く明瞭に刻まれた良い線であっても、先端に数本の障害線が横切っていると、晩年における生活は、失意や、失敗の窮地に陥るといった不運を暗示しているのです。

▼運命線と感情線にかけて横切る障害線（第288図）　この相は、愛情関係や夫婦生活が宿命的に破綻するという暗示であります。

この場合、運命線が切れて上下に重複しているか、結婚線に凶相が現れていると死別の相となります。またこの場合の運命線は、たとえばA図のように斜めに上下に切れた短い運命線もあれば、B図のように常態の運命線もあるから、図に拘泥せず本文の主意をよく理解して、実地の観相に精密でなければなりません。

▼頭脳線と感情線の中間で運命線を横切る障害線（第289図）　三〇歳前後から五〇歳前後にかけての中年期における失意、失敗、損失、失脚などの悪い事態の発生を予告するもので、その原因は多分に愛情関係による場合が多いようです。もちろんその時期は運命線の流年によって推定されます。

第13章　太陽線

(1)　太陽線の概説

A　太陽線の位置

太陽線とは、第一手頸線から少しばかり上に離れて起こり、薬指の下の太陽丘に向かってまっすぐに昇る線のことです。これは太陽線の標準型ともいうべき基本的な線型で、この他に次の位置から発する太陽線があります（第290図）。

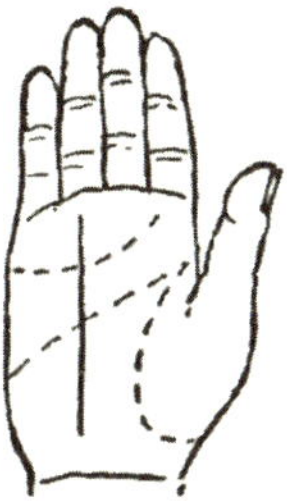

第290図

生命線から発する太陽線（生命線の支線）
月丘から発する太陽線
運命線から発する太陽線（運命線の支線）
火星平原から発する太陽線
頭脳線から発する太陽線

感情線から発する太陽線
太陽丘に単独に現れる太陽線

太陽線は起点についてみると以上のように種々の異なった位置から発源しますが、その終末はいずれも太陽丘に向かう点で一致しているのです。

B　太陽線の意義

太陽線は成功、名声、財運、繁栄などその人の生涯における幸運を表示するもので、それはあたかも太陽のような光輝を象徴する線です。しかし、その人の手に運命線のみ現れていても、それが必ずしも幸運や順調な運命を表示するものとは限らないと同様に、太陽線のみ現れている手をみて、確定的に輝かしい幸運が約束されていると決めてかかるのは早計です。太陽線は運命線と並行して上昇しているのが理想的で、この点からいえば、良い運命線によって約束された成功や幸運の吉相を太陽線が裏書きするものだともみられるのです。しかし運命線が現れていない場合でも、他の主要線がだいたい普通の線になっていると、十中の九までは、太陽線の起点が示す流年から万事が良くなり、繁栄なり成功なりするものだということも留意しておかねばなりません。

太陽線に関するキロ氏の説明によると、「太陽線が現れていないからといって直ちにその人の幸運を否定することはできないだろうが、良い明瞭な太陽線があると、たとえ知能力を表す頭脳線が貧弱であっても、ある程度の幸運は約束するものである」と一応この線の力を強調して、太陽線の現れていない手の幸運や成功を必ずしも否定していないが、彼の別の著書（*Palmistry For All*）では次のように極言しています。「他の点でどんなに良い相のある手であっても、太陽線が全然現れていないと、その人がどんなに聡明で優れた才能をもっていても、そんなことはどうでもよいことで、その人が社会的に認められるようなことは困難だというよりもむしろ不可能に近い。換言すれば、彼の生活は暗闇を歩くように惨《みじ》めなものである。だれも彼の仕事をふりむく者はいないだろう。そして彼の生涯は苦労のみ多く、けっして成功の太陽が輝くことはないだろう」と。これでは太陽線の力を強調しすぎた嫌いがあります。

　太陽線が、不幸や不運を表示する運命線とともに現れていることがあります。そんな場合は、たとえその人が不幸、失意、落胆の逆境にあっても、外観は少なくとも明るく幸福で楽しそうにみえる人です。

C　太陽線と手の型

　太陽線や運命線は、精神的傾向の強い性格を表示する手（円錐形、尖頭形、思索形の手を指す）には明瞭に現れやすいのですが、物質的な性格を表示する手（方形、原始形、篦形）には現れにくいのが普通です。この点は十分考慮にいれておく必要があります。物質型の手に明瞭な太陽線が現れていると、その力はきわめて強いものとなるからです。このことは運命線についても同様のことがいえます。

精神的傾向の強い手（円錐、尖頭、思索形の手）に太陽線も運命線も全然現れていないと、その人はどんなに優れた才能や頭脳をもっていても、日光のない暗い人生をたどる人で、その生涯は暗黒の闇に閉ざされたようなもので、実を結ぶことのない一生を終わることはほとんど確定的です。

良い太陽線が運命線とともに円錐形の手に明瞭に現れて、良い傾斜頭脳線を伴っていると、芸術、舞台、歌曲、芸能、文筆などの仕事で輝かしい成功を収める表示となります。円錐形の手の人は、感動的、情緒的な性質をその人が素質的にもっているからです。しかし運命線が現れていないか、また現れていても貧弱な線であるとか、あるいは太陽線、運命線がともに明瞭でも頭脳線が貧弱だと、名声や地位などに対する切望を示しているにすぎません。ただ自分では創作力も表現力もないが、芸術に対する鑑賞が熱心であるということにとどまるのです。

太陽線が思索形の手に現れている場合は、単に快活な性格を表示する以外にはあまり意味がありません。この型の手の人は素質的に富や地位や世俗的な成功などには関心の薄い性質の人だからです。

第291図

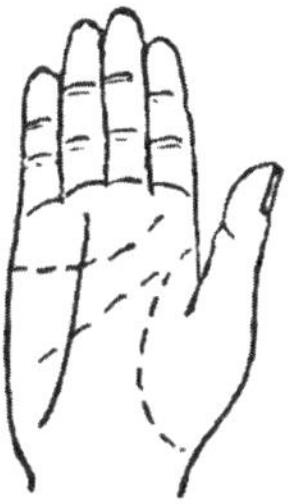

第292図

(2) 太陽線の諸相

A 普通の太陽線

▼掌の底部からまっすぐに太陽丘に昇る太陽線（第291図） 社会的名声を博すとか、金運をつかむとか、あるいは成功を予兆する吉相です。手の型や頭脳線が精神的傾向の強いものだと、芸術や芸能方面での成功を意味し、物質的傾向の強いものだと、社会的地位や事業や発明発見などの方面における成功を暗示する相となります。またこの太陽線に並行して強い運命線が同時に現れていると、非常な成功や幸運の大吉相です。もちろんこの大吉相をさらに裏書きするものは鮮明な良い頭脳線でなければなりません。

▼月丘から発している太陽線（第292図） 太陽線が月丘を起点とする場合は、単に、変化の多い不安定な生涯か、波乱の生涯を暗示するにすぎぬ場合が多いのです。この点は留意しておかねばなりません。

もっともこの種の太陽線が例外的に強く明瞭に刻まれた良い線であると、成功なり名声をつかむという表示となりますが、その幸運にしても一般的人気や流行などによるものですから、大衆の動向に強く左右されるのです。したがって安定した確実な表示とみることはできません。しかしながら俳優、芸術家、宗教家、歌手、舞踊家などの手にこの種の太陽線が明瞭に強く現れ

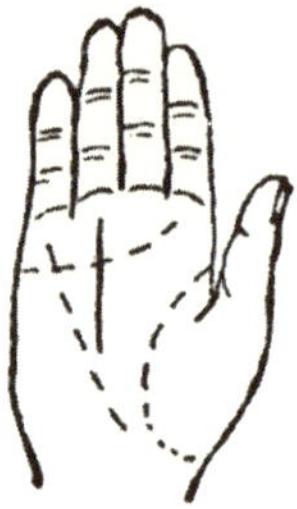
第293図

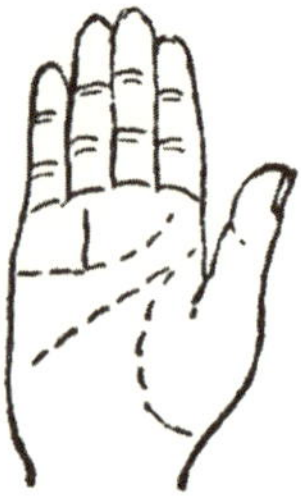
第294図

第295図

ていると成功を約束する吉相となります。

▼火星平原から起こる太陽線（第293図）　この線は掌の中央の凹んだ部分から単独に昇る太陽線です。この相の人は、いくつかの苦労や困難な道を経た後に、自力で中年以後に成功する人です。この種の太陽線は火星平原のどの位置から発していても、太陽丘にまっすぐに力強く昇る線でなければなりません。もちろん運命線や頭脳線の状態もあわせて観察する必要があります。

▼感情線から起こる太陽線（第294図）　五〇歳以後になってからの幸運を示唆するものです。たいていの場合、晩婚の幸福を予兆することが多く、成功などというよりも、世間にありがちな晩年期における安楽な境遇という意味が強いのです。

▼太陽丘上に単独に現れる太陽線（第295図）　この線が深い直線になっていると、晩年における安楽、幸福などの意味を表しているのです。しかしこの場合の幸福とか成功とかは、長い生涯からみれば、ほとんど価値のないほどの最晩年期のものですが、この部分、すなわち太陽丘上に完全に太陽線が現れていないか、またはわずかに掻き痕くらいの微弱な線が現れているということでは、老齢期は淋しく暗い末路に終わるのです。

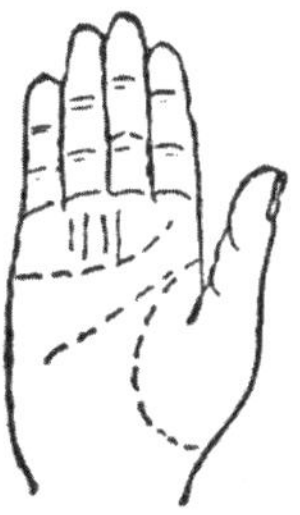

第 296 図

第 297 図

第 298 図

▼太陽丘上に数条現れる短細な太陽線（第296図）　太陽丘上にまっすぐに現れる線を太陽線と呼ぶが、この場合は、太陽線と呼ぶにはあまりにも貧弱です。薬指の基底線と感情線との中間すなわち太陽丘に四、五本の弱い線が並んでいるのは吉相ではありません。この相の人は、芸術的素質はあるが、あれこれと、やりかけた目的を変えるとか、多くのことに心の散る人で、思考力が散慢だから現実に成功することはありません。

▼二筋か三筋の鮮明な太陽線が掌を並行して上昇している（第297図）　太陽線が二本並んで現れているか、きわめて稀だが三本の線が並行して、はっきりと現れていることがあります。このような場合は、その人が二、三の異なる仕事に手を出して、いずれも成功するという暗示です。たとえば本職と趣味の生活のいずれにも成功するというような場合もあります。しかし太陽線は明瞭に刻まれた一本の線がもっとも理想的です。

▼第二火星丘から発する太陽線（第298図）　この相は、裸一貫から起き上がって漸次、自分の地歩を築き上げてゆくといった努力型の成功を示唆します。努力のだいたいの方向がどういう方面であるかは頭脳線や手の型などで推測しなければなりませんが、この相の人は、接客業で成功した人に多く見受けられるのです。

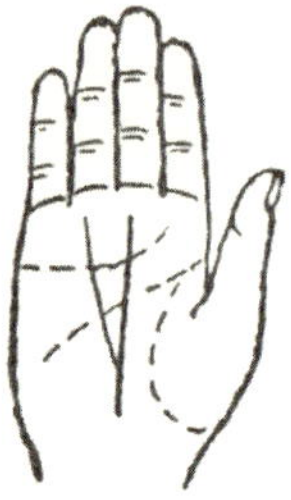

第299図

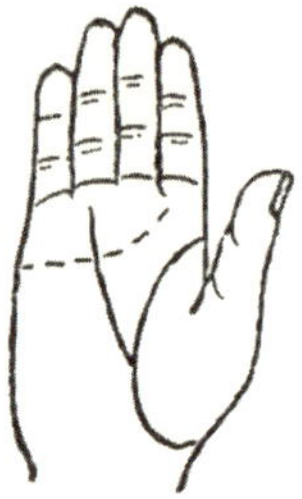

第300図

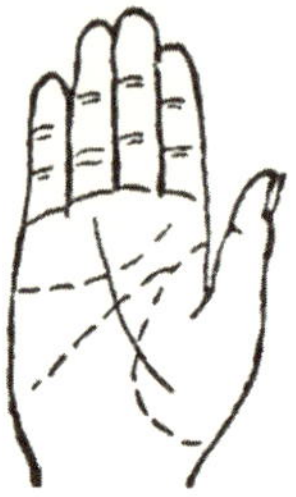

第301図

▼運命線から発する太陽線（第299図）　この線は、太陽丘に向かって伸びる運命線の分岐線のことです。運命線の支線の項でも説明しましたが、この支線が力強く明瞭な線で太陽丘に達していると、富や名声をつかむ確実な表示とみられます。しかしそれらの幸運は単なる僥倖によるものではなく。この人の努力によって築き上げられるものです。女子の場合は、この支線が運命線と分岐する時期から幸福な結婚が始まるという暗示となることがあります。その時期は分岐点が示す流年によって推測されます。

▼生命線から発する太陽線（第300図）　これも生命線から分岐して太陽丘に達する支線のことです。生命線から発する上向きの支線はすべて努力線と呼ばれますが、この支線もまた、この人の個人的努力によってもたらされる成功、金運の吉相です。

▼金星丘から発する太陽線（第301図）　この相も、線自体が強く明瞭なものであれば、成功や金運を約束する吉相です。この相はまた芸術方面、ことに軟文学で成功する相だと説く手相家もありますが、手の型や頭脳線の状態などもあわせて観察する必要がありましょう。

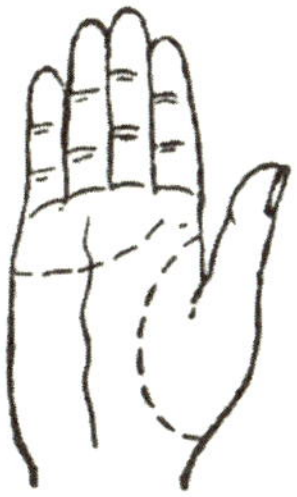

第 302 図

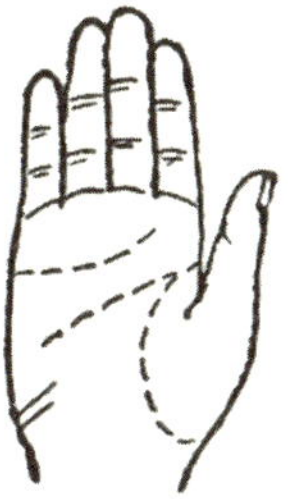

第 303 図

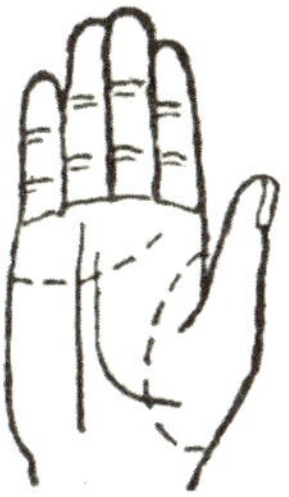

第 304 図

第 305 図

▼**波状の太陽線**（第302図）　線というものは直線的なものでないと力がありません。波状形の線は太陽線自体の意義を弱め、かつ不確定なものにするものですから成功や金運があるとしても、それは不安定であり、永続性もありません。この相の人はまた確固たる自信のない気迷いの人が多いようです。

▼**月丘の底部から図のような斜線が昇っている**（第303図）　月丘の底部から上斜めに図のように現れるもので、この線は普通二、三本の短線で刻まれていることが多いのです。これも一種の太陽線で、人に愛され衆の人気を集めるといった相です。

▼**金星丘から発する線が太陽線に沿って昇る**（第304図）　配偶者や肉身や親戚など、身近の人の協力や援助によってもたらされる幸運を示唆するのです。この線の先が太陽線に結びついている場合でも同様の意味に解されます。

▼**月丘から発する線が太陽線に沿って昇る**（第305図）　この相は遺産相続の吉相とされています。月丘から発するこの種の線が運命線に沿って昇る場合は、愛情関係を表示する影響線となるのです。

第306図

第307図

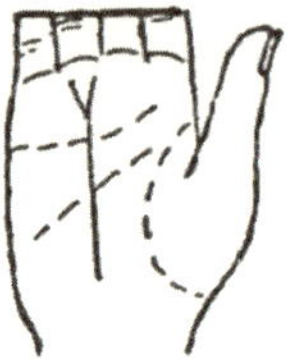

第308図

第309図

▼第二火星丘から発する線が太陽線に沿って昇る（第306図）　この線が横に太陽線と交叉していると、兄弟から被る迷惑や損失の表示となりますが、太陽線に沿って昇っていると、兄弟が遺した財産を相続する暗示になります。

▼太陽線の先端が図のように三叉になって、両側の支線が土星丘と水星丘に達している（第307図）　太陽線としては最上の吉相線です。この種の太陽線が左右の支線とともに明瞭な力強いものであると、非常な幸運、成功、金運に恵まれる吉相となります。もちろん、この場合でも運命線、頭脳線の良否をあわせて観察しなければなりません。

▼先端が小さい二叉に割れた太陽線（第308図）　本来は非常に良い運勢の人ですが、先端の小さい二叉は、二兎を追う者一兎を得ずの譬《たと》えに似て、幸運や成功を取り逃す人です。しかしこの線の先端が形の良い二叉の叉状になっている場合は、太陽線自体の力を強める吉相です。

▼先端が総《ふさ》のように乱れている太陽線（第309図）　太陽線自体が良い線であれば強い運勢を暗示するものですが、それほど強い線でなく、しかも先端が総状になっていると、一つの目的に専念できず、あれこれと心が散って成功は難しいという相です。

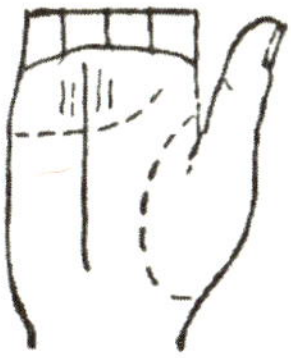

第310図

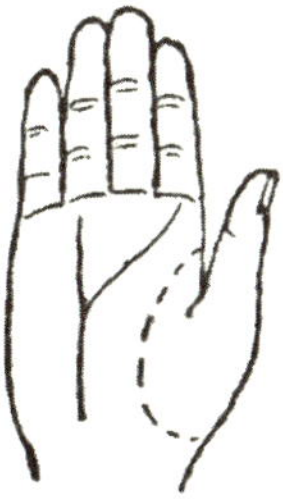

第311図

第312図

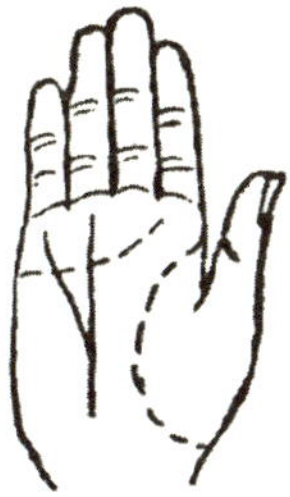

第313図

▼先端の太陽丘で小さい数条の副線を伴う太陽線（第310図）　この太陽線がどんなに良い線であっても、その先端の傍側に短細な副線を伴っていると、太陽線自体の力を減殺することになり、たいした成功は期待できません。

B　太陽線の支線

太陽線から上向きに支線が出ていると、太陽線自体の力を強めることになります。しかし下向きの支線を発している場合は、反対に太陽線自体の力を減殺することになるのです。

▼太陽線から発する支線が木星丘に達している（第311図）　太陽線のどの部分から発していても、その支線が木星丘に伸びていると、社会的地位や財運に恵まれる吉相です。この手の型や頭脳線が物質的傾向を表示するものであると、さらに強い運勢を約束するのです。

▼太陽線から分岐する支線が土星丘に達す（第312図）　太陽線のどの部分から発していても、その支線の先端が土星丘に達していると、手堅く努力して歩一歩と漸進的に成功するという表示です。

▼太陽線から発する支線が水星丘に達す（第313図）　前掲の場合と同じように、太陽線のどの部分から分岐していても、この支線が水星丘に達していると、

第314図

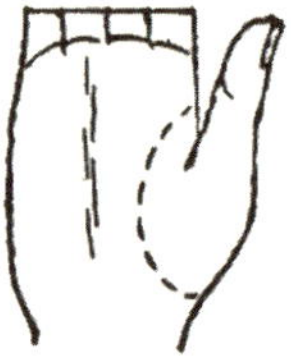

第315図

実業界か科学方面か、どちらかの仕事で成功する吉相です。

▼太陽線から発する下向き支線が月丘に垂下する（第314図） 太陽線自体は幸運、成功を示唆する吉相線ですが、せっかくのこの好運も、月丘に走る下向き支線を伴うと、この支線は障害線と同じ意味になるもので、太陽線の力を弱化し吉相にはなりません。

C 太陽線の切れ目

太陽線に切れ目を生じていると、その切れ目は失意や失敗の逆境時を表示しているのです。しかし切れた上の線が明瞭な力強い線になっていると、再び盛り返す運勢を予兆するのです。

▼上下に連続して構成する一連の太陽線（第315図） この相の人は、多芸多才ではありうるが、気まぐれや移り気の多い性分ですから、一つの仕事をやり遂げる情熱に乏しく、成功することはまずありません。

D 太陽線と紋

太陽線に現れる紋には、島、十字、星、四角紋などがあります。以下これらの紋が表示する吉凶について解説しましょう。

第316図

第317図

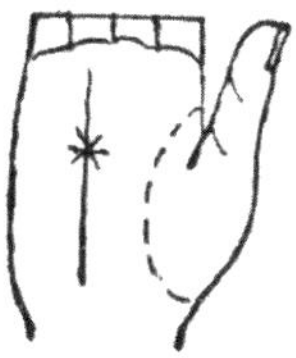

第318図

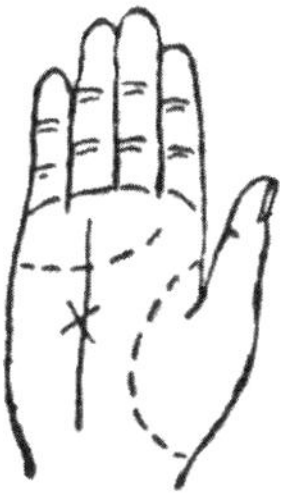

第319図

▼太陽線の途中に現れる島（第316図）　太陽線に現れる島は、線の中途のどの部分に現れていても、太陽線自体が約束する幸運や成功あるいは人気などの吉相を破壊する表示となります。多くの場合、この島は不正事件に関連する失意、失脚、失敗、損失などを暗示するものです。他の相とも相対的に観察してその原因をつかまえなければなりません。

▼太陽線の先端に現れる島（第317図）　太陽線の先端に現れている島が太陽丘上にある場合は、流年法からみても、生涯の終わりに近く遭遇する不幸、不運を表示することになります。一応は功成り名遂げて財運なり社会的地位を築いても、なんらかの原因で失脚するかまたは失敗するという予告です。

▼太陽線上に現れる星紋（第318図）　運命線上の星紋は凶相となりますが、同じ星紋も太陽線上にある場合は、太陽線自体の力を強める表示となり、非常な幸運を示唆するものです。

▼太陽線上に現れる十字紋（第319図）　太陽線上の十字紋は、線のどの部分に現れていても、太陽線自体の力を減殺する表示となります。したがって成功、名声、人気などの失墜を意味するものです。線の力を減殺するというのは、線が象徴する意義を破壊または弱化するという意味です。

第320図

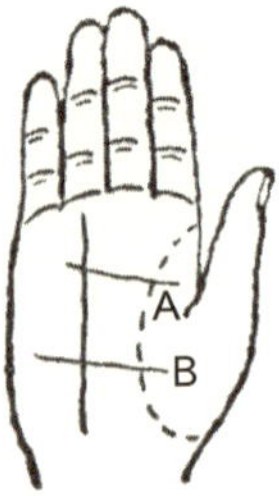

第321図

▼太陽線上に現れる四角紋（第320図）　太陽線上に現れる四角紋は、線のどの部分に現れていても、太陽線の力を補強するものです。線上の四角紋は、たとえ災難、不幸、不運に遭遇するようなことがあっても、それは致命的な打撃とはならぬという暗示です。たとえばこの人の地位に対して、敵が攻撃や論難を加えてきても、そのために失脚するというようなことはありません。また太陽線に十字紋や斑点などの不吉を予兆する相があっても、それを四角紋で囲んでいると、それらの凶紋が表示する意義を減殺し、軽い程度のものに終わる暗示となります。要するに太陽線上の四角紋は、その人の名声、信望、地位、身分などに対する保護の役割を果たすものです。

E　太陽線と障害線

　太陽線を横切る短小の無名線や生命線の内側またはその方向から発する線が太陽線のどの部分を横切っていても、それらはすべて太陽線に対する障害線となります。もしもこれらの障害線が太陽線を横切っているか、または接触していると嫉妬、猜忌《さいき》、干渉、容喙《ようかい》、妨害などの事態が発生するのです。不思議なことには、この障害線が第一火星丘から発している（A）と同性の妨害や干渉を意味し、金星丘から発する障害線（B）は、異性の干渉、妨害または親戚、近親者などから被る損失、不運などを予兆するのです。またこれらの障害線が示唆する名声や人気の失墜または金銭上の損失などが、いつ起こるかというと、その障害線との交叉点が示す太陽線の流年によって測定

第322図

第323図

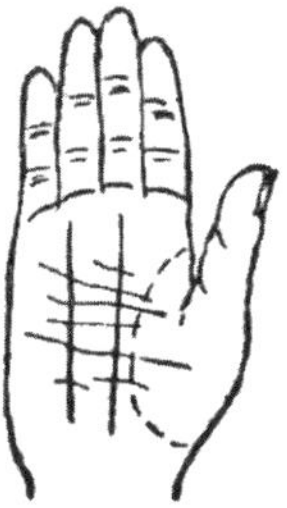

第324図

第325図

しなければなりません（第321図）。

▼第二火星丘から発する短線が太陽線を横切っている（第322図）　これは肉身の兄弟から被る金銭上の損失とか心痛事を暗示する相です。この他に敵意をもつ他人からの干渉、妨害、作意などによる運勢の挫折を予兆するものです。

▼金星丘内の島から発する障害線が太陽線を横切っている（第323図）　異性関係から生ずる失敗または失脚を暗示する相です。たとえば男子の場合では、一種の女難の相ともいうべき表示です。

▼並行して現れた太陽、運命の両線を多数の障害線が横切っている（第324図）　たとえ太陽、運命の両線が明瞭な良い線で並行して現れていても、この両線を多数の障害線が交錯していると、苦労や困難の多い生涯を暗示しているのです。しかし、この両線が障害線を抜けてともに力強い上部を現していると、そうした苦労や困難を克服して成功や幸運の境涯が開けてくるものです。

▼太陽線の起点に現れた障害線（第325図）　幼少年期の不運な境遇を語るもので、たとえば両親の困窮、失敗、あるいは死亡などの不幸な事情を示唆するのです。しかし上に伸びる線が強く明瞭であると、その後における順調、幸福な生涯を示すのです。

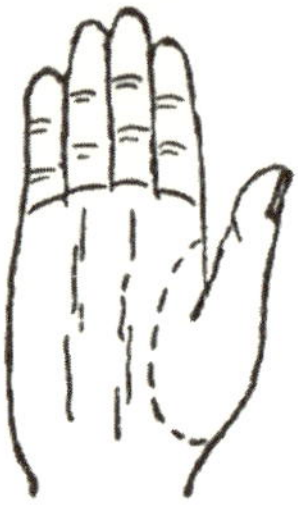
第326図

第327図

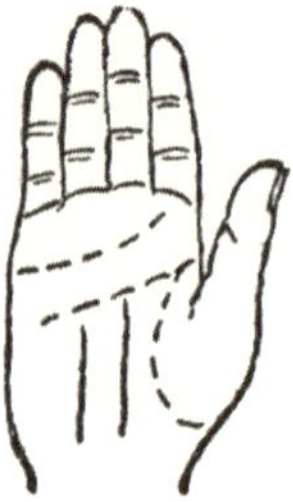
第328図

F　太陽線と運命線

その人の僥倖、幸福、成功などの吉相を明確に予兆する表示としては、太陽線と運命線が並行して力強く上伸している姿がもっとも理想的なものです。これに長く明瞭な頭脳線を伴っていると、その人の生涯は輝かしいものとなります。ただ頭脳線や手の型によって、その人が到達する成功の分野が異なるのです。

▼太陽、運命の両線が共に貧弱な線である（第326図）　太陽線も運命線も掌中に現れてはいるが、ともに切れ切れの線だとか、波状の線だとか、または弱々しい線であると、安定した運勢はありません。良かったり悪かったりで浮き沈みの多い波乱の生涯をたどるにすぎません。

▼太陽、運命の両線が掌の中央部から現れている（第327図）　三十代の中年期に達するまでは、不運と苦労の多い苦闘の生活がつづくが、それ以後における生涯は成功か金運か名声に恵まれる幸運の境地が開けるという相です。もちろんこの両線は障害線を伴わない明瞭な線でなければなりません。

▼太陽、運命の両線が掌の中央部または頭脳線の位置で消えている（第328図）　前掲の場合とは反対に中年期頃までは運勢に恵まれ、何不自由のない境遇や生活を送るが、それ以後は困難で苦労の多い不運な生涯に終わるという相で

す。

第329図

▼太陽、運命の両線がともに明瞭に並行して上昇しているが、運命線が生命線の底部から分岐している（第329図）　この世に生を享けて以来の全生涯を通じて苦労を知らず、金運と環境に恵まれて何不自由のない生活を送る大吉相です。この場合も障害線を伴わぬものでなければなりません。

G　薬指と太陽線

薬指が食指よりもずっと長い手に、太陽線が明瞭に現れていると、賭博本能の発達を表示するものです。このような人は、勝負事に恵まれる人で、成功した相場師などによく見受ける相です。しかしこの手の頭脳線が強く傾斜していると、賭博や危険な投機事に耽溺する性質を表すものにすぎません。

第14章　金星帯

(1)　金星帯の概説

第330図

A　金星帯の位置

金星帯とは、感情線の上にあって、土星丘と太陽丘も囲む半環状の線のことです（第330図）。

この線は、多くの場合、食指と中指の間から起こり、薬指と小指の間にかけて現れるもので、線の状態は、切れ切れになっている場合が多く、全然切れ目のない線もあります。金星帯は他の線に比べると、ほとんどが細い線で、それがまたこの線の特徴でもあります。

B　金星帯の意義

たいていの手相家は、この線を肉欲や好色の表示とみていますが、必ずしもそうばかりとは断定されません。もっとも、短くずんぐりした原始形の手に現れる金星帯は肉欲や情欲の相となります。しかし金星帯は、精神的傾向の強い性格を表示する円錐形、思索形、尖頭形の手に現れるのが普通です。

金星帯はだいたい、二つの意味を表示するものです。すなわちその一つは、色情や情欲を意味する場合、いま一つは強い感受性を表示する場合です。女子の手に現れる金星帯は、多くは後者の意味を表示するのです。

頭脳線の章の「分界の意義」で述べたように、掌は頭脳線によって上下の二つの部分に区分され、上の半分はその人の精神的な面を表徴し、下半分は、肉体的、動物的な面を象徴するものですが、金星帯は、掌の上の部分つまり精神的区域に現れる線です。したがって金星帯は肉体的なそれよりも、むしろ心の中で肉欲や情欲を空想する傾向の強い性質を表示するものです。たとえば性に関する絵画や書籍などを見たり書いたりすることに関心や興味の強い性質の人です。もちろん、研究とか専門といったようなものではなく、単なる精神的享楽が目的です。このことは実践的乱行を表示する放縦線が掌の底部に現れる線であることに徴しても理解されましょう。

金星帯が表示する他の面、すなわち強い感受性というのは、ひどく興奮するとか、敏感な性質を意味するのです。もっと適切にいえば、気分やお天気が変わりやすく、些細なことに怒りっぽい性質であるとか、または神経質やヒステリー的な性質を意味するのです。

以上を要約すれば、金星帯は一般的には色情の相ですが、それは手の型や丘相、感情線、頭脳線などのうち、それに合致する相があるかどうかを確めて断定しなければなりません。もしそうした傾向が見られぬということであれば、神経過敏やヒステリー性の表示だと判断しなければなりません。

金星帯は、往々上下に切れて遊離した感情線（第114図）とよく間違いやすい線です。しかし金星帯はほとんどが細い線であり、この場合の感情線は普通太い線で現れているから、たいていは区別のつくものです。

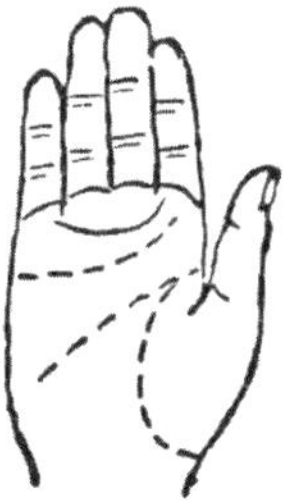

第331図

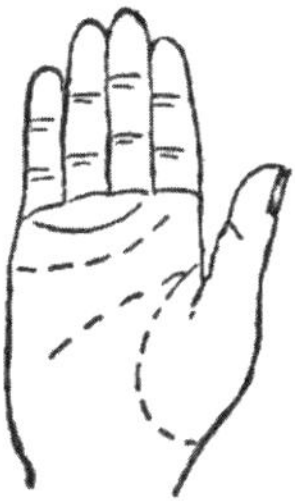

第332図

第333図

⑵ 金星帯の諸相

▼明白に現れた切れ目のない金星帯（第331図）　概して早熟で、性に対する目覚めが早く、異性に対する関心の強い人です。また性的空想にふけるとか、自涜癖の強い人です。もちろんいかなる金星帯も強い感受性の意味のみを表す場合があることを忘れてはなりません。

▼土星丘から水星丘にかけて現れる明白な金星帯（第332図）　前掲の金星帯をさらに強めた相です。このような相をもつ人がふける想像的享楽はむしろ病的で一種の変態的傾向を帯びるものです。

▼切れ切れの線で構成される金星帯（第333図）　浮気、淫蕩、性に対する異常な関心などの色情性を表示するものです。しかしそれはだいたい男子の場合で、女子の場合は、強い感受性、神経質、ヒステリーなどを表示している場

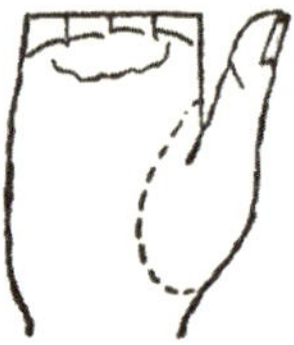

第 334 図

第 335 図

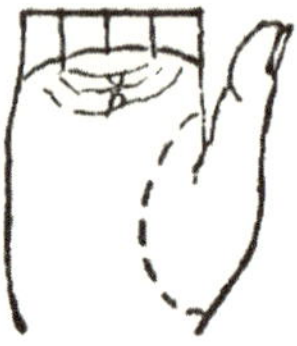

第 336 図

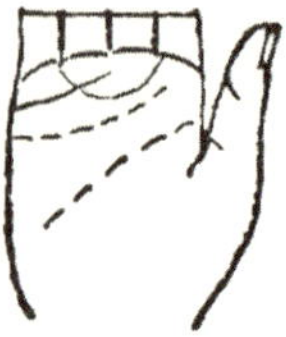

第 337 図

合が多いのです。

▼波状の金星帯（第334図）　多情多感の相とでもいうべき表示です。この相の人は、情緒的な気分が強い反面、感激性も強いといった性格の人です。もちろん色情性または神経質な性質を表している場合もあります。

▼重複して現れる金星帯（第335図）　二重または三重に現れる金星帯は、旺盛な情欲を表示するもので、多淫性、自涜性などに強い自覚をもつ人です。この重複金星帯が断片の短細線で乱雑に構成される場合も、同じ意味を表すが、線が乱れているほど変態的官能もそれだけ強くなります。

▼重複した金星帯の中央に現れる星紋（第336図）　荒淫、自涜などの性的頽廃を表示する相です。そればかりでなく、悪性の性病に冒されている表示となる場合が多いのです。

▼結婚線が金星帯の中に伸びている（第337図）　この相をもつ人は、性的関心は人一倍強い人ではあるが、愛情や結婚生活には恵まれません。女性の場合は強いヒステリー的傾向を表していることが多いのです。

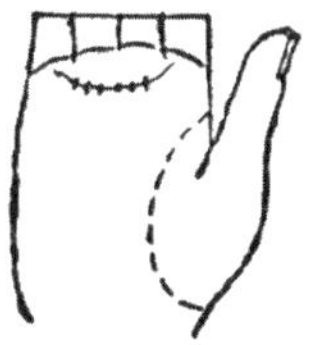

第 338 図

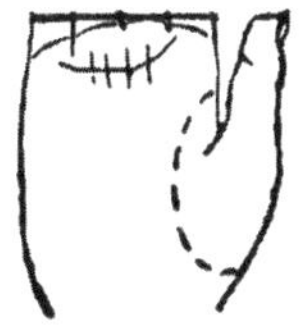

第 339 図

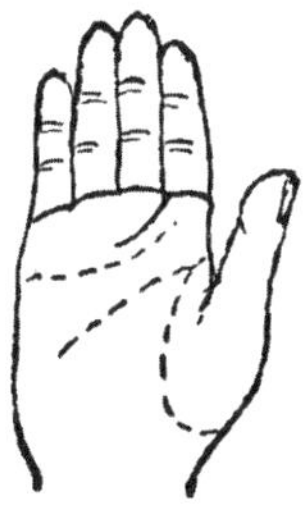

第 340 図

第 341 図

▼金星帯に現れる斑点（第338図）　金星帯に小さい凹みの斑点が並列して現れていると性病の表示となります。この斑点が黒色を帯びていると、その症状が亢進していることを表しているのです。

▼金星帯を刻む数条の細い縦線（第339図）　金星帯に縦の刻み目が現れていると、色情的ヒステリーともいうべき一種の変態性を表示するのです。

▼食指と中指の間から土星丘にかけて斜めに短く現れている横線（第340図）　この線は、たいていはやや強く現れる斜線で、金星帯ではありません。この相の人は、異性に対して優しく親切な性質の人です。また自分の仕事にも割に熱心な人が多いようです。

▼薬指と小指の間から斜めに短く現れる線（第341図）　これも金星帯ではなく、やや強い線で現れます。この線は放蕩性の表示で、もしもこの線が太陽線を横切っていると、放蕩や女のために身を持ち崩すといった非運を暗示します。

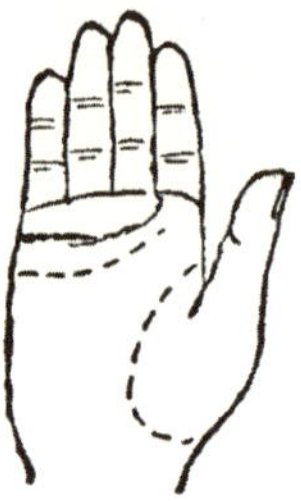

第342図

▼結婚線と結びついた金星帯（第342図）　この相の人は、気難しい、怒りっぽい、むら気といったような神経質な性質だから、家庭生活を暗く不幸なものにしたり、離別したりする人です。この相はまた一種の変態性を表す場合もあります。

第15章　結婚線

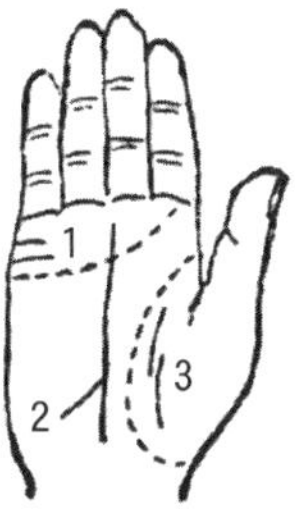

第343図

(1)　結婚判断についての注意

結婚の暗示つまり結婚の時期とその吉凶をつかむ線としては、主として次の三つの線があります（第343図）。

①　水星丘上に現れる**結婚線**
②　運命線に線に結びつく**影響線**
③　金星丘上に現れる**印象線**

以上の三つの線は、同時に三線とも明瞭に現れている場合もあれば、そのうちのいずれかを欠く場合もあります。結婚に関する暗示は、これらの三線のうちのどの線かによって、その時期や吉凶を判断できるが、どれがもっとも明確にそうした暗示を表示するかということになると、それは個々の手によって異なるのです。したがって実際の判断にあたっては、これらの三つの線を総合的に観察すれば、一つの線だけでは判読できない点を相互に補うことになり、また同時に、これらの線を比較対照することによって、より正確な判断が得られるのです。

(2)　結婚線の概説

A　結婚線の位置

小指の基底線（指の付け根の部分の横線）と感情線との中間の部分を手相学では水星丘と呼びます。この水星丘の側面つまり外側から丘上に這い上っている一本ないし数本の短い横線を結婚線と呼ぶのです。

B　理想的な結婚線

結婚線には側面だけに刻まれるきわめて短い線もあれば、掌の中にずっと伸びる長い線もあります。しかし標準の結婚線は小指と薬指の中間から下す仮想垂直線内に止まるまっすぐな横線で、これが理想的な結婚線です。短かすぎたり、長すぎたりする結婚線はけっして幸福な愛情関係を表示するものではありません。ここで注意しなければならぬことは、すべて結婚を表示する線は、正式な法律上の婚姻のみに限らず、内縁、同棲、同居などの男女の結合関係の意味を表示するのです。

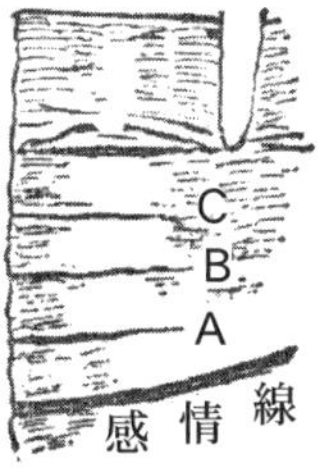

第344図

C　結婚線の意義

結婚線が三大線とほとんど同じくらいの深さや血色を帯びた力強い線であると、その人は温かい愛情の人です。薄かったり、弱々しい線だったり、または不鮮明な線だったりすると、その人は薄情な冷たい性質の人です。全然結婚線の現れていない人は愛情問題には無関心な人です。幸福な結婚を約束する結婚線は、明瞭な線でなければなりません。線に切れ目や島やその他の破綻や乱れを伴う結婚線はすべて、結婚生活や愛情関係になんらかの不幸や破綻が生ずるという暗示となります。

D　結婚線の流年法

結婚線は感情線に近いほど、結婚期が若く、小指に接近するほど、反対に、老けた結婚期を示唆するのです。結婚線の流年法に関するキロ氏の説によると、小指の基底線と感情線との間隔を四等分して、下から四分の一の位置に現れる明瞭な結婚線（A）は男子で約二二歳、女子は一九歳までの結婚、全幅のほぼ真ん中に現れる明瞭な結婚線（B）は男子約三六歳、女子約二九歳までの結婚、小指の基底線近く現れる明瞭な結婚線（C）は晩婚を表示するものだと説いています（第344図）。

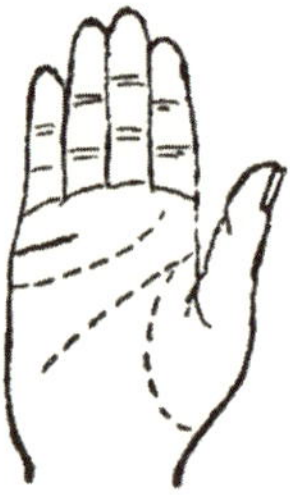

第 345 図

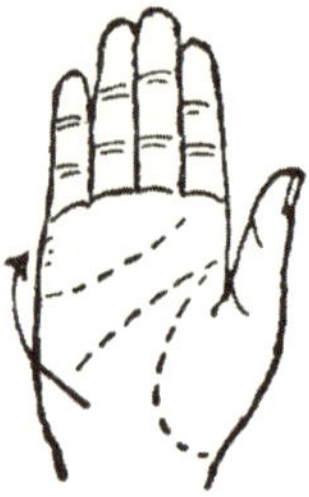

第 346 図

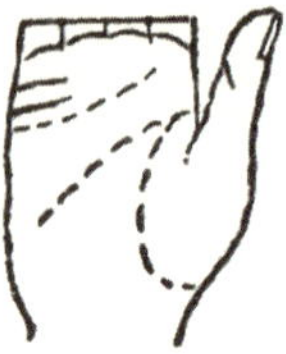

第 347 図

⑶ 結婚線の諸相

A 普通の結婚線

▼**明瞭に刻んだただ一筋の結婚線**（第345図） この線は前述した標準の結婚線ですが、線自体になんらの破綻がないと、もっとも理想的で一人の相手と正しく結ばれ、家庭生活にも家運にも恵まれる吉相です。両手ともに同一の線であると上述の意味は決定的なものと判断してよいのです。

▼**短い結婚線**（第346図） 水星丘の表面に先端のとどかない、側面のみに刻む短い線は、一時的な恋愛や愛情関係または婚約などの意味を表すもので、長く明瞭な結婚線が表示する安定した男女の結合関係を表示するものではありません。このような短細な結婚線を情事線と呼ぶ手相家もあります。また長い結婚線であっても線自体が不鮮明だったり微弱なものだったりすると同様の意味に解されるのです。

▼**二筋の結婚線がどちらも明確な線で現れている**（第347図） ただ二本だけ水星丘に強く現れている結婚線は、温かく正しい情愛を表示するものではあるが、早婚するとなんらかの事情で再婚する宿命を背負っている人が多いのです。

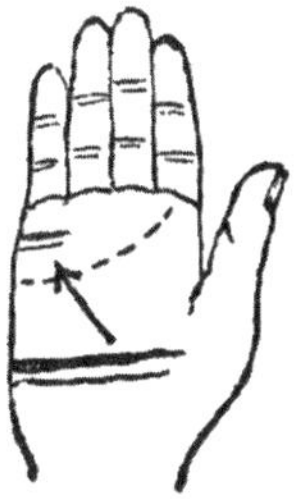

第348図

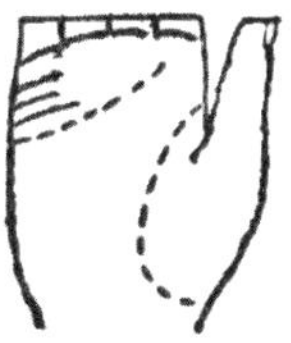

第349図

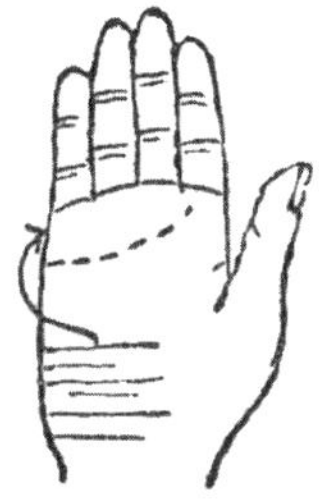

第350図

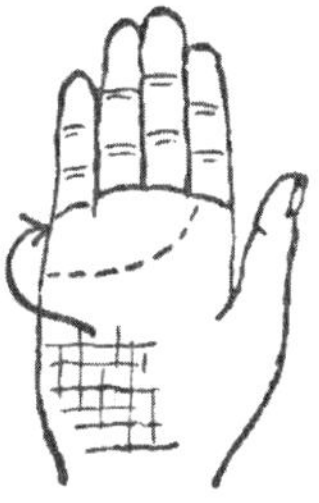

第351図

▼二筋の結婚線が密接して現れている（第348図）　二本の結婚線が互いに密接していると、三角関係を暗示する相です。この相の人は同時に異性と関係をもつ人で、この場合、二線のうち、下の線が薄ければ結婚前から恋愛の異性があることを表し、上の線が薄いと結婚後に愛する異性ができるという暗示になります。

▼三筋の結婚線が水星丘上に現れている（第349図）　温かい愛情や気分をもつ人ではあるが、反面に浮気な性質の人でもあります。配偶者の他にある異性と交渉をもつとか、あるいは再婚を重ねるといった性質を示す相です。

▼水星丘の側面つまり丘の外側に刻まれる短細な多数の結婚線（第350図）　多数の短細な線が、水星丘の側面を刻んでいるのは漁色の相で、ほとんどが浮気者です。しかしこれらの短細な線の中から長く明瞭な線が水星丘の表面に伸びていると、それは結婚または比較的長期の同棲関係を語るものです。

▼前掲の多数の短細な結婚線に、これも短細な幾条かの縦線が格子形に交錯している（第351図）　これは独身の女性に多く見られる相です。この相の女性はだいたい浮気性で、正式な結婚には縁が遠く、多くは接客業に従事する女性に多いのです。

第352図

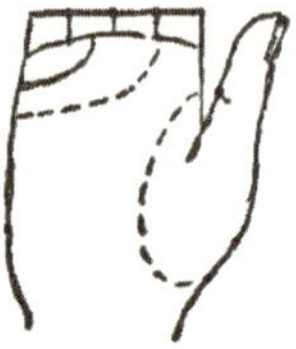

第353図

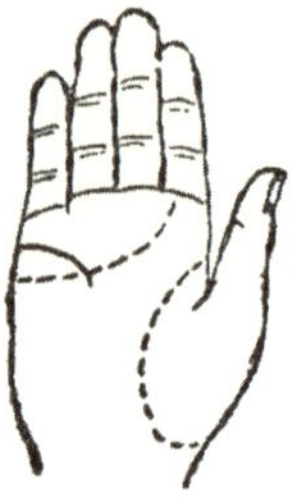

第354図

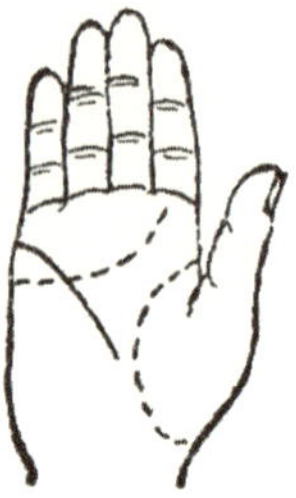

第355図

▼先端が小指の方に上曲がりした結婚線（第352図）　この相の人は、たいていは結婚しない場合が多く、いわゆる後家相です。たとえ有夫の女性であっても、自力で世に立たねばならぬ宿命を暗示するもので、先端が小指に接近しているほど、そうした傾向が強くなります。

▼先端が薬指の基底線に接近する結婚線（第353図）　先端が伸びて薬指の基底部に達する結婚線は、幸福な結婚を示唆するもので、名士や財産家と結ばれる場合が多く、一種の吉相線です。

▼先端が下向きに曲がって感情線に達する結婚線（第354図）　配偶者とか愛人と死別する不吉の表示です。もちろん若い時代の死別を意味するもので、その先端がゆるやかな傾斜で感情線に接触するか交叉していると、この人の配偶者なり愛人は、かなり長期の不健康または病気の末に死亡するという暗示になります。

▼先端が長く掌の中央部に伸びる結婚線（第355図）　この相は二つの意味を表示するのです。一つは配偶者とか愛人の急死を暗示する場合、いま一つは、愛情の冷却によって家庭生活が破綻するとかまたは離別する場合の暗示です。

第 356 図

第 357 図

第 358 図

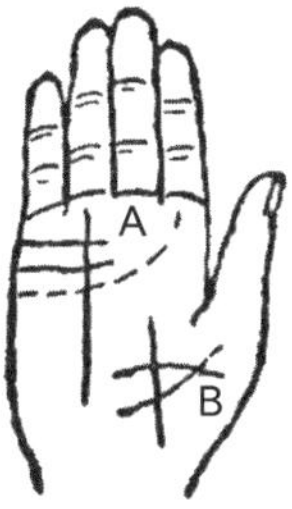

第 359 図

▼金星帯の中に伸びる結婚線（第356図） 金星帯とは前章に説明したように、図の位置に現れる半円形の細い線か、または切れ切れの連続線です。この線の内側に、結婚線の先端が走っていると、嫉妬で邪推したり、いらだったりするヒステリー性の強い傾向を表示します。

▼先端が上向きに太陽線と結びつくか、または太陽線と合流して昇る結婚線（第357図） 著名な人または富裕な相手との結婚を暗示します。女性の場合なら、いわゆる玉の輿《こし》に乗る吉相です。結婚線から発する上向き支線が太陽線と結合している場合も同様の意味を表示します。

▼先端が下向きに太陽線を横切る結婚線（第358図） 先端が上向きに太陽線と結合する場合は、結婚の吉相を暗示しますが、下向きに太陽線と交叉すると、結婚によって地位や財産を失うという不幸な結婚を予兆するのです。

▼二筋の明瞭な結婚線が太陽線を突っ切っている（第359図） 二本の結婚線がどちらも太陽線と結合せず、それを横切っている（A）と再婚の宿命を予兆するのです。もしこの二筋の結婚線の先が交叉している（B）と二度とも配偶者と死別するという暗示になります。

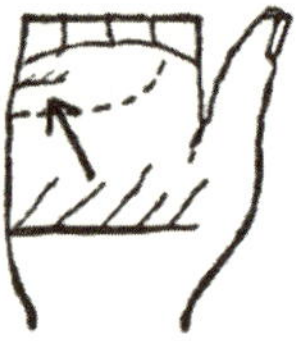

第360図

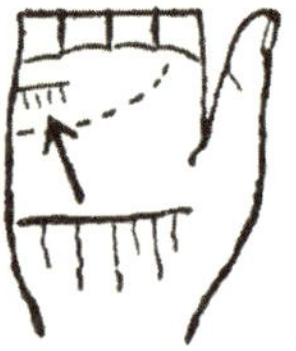

第361図

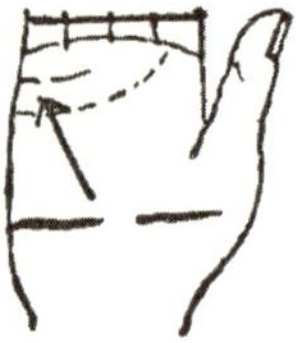

第362図

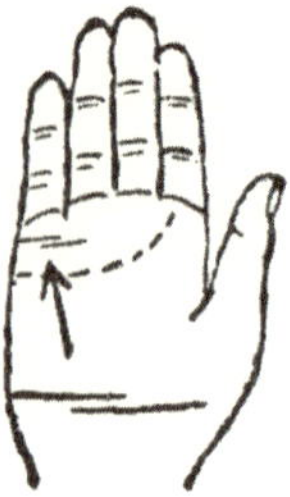

第363図

▼上斜めに多数の斜線を伴う結婚線（第360図）　結婚生活の多幸を示唆する相です。この相の人は細やかな愛情と、恵まれた物質運によって幸福な家庭生活を営む人です。

▼結婚線に数条の毛状線が力なく垂れ下がっている（第361図）　配偶者が虚弱や病弱なために、夫婦生活に苦労や困難が伴うということを示唆しています。この相はまた倦怠期などの愛情の冷却を表示する場合があります。

▼明瞭な切れ目を伴う結婚線（第362図）　たとえ明瞭な良い結婚線であっても、その線の中途に明白な切れ目があると、なんらかの原因によって、夫婦生活や愛情関係に破綻を生ずるという予兆となります。

▼結婚線の下に接して補足的な線が重複して現れている（第363図）　第1章の掌線の形状の項で説明した重複中断線のよい例です。これは切れた結婚線が重複している場合の相で、いったんは別れても、また元に戻るという複縁の相です。

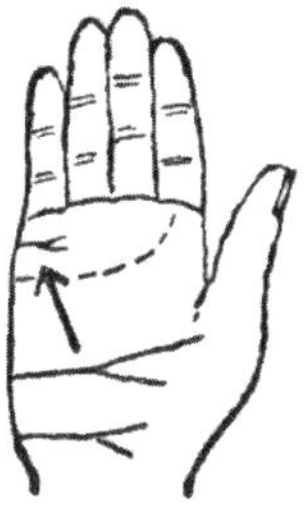
第 364 図

第 365 図

第 366 図

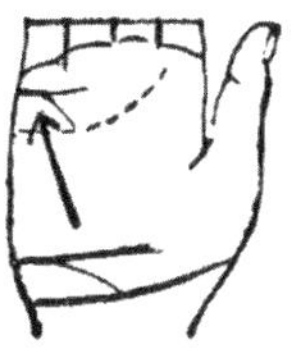
第 367 図

B　二叉に分かれた結婚線

▼**先端が二叉に分かれている結婚線**（第364図）　普通には別居の相とされています。この二叉がごく小さい場合は転地療養、旅行、出張などの長期の不在による別居を意味するが、大きい二叉の場合は、夫婦間の離縁とか愛人間の離別を暗示するものです。

▼**先端が二叉に分かれた結婚線が下向きに傾斜する**（第365図）　前掲の場合と同様に別居の相ですが、この場合は前掲の場合よりもさらに強い意味を表します。またこの線が掌の中に長く伸びていると、離婚の暗示となります。またもしこの二叉の一方が伸びて火星平原か第一火星丘に達している場合も同じく確実な離別の相となるのです。

▼**起点が二叉になっている結婚線**（第366図）　起点の二叉は結婚当初の渋滞を表示するもので、その結婚は、なんらかの事情や故障で円滑に運ばないが、二叉が一本になった先の線が明瞭な強いものであるとめでたく結婚生活にゴールインすることを語るものです。

▼**結婚線の下向き支線が感情線に達している**（第367図）　配偶者または愛人に死別するとか離別する宿命を暗示する相です。結婚線と感情線にかけて現れる細い斜線も同じ意味を表示します。

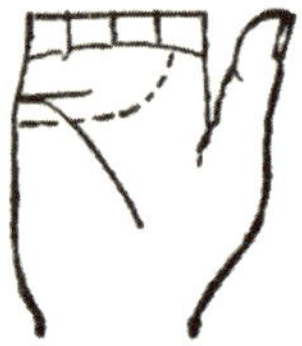

第368図

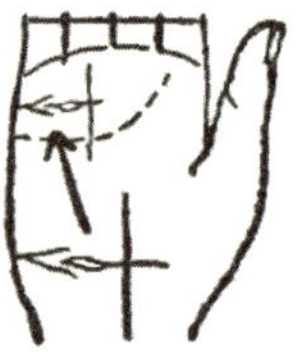

第369図

第370図

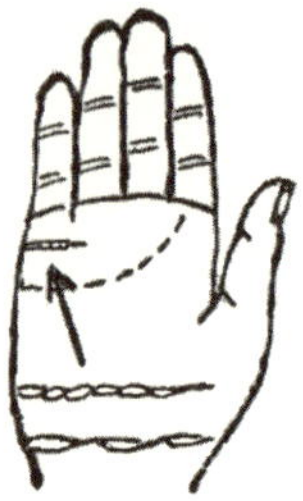

第371図

▼傾斜する支線が掌の中に長く伸びている（第368図）　この相も離婚を予兆する相の一つですが、たいていの場合、憎悪の悲哀に駆られてついには離婚するといった破局を暗示する相です。

▼先端の二叉の間から島のある線が出て、太陽線を横切っている（第369図）　思想や趣味などがお互いにしっくりとゆかぬため、愛情の破綻となり離別するといった不縁の相です。

▼結婚線が下向きの二叉になり、その間から発する線の先が金星丘に達している（第370図）　金星丘は近親関係を象徴する丘です。そしてこの丘と結婚線を結ぶ斜線は障害線です。ゆえにこの相は両親や親戚身内の反対や干渉による離別を示唆しているのです。

C　結婚線と紋

結婚線上に島、十字、四角、鎖状などの不吉紋が現れていると、愛情関係とか夫婦間になんらかの故障や紛糾を生ずるという暗示になります。

▼鎖状または多数の島が現れている結婚線（第371図）　この種の不良な結婚線をもつ人は、結婚生活に入っても絶えず紛糾や悶着などが生じて、平穏な家庭生活を営むことのない人です。この相は、むしろ結婚すべきではないという

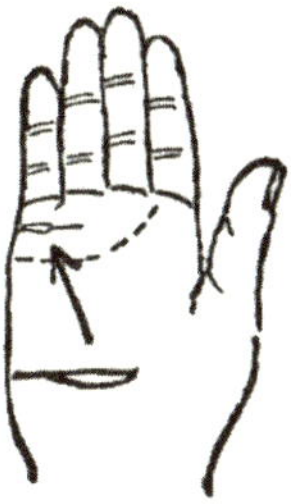

第 372 図

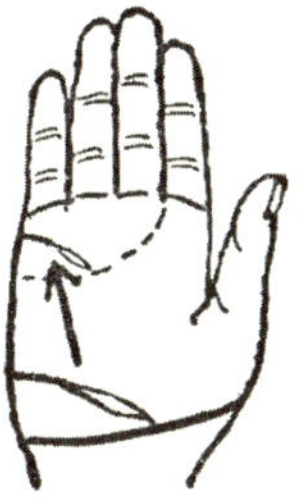

第 373 図

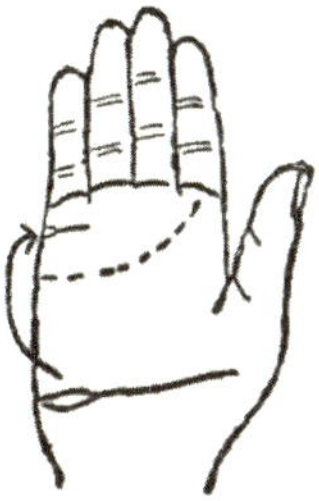

第 374 図

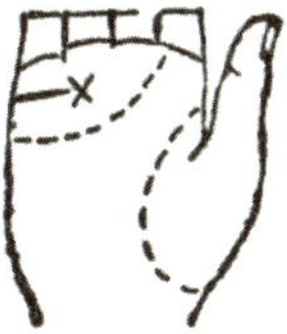

第 375 図

警告になります。

▼結婚線の先端に現れる島（第372図）　この場合の島はどんなに小さいものであっても重大な意義を表示するようです。たいていの場合、病気、悶着、別居などの事情で離別する予兆となります。この種の島は配偶者との死別を予告する場合もあります。

▼先端の島が下向きに曲がって感情線に達している（第373図）　不測の奇禍や急病などによって、この相の配偶者とか愛人が頓死するという暗示です。前述したように先端が感情線に達する結婚線は配偶者、愛人の病死を意味するものですが、この先端に島があると、それはある危険に起因する死亡を予告するのです。

▼結婚線の起点の部分に現れる島（第374図）　結婚が長い期間手間取ったり、遅延したりするという結婚当初の故障を暗示するもので、この島から先の線が明瞭な良い線になっていると、平穏な結婚生活を示唆します。

▼結婚線の先端に現れる十字形の紋（第375図）　この相も不慮の奇禍や災難などによって配偶者なり愛人が急死するという予兆です。結婚線自体がまっすぐでも曲がっていても表示する意味に変わりはありません。

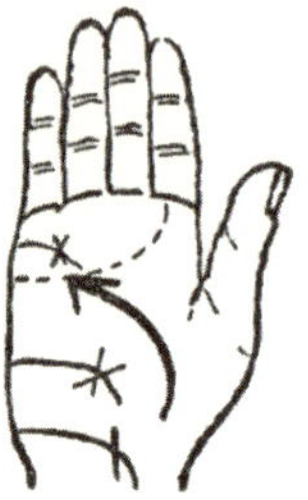

第376図

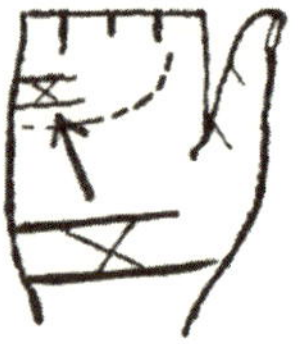

第377図

第378図

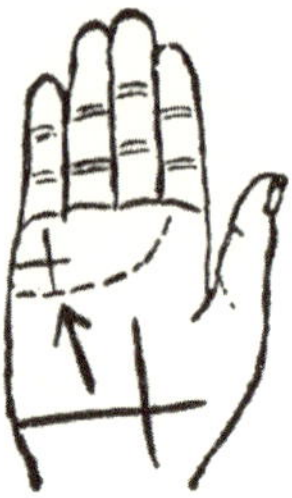

第379図

▼下向きの結婚線の彎曲部に現れる十字紋（第376図）　この相もまた、配偶者とか愛人が不慮の災害または急病によって死亡する暗示です。またこの彎曲部を十字に切る小さい縦線も同じ意味を表しますが、この場合の短線はやや深く刻まれるのが普通です。

▼結婚線と結婚線の中間に現れる十字紋（第377図）　夫婦生活や愛人の仲に破綻が生ずるという暗示ですが、この場合は愛情そのものに破綻の原因があるわけではなく、多くは経済上の問題やその他の事情によるものです。

D　結婚線と障害線

結婚線と結びつく障害線は、長短を問わず男女関係の故障を示唆する表示となります。

▼小指の下で結婚線がごく短小な縦線に阻止されている（第378図）　夫婦のうち、いずれか一方が急死する暗示です。この相はまたなんらかの事情で結婚できない中年の女性によく見受ける相です。

▼水星丘の上部から垂下する短線が結婚線を十字に切っている（第379図）　結婚生活に紛糾や悶着などの故障が生ずるという暗示です。しかし結婚線自体が力強い線である場合は、それらの障害は問題にはなりません。この場合の垂下

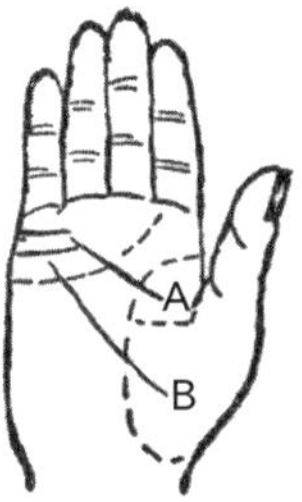

第380図

第381図

線は上から下に下がる線ですから、線の気味を見極めるべきです。

▼**火星丘または金星丘から発する線が掌を横切って結婚線に達するかまたは接近している**（第380図）　どちらも結婚とか愛情関係に対する干渉、妨害の表示です。しかし火星丘から発する障害線（A）は敵意を抱く第三者の干渉、妨害を意味するもので、金星丘からの障害線（B）はそのような報復的な性質を帯びるものではなく、両親や身内などの近親者の反対干渉を表すのです。これらの故障が生ずる時期は、この障害線が運命線と交叉する場合、その交叉点が示す運命線の流年によって測定されます。

▼**金星丘から発して結婚線に達する障害線に島が現れている**（第381図）　この障害線のどの部分かに島が現れていると、家庭生活が破局に終わる凶相です。この相は、三角関係または情事が原因で離縁とか離別の家庭的破綻を暗示します。

第16章　印象線

(1)　印象線の概説

A　印象線の位置

印象線とは、生命線の内側を生命線に並行して走る細い線です。生命線の内側を並行して走る線には、この線の他にもう一つ別な線があります。その線は副生命線または火星線と呼ばれる線ですが、印象線はこの副生命線と混同しやすく、どちらであるか判別に迷うような状態で現れている場合が少くないので、区別の目安を次に説明しておきます。

B　印象線と副生命線の区別

印象線と副生命線の区別はだいたい次の点で見分けられます。すなわち火星線は高く第一火星丘から始まるのが普通で、線自体も太く刻んで現れる場合が多いが、これに反し印象線は低く発源する細い線であり、生命線に接近

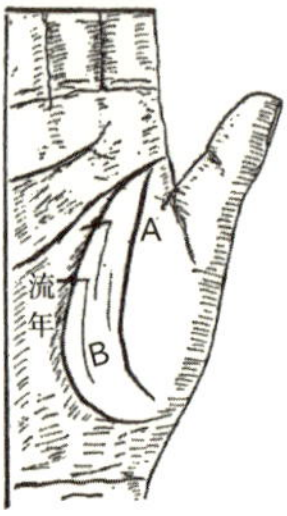

第382図

して現れるものです。第382図はこの両線を対比する線型を示したもので、Aは副生命線、Bは印象線ですが、これは両線の原則的な対比を図示するものにすぎず、その発源の位置は両線とも決定的なものではありません。副生命線もまた低く発源する場合があり、印象線の位置にしても必ずしも生命線に接近していない場合があります。要は副生命線は高く太い線、印象線は低く細い線という点がだいたい両線を区別する基準になるとみるべきです。

C　印象線の意義

印象線が高く生命線の起点の部分から発していると、幼少年時代の追憶的な印象の中に残る異性、たとえば男子であれば乳母とか女の家庭教師などの印象を表示するものです。しかしここで問題になるのは、生命線の流年が二〇歳を示すあたりから発している印象線で、これは異性との関係、すなわち恋愛、結婚、離別およびその時期を示す神秘的な表示として興味のある線です。

印象線は精神的傾向を表示する手（円錐形、尖頭形、思索形の手を指す）すなわち感動しやすいとか、情にもろいとか多情多感な人の手には、たいてい現れている線ですが、物質的傾向の強い性格を表示する手（方形、原始形の手）には現れにくい線です。

印象線は生命線に接近しているほど、心に焼きついた印象の強さを示すのです。線自体が明瞭であるということも、また長いことも同じく印象の強さ

第383図

第384図

を示すのです。

印象線の上端は、異性関係の開始つまり恋愛や結婚の始まる時期を示し、末端はその終局を示すものとされています。そこで上端または末端の年齢時ですが、これは生命線の流年によって測定するのです。というのは、生命線と印象線は流年が一致するからです。

印象線が左右の手に長さも位置も同じように現れていると相思相愛の関係を語るものです。

(2) 印象線の諸相

▼生命線に並行して走る印象線（第383図） 恋愛、愛情、結婚など男女関係の結合を表示するもので、この線がはっきりと長く生命線に沿って走っていると、その関係が永続するという暗示です。

▼印象線が次第に生命線から遠ざかって、その末端が拇指の方に曲がって消えている（第384図） 愛情もまた次第に薄らぐという暗示で、この結婚とか愛情には永続性がありません。この場合、印象線が生命線からそれてはいても、その末端が長く伸びていると、内側にそれる流年から両人の仲は不和にはなるが、その結合関係はつづくことを暗示しています。

第385図

第386図

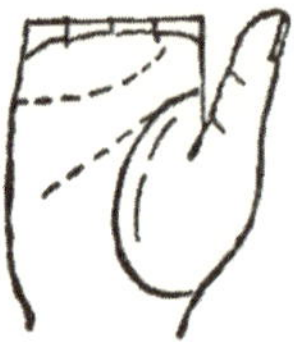

第387図

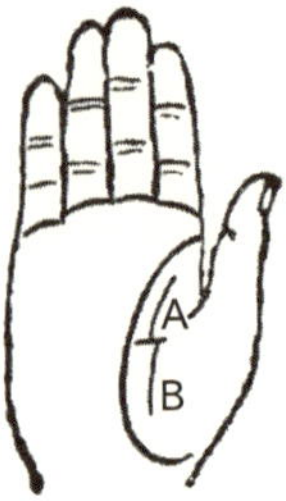

第388図

▼印象線が生命線からそれて、その末端が二叉に分かれている（第385図）　印象線が生命線からそれるということは愛情の冷却を意味するものですが、その末端が二叉に分かれていると、別居または離別を示唆することになります。

▼生命線の方に曲がって近接する印象線（第386図）　生命線に沿って走る印象線が中途か末端近くで生命線寄りに曲がって接近していると、この相の人の献身的な愛情が年とともに深くなるという暗示です。つまり生命線からそれる場合とは逆な意味を表します。

▼印象線が二つに切れている（第387図）　夫婦間とか愛人との仲が感情問題やその他の事情で一時的に破綻する表示です。この切れ目は、この相をもつ当人の急死を予兆する場合もあります。

▼印象線が短細な横線によって阻止される（第388図）　印象線が短細な横線で食い止まっている（A）と、配偶者とか愛人との離別、または死別を暗示します。この横線から別の線が現れていると（B）、別れた後に別の愛人または配偶者との関係が始まるという暗示です。

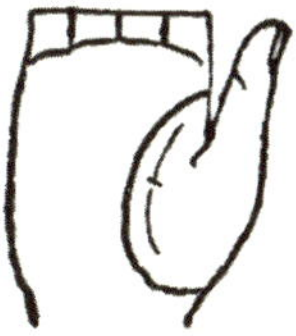

第389図

第390図

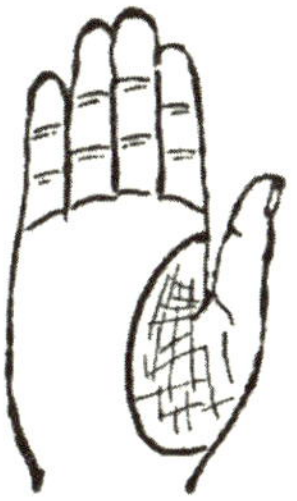

第391図

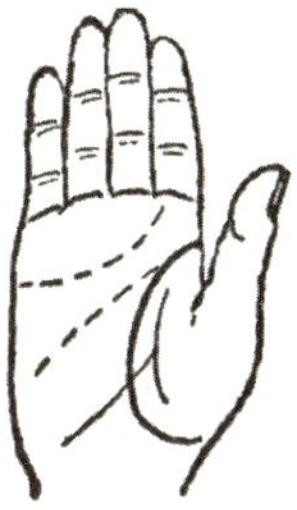

第392図

▼印象線の切れ目に短細な斜線または横線がある（第389図）　離別とか離縁というほどの破局にまでは至らぬ紛糾や悶着を予兆するもので、当事者間のいざこざは結局は一時的なものであるという暗示です。

▼金星丘を刻む多数の印象線（第390図）　多情多感な性質の表示です。この相の人は、恋愛や愛情関係なしには生き甲斐のないといった浮気者で、同時に多くの異性関係をあさる人です。いわば一種の漁色の相で、この手の金星丘がこんもりと盛り上がって良い血色をしていると、このような傾向はさらに強いものとなります。

▼拇指球内で縦横の細い線が無数に交錯している（第391図）　神経過敏で多感な性質を表示するとともに、恋愛に耽溺するとか漁色の傾向の強い、たいへん浮気な性質を表しています。

▼印象線から発する支線が月丘の方向に走る（第392図）　克己心や白制心の欠如を表示するもので、この相の人は、酒色に耽溺したり、精力の乱費に陥る強い傾向をもつ人です。この手の頭脳線が月丘に向かって強く傾斜しているか、または貧弱な線になっていると、そのような不節制はさらに強いものとなります。

第393図

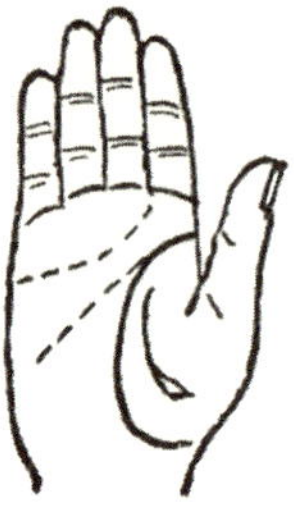

第394図

第395図

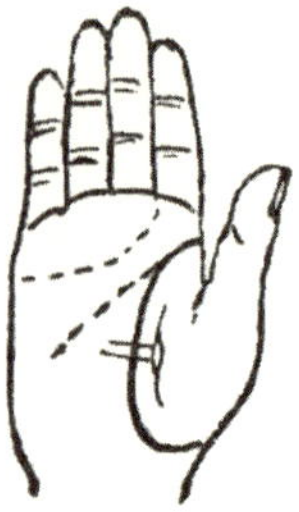

第396図

▼拇指の基底部のほぼ中心から生命線に向かう一筋または二筋の太い横線（第393図）　この線は悲哀を表示するものとされています。深く愛した配偶者とか愛人との死別や離別によって受けた精神上の大きい悲しみの経験をとどめるものです。

▼生命線から遠ざかる印象線の末端の島（第394図）　印象線が生命線との並行から次第に遠ざかるのは愛情の冷却ひいては離別を暗示するが、その線の末端に島が現れていると、異性に裏切られるとかだまされるといった相手の不義や不実を暗示するのです。

▼印象線の中間に現れる島（第395図）　異性関係の相手方つまり配偶者なり愛人が信頼を裏切るような不信行為を起こすという暗示です。この種の島は相手方のそうした不信行為とは別に、その相手がある期間、かなり重い病気に罹るということを予兆する場合もあります。

▼印象線の中間の島から出る二、三本の細い横線が生命線を横切っている（第396図）　この細い横線は、精神的心労を表示する障害線であり、印象線の中間の島は異性関係の相手側の不信行為とか疾病の表示です。したがって、この相手をもつ人とはもっとも身近である異性に生ずる上述の事情が、この人に精神的、物質的苦労を与えるという暗示です。

第 397 図

▼生命線に並行する印象線の先端の島（第397図）　この人と長年連れ添った配偶者または愛人が長期にわたる病気の末、死亡するという暗示です。第394図の生命線から末端が次第に遠ざかる印象線の場合と混同しないように精密な注意が必要です。

第17章　影響線

(1)　影響線の概説

A　影響線の位置

影響線というのは、側面からやや上向きに運命線に結びつく短細な線のことです（第398図）。

この線は独立して単独に現れる線ではなく、運命線の外側つまり月丘の側から運命線に結びつくことによって、はじめて意義を生ずる点に特徴があります。

そして多くは短細な線ですが、なかには月丘から発して結合する長い線もあります。

B　影響線の意義

多くの細かい短線が上向きに運命線と結合していると、友人、知人、近親

第398図

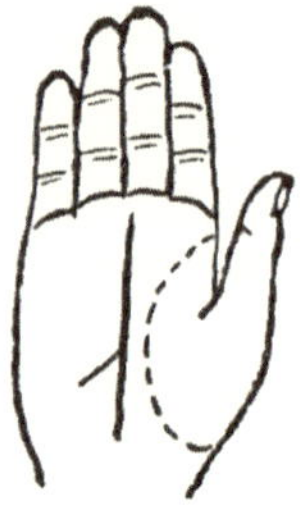

第399図

者などによって、運命に大きな影響を受けるという表示ですが、それらの線の中でやや強く、そして月丘の側から現れている線は異性から受ける影響を暗示するもので、たいていは結婚を暗示するものです。そしてこの影響線と運命線との接触点は、結婚の時期と一致するのですが、その時期は、接触点が示す運命線の流年によって測定されます。

影響線が左手に明瞭に現れているにもかかわらず、右手には全然現れていない場合があります。それはこの人が相手方よりも強い愛情をもっていることを語るのです。両手ともに明瞭な影響線が現れていると、結婚の確実な表示であり、同時に相思相愛の関係を示すものです。

(2) 影響線の諸相

▼細く短い線が上向きに運命線に結びついている（第399図）　この短線と運命線との接触点が結婚の時期を示すのです。その時期つまり結婚時の年齢は運命線の接触点が示す流年にあたることは上述しました。さてこの接触点から上に伸びる運命線が明瞭な線になっていると、結婚以後の幸福な生活が暗示され、加えてその接触点とほぼ同じ位置から太陽線が並行して昇っていると、さらに強い前途の幸運が予兆されます。これに反し接触点から上が弱々しいか不鮮明な運命線であると、その結婚は幸福や成功をもたらすものでなく、不運な前途を暗示するのです。

第 400 図

第 401 図

第 402 図

第 403 図

▼**影響線が運命線と生命線の間に抜き出ている**（第400図）　影響線が運命線の外に抜けていると、この人の恋愛や結婚生活には永続性がなく、仮に両人の縁がつづくとしても幸福なものではありません。たいていの場合、この相は結婚までに発展せず、不幸に終わる異性関係の表示だとみるべきです。

▼**月丘上から発して運命線と結合する影響線**（第401図）　月丘上から発したやや長い線が運命線に結びついていると、その結婚の動機に浪漫的な何ものかがあること、つまりロマンスによって結ばれた愛情関係を示唆するものです。だいたい旅行の途中や旅先などで結ばれた縁を語るのです。

▼**接近はしているが先端が運命線に接触していない影響線**（第402図）　たとえ両人の間に強い愛情があっても、両線が結びついていないと、ある事情や妨害などのために結婚には至らないという暗示です。

▼**影響線が運命線を通り抜けて第一火星丘の方向に走っている**（第403図）　影響線の先端が火星丘に達しているか、またはその方向に走っていると、何かの事情で相手の気持ちが敵意や憎悪に変わり、この人の生涯を損じたり傷つけたりする表示となります。たとえば三角関係などの紛糾で刃傷沙汰の起こるような場合などが想像されます。

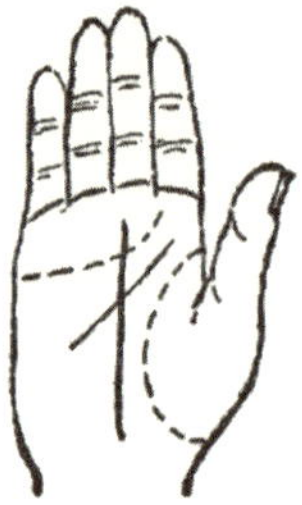

第404図

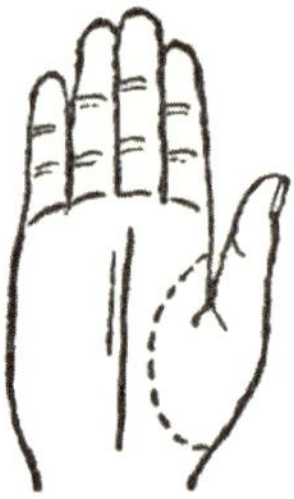

第405図

▼影響線が運命線を横切って木星丘の方向に走っている（第404図）　異性関係の相手の不実を示唆する相です。この相手の人は、真実の愛情からではなく、単なる利己心から、この相をもつ人に興味を抱くとか、心を惹かれているにすぎません。すなわち異性関係を通じて利用される立場におかれるという表示です。

▼運命線の傍側を並行して昇る影響線（第405図）　他からの反対、妨害またはその他の事情で結婚できない愛情関係を示唆するもので、またこの線は長いほど、その関係の永続性を語っています。しかしこの傍側線が先端で運命線に結合していると、結婚をさまたげていた原因が両線の接触点が示す流年から解消するのです。またこの両線が先広がりにそれていると、この両人の利害関係や運命の隔たりは年とともに大きくなるという事情が暗示されます。

ここで注意を要することは、この場合の影響線は、運命線の傍側に沿って現れるまっすぐな線であるから、影響線としては異例な線です。しかし同じ傍側線でも掌の底部から発しているとか、または先端が土星丘以外の丘に向かっていると、それは影響線ではなく、完全な二重運命線で、二つの経歴をたどるという表示であり、おそらくは本職の他に趣味の生涯といった二重の運命を暗示するものです。

第 406 図

第 407 図

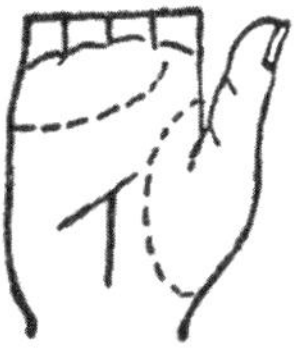

第 408 図

第 409 図

▼強い影響線が運命線に結びつき、さらにその影響線から運命線の傍側を並行する細い線が立っている（第406図） 強い影響線自体がすでに幸運の力強い結婚を暗示していますが、図にみるような傍側の並行線を伴うと、そのような幸福な結婚をさらに強める吉相となるのです。

▼初めのうちは月丘上でまっすぐに現れ、急に横曲がりして運命線に接触する影響線（第407図） この影響線は風変わりな珍しい線です。この線が暗示する結婚は、真実な愛情というよりもむしろ、気まぐれによって結ばれた縁を意味するものです。

▼影響線によって運命線が食い止まっている（第408図） 結婚による運命逆転の相を示すもので、結婚によって物心ともに大きな損害や打撃を被るという不運を暗示しています。

▼運命線が上下に切れて、それぞれ影響線が上下の運命線に結合している（第409図） 運命線の中断は境遇の変化を示す場合があります。図のように運命線が上下の二片に切れて、上下の運命線にともに影響線が結合していると再婚の宿命を予告するものです。

第410図

第411図

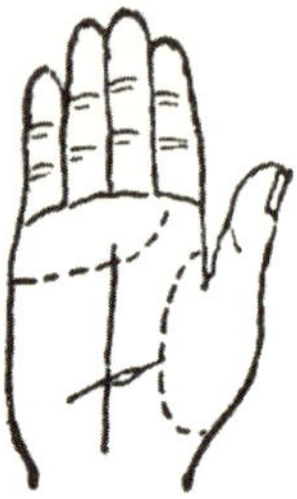

第412図

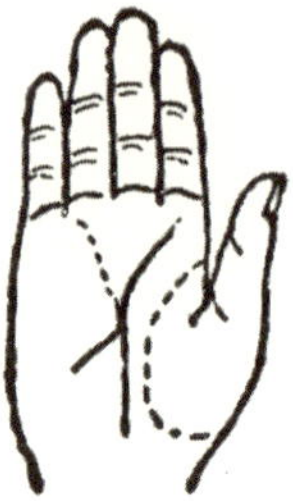

第413図

▼障害線に阻止されて運命線に達しない影響線（第410図）　影響線が障害線によって阻止されていると、なんらかの故障がこの愛情関係に作用しているという表示で、この愛情関係には破綻がきます。影響線の先端が運命線に結びついていないことは、そのような妨害の故障が結婚を不成立にしているのです。

▼運命線と接触する影響線に島が現れている（第411図）　この島は、結婚の相手になんらかの暗影があることを示しています。少なくとも相手の過去に不正事件か不名誉な事件があったことを語っています。いずれにしても不吉な結婚を示唆する相です。

▼運命線と生命線の中間で島をもつ影響線（第412図）　この場合も不吉な愛情関係を語るもので、その愛情関係に関連する不幸な事件の惹起を予兆する相です。たいていの場合、その事件は人気、声望、世評などの失墜を招くことが多いのです。

▼影響線と運命線との接触点から運命線が本来の方向を変えている（第413図）　運命線は中指の直下の土星丘に向かう線で、土星丘が運命線の本来の方向です。しかるに影響線との結合点から運命線が土星丘以外の方向に変じていると、その結婚による影響が、この人の一身上に大きな力で作用したことを示しているのです。

第18章　放縦線

(1)　放縦線の概説

A　放縦線の位置

放縦線は他の線のように、どこそこに現れるという所定した場所がなく、この線が現れる位置は不定です。また線の形も不規則で一定していません。

B　放縦線の意義

放縦線は精力の乱費、心身の過労を表示する線です。すなわち不規則、不節制な生活を表示する相です。多くの手相家はこの線を健康線の一種とみているようです。

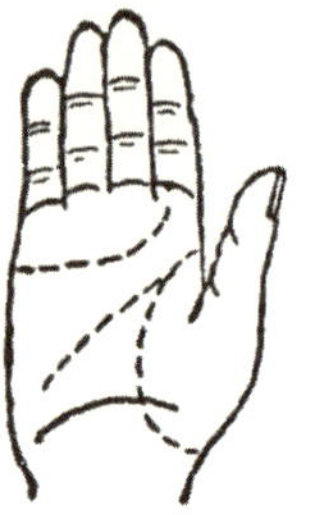

第414図

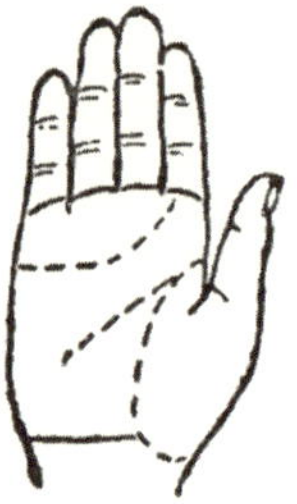

第415図

⑵　放縦線の諸相

▼月丘と金星丘を結ぶ半円形の放縦線（第414図）　この線は鮮明な幅広い線で現れるのが普通です。放縦線としてはこれがもっとも代表的な線です。この種の線は淫蕩線とも呼ばれ、過度の性交、激しい情欲、強い恋情などを表示します。そしてこの線が現れていると、性病を示すこともあります。またこの放縦線と生命線との交叉点は、房事過度や淫蕩の結果に起因する死期の予告ともなります。この線はまた飲酒、麻薬などの強い刺激を追求する性癖を表していることもあります。しかし体質の弱い人の手にあっては、単に心身の過労を表すものでありまず。

▼月丘から生命線の方向に横に走る放縦線（第415図）　この放縦線は月丘の底部から金星丘の方向に横に走る線で、これよりもやや上部に現れる胃腸障害線と混同しやすいから注意しなければなりません。この線もまた、前掲の放縦線と同様の意味を表す淫蕩線です。またこの線と近似する放縦線に、月丘の底部かまたは月丘の中央で輪のような形で発源して、反対側の金星丘にまっすぐに走る線があります。

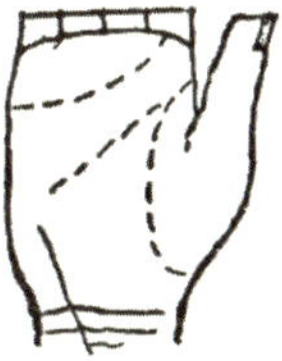

第416図

第417図

第418図

▼月丘から手頸線に流れ込む放縦線（第416図）　性欲や情痴の空想にふける強い性癖を表示する線ですが、この場合は、能動的な淫欲を表示する前掲の二線ほどの弊害を伴うものではありません。

▼水星丘から火星平原の中央を走る放縦線（第417図）　この線は、健康線に似ているが、健康線より高い位置を走る線で、弱く細い線で現れる場合が普通です。この放縦線はむしろ貪欲線とでも呼ぶべき意味を表示するもので、金銭に対する強い執着心を表すのです。しかしこの線が波状にくねる線であると、軽薄、放蕩性の表示となり、島や鎖状を伴うと、金銭上のことで失敗や信用の失墜を暗示する相となります。

▼生命線の末端と手頸線の中間から月丘の方向に弓形に現れる放縦線（第418図）　過度の性交、自涜などの不自然な性行為にふけるという表示です。この線に島が現れていると過度の性交による精力の減退を示しているのです。この線はまた、生殖器の発育不全による結婚生活の不幸を暗示する場合があり、女性の手にある場合は、孤閨《こけい》で暮らす人が多いようです。

第19章　生殖線

(1) 生殖線の概説

A 生殖線の位置

生殖線とは、結婚線上に直立して現れるきわめて微細な線のことです。この線は、指先でこの部分を押してみると明瞭に見ることができます（第419図）。

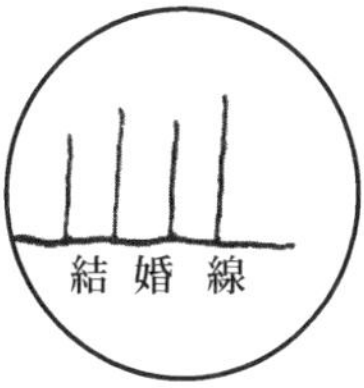

第419図

生殖線は別名を子供線とも呼ばれ、この線の数と生まれる子供の数が一致するように説く手相家もいますが、必ずしも妥当な説とはいえません。

B 生殖線の意義

キロ氏は生殖線の意義について、次のように述べています。

「子供線が幅広く深い線であると男子、幅狭く浅い線は女子を暗示する。またこの線が強く結婚線上に直立していると健康な体質の子に育つが、弱々し

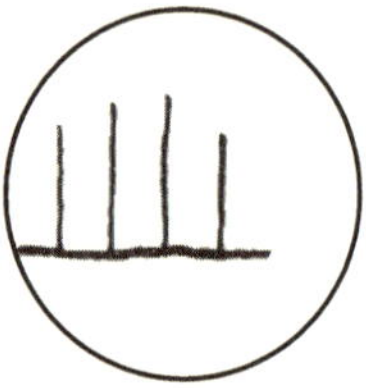

第420図

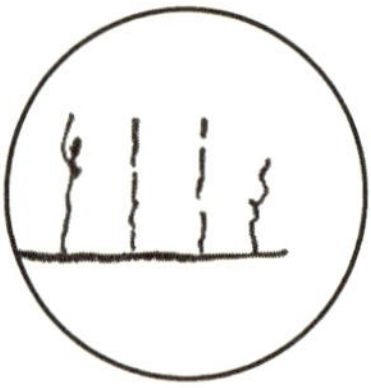

第421図

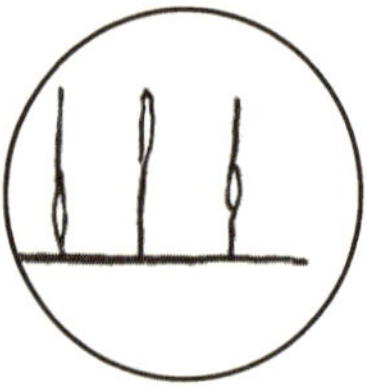

第422図

い線や曲がった線であると、虚弱児を予兆する。さらに生まれてくる子供の人数を知るには、手の外側から掌の方に長子、第二子、第三子と読むのである」と。すなわちキロ氏によると、生殖線は子供の人数と体質の強弱を表示する線だというのです。しかし筆者は、この線を単に生殖細胞の強弱を表すという程度に解しています。

(2) 生殖線の諸相

▼生殖線がまっすぐに力強く立ち並んでいる（第420図） 健全な性細胞を表示するもので、子供を生むことのできる可能性を示し、出生する子供も健康児です。またこの線は外側から第一子、第二子の順位となるそうですが、この場合考えねばならぬことは、子供は男女の両性によって生まれるのですから、当事者双方の手を調べる必要があります。

▼曲がったり、切れたり、薄れたりしている生殖線（第421図） 弱い性細胞を表示するもので、この相の人には子供が生まれないか、生まれたとしても虚弱児です。

▼生殖線に現れる島（第422図） 生殖線の根元に現れる島は、その子供の幼年期の病弱を表しているのです。しかしその島から上に伸びる線が力強いもの

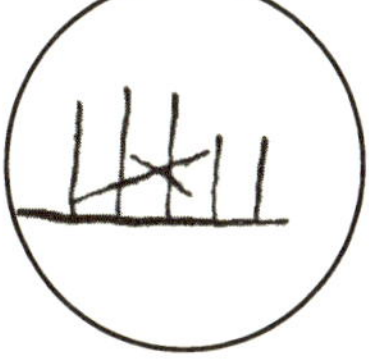

第423図

だと、成長につれて強健になることを暗示するのです。生殖線が島で終わっているか、または島の部分で線が切れていると、その子供は育たないという暗示です。

▼並んだ生殖線の中に十字紋が現れている（第423図）男女いずれの場合でも、生殖線の現れている結婚線上に十字紋が現れていると、生殖器の故障を意味するもので子宝はまず見込みがありません。

第20章　旅行線

(1)　旅行線の概説

旅行線には、生命線から発して月丘の底部に向かう線と、手頸線の中から発源して掌を上昇する線の二種類があります。旅行線は旅行の吉凶と、その時期を表示する線であります。

旅行線が生命線から発している場合は流年法によって、その旅行が起こる時期（年齢時）をかなり明確につかむことができます。

旅行線は、生命線自体が分岐して月丘に向かう支線と区別しなければなりません。もっともこの支線は旅行線と同じく旅行に関係のある線ですが、旅行の時期を表示する線にはなりません。またこの支線は幹線の生命線と同じぐらいの太い線が普通ですが、旅行線はきわめて細い線です。そして生命線からの発源点が旅行の時期を示すのです。

上述の生命線から分岐して月丘の底部に達する支線が生命線と同じぐらい

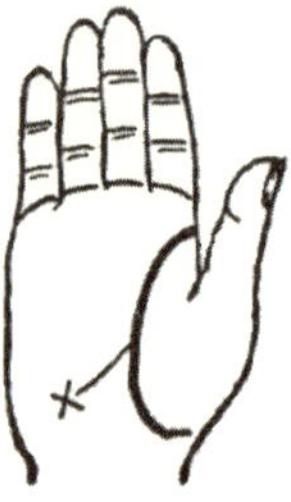

第424図

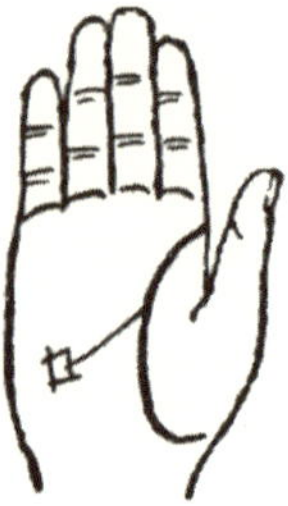

第425図

の強い線であると、生涯、旅行から旅行を繰り返す人です。どこにも定着することのない、そして生まれた土地を遠く離れた異郷で生涯を終える人です。

拇指球をぐるっと取り巻いて半円球を描く生命線に支線も分岐線もないと、遠く旅行するとか、移転するといったようなことの稀な人で、生まれた土地を離れるというようなことはめったにありません。

(2) 旅行線の諸相

A　生命線から発する旅行線

▼生命線から発する旅行線の先端の小さい十字紋（第424図）　上述したように生命線から発する旅行線というのは、生命線から分岐して月丘の方向に走るきわめて細い線のことです。もちろん生命線のどの部分から分岐するか一定していません。なぜかというと生命線からの発源点が旅行の時期を表示するからです。先端の十字紋は、商用、私用を問わず、その旅行が失意か落胆に終わるという暗示です。

▼生命線から発する旅行線が四角紋に終わる（第425図）　旅行線の先端に四角紋が現れていると、この旅行中に、ある大きな危険に遭遇するが、生命には別状がないという暗示です。四角紋は危険に対する保護の徴《しるし》です。

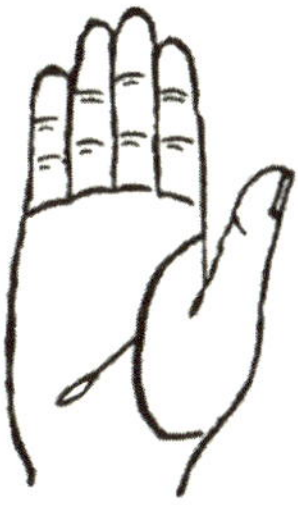

第 426 図

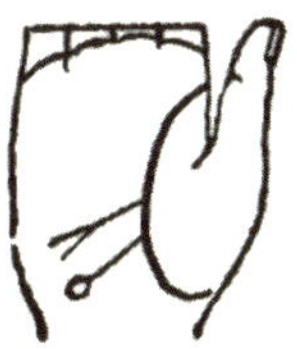

第 427 図

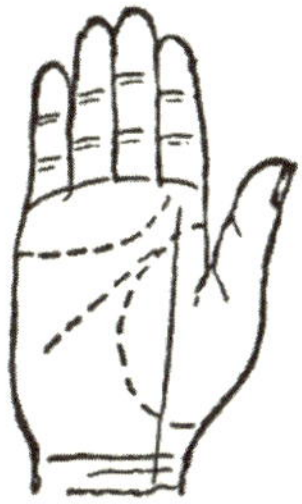

第 428 図

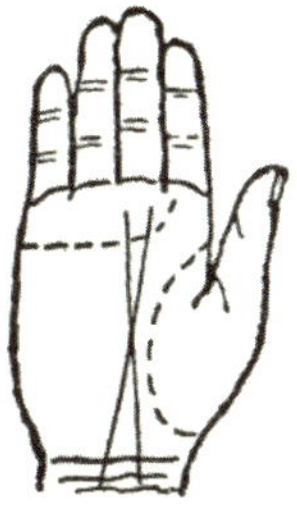

第 429 図

▼生命線から発する旅行線が島に終わる（第426図）　旅行線の先端に現れる島は、この旅行が金銭上の損失に終わるという表示になります。この場合の島は、この他に失敗、不成功、災害などの意味を含むものですが、たいていは経済的損失の場合が多いのです。

▼生命線から発する旅行線が長く月丘を越えて外側に走っているか、または月丘上で二叉になっているか、あるいは円環の紋に終わっている（第427図）　いずれの場合も、この旅行は一命に関わるほどのある大きな危険に出くわすという暗示です。

B　手頸線から発する旅行線

▼手頸線から発して、金星丘を通り抜け、まっすぐに木星丘に達する旅行線（第428図）　木星丘に向かう運命線だと即断してはなりません。手頸線から発して金星丘を通過する線だから稀な線ではありますが、旅行線の一種です。長途の旅行によって富や地位を得るという暗示で、旅行線の中では最上の吉相です。

▼手頸線の中から土星丘に昇る二筋の旅行線が交錯している（第429図）　この場合もおそらく運命線と思い込むようです。しかし普通に、運命線は手頸線から発するものではないから、実地の手相判断にあたってよほど注意して観察

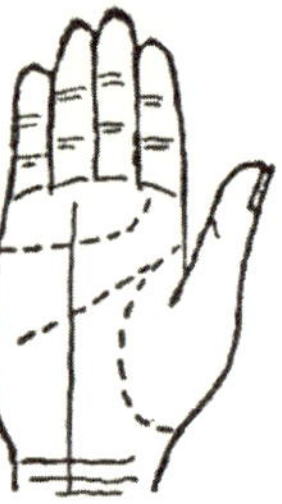

第430図

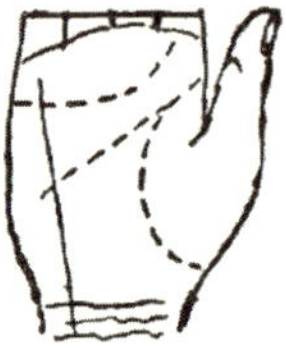

第431図

第432図

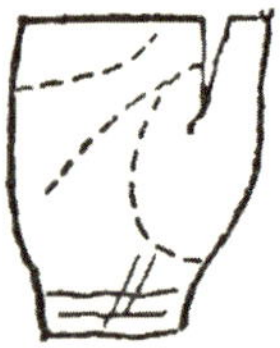

第433図

しなければなりません。この相は旅行線の中では最悪の凶相で、旅行に出たまま旅先で死亡するという暗示です。

▼手頸線の中から太陽丘に昇る旅行線（第430図）　この線もよほど注意していないと太陽線と混同します。太陽線は手頸線からやや上に離れて発する線で、手頸線の中から発する場合は旅行線で、また線自体にも強弱の相異があります。この旅行線は、自分の土地ではなく、旅先か転任先で成功するとかまたは金運をつかむといった吉相の暗示です。

▼手頸線から水星丘に昇る旅行線（第431図）　この線も前掲の線と同じように旅先または転任先の土地で意外の財運を得るという吉相です。太陽線と表示する意味はだいたい似通っていますが混同してはなりません。

▼手頸線から月丘に昇る二筋の短い旅行線（第432図）　旅行の目的を達成する吉相の旅行線ですが、旅行の途中とか旅先で危険な目に出会う場合が多いようです。しかし終局的には吉相を暗示する線です。

▼手頸線から金星丘に向かう二筋の短い旅行線（第433図）　旅行の途中とか旅先で死亡する凶相です。この二本の短線が生命線を横切っている場合も同じ意味に解されます。

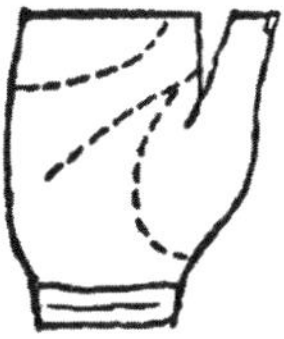

第434図

第21章　手頸線

A　手頸線の位置

手頸線とは、手首を刻む半環状の線のことです。この線は上から順次に第一手頸線、第二手頸線、第三手頸線と呼びます（第434図）。

B　手頸線の意義

三筋か四筋の手頸線が鮮明な線で手首を取り巻いていると、健康な体質と長命を約束する吉相です。

この線は現在の手相学からみると、健康状態を観察する場合の一助になる程度のもので、あまり重要視する線ではありません。しかし古代ギリシャ文明のある時代には、この線に関連する次のような慣習がありました。

当時の若い娘たちは結婚が許される前に教会に行って、そこの牧師から彼女たちの手を調べてもらわねばならなかったが、もしもその手の第一手頸線が掌の中はアーチ形になって突出していると、いかなる事情があっても彼女は結婚の許しを受けることができなかったのです。それは彼女が、この世に子宝をもたらさぬ体質的な欠陥を表示するものだという観念があったからです。ところがこの観念は今日でもなお正しいのです。

▼第一手頸線の中央部が掌の方に彎曲している（第435図）　この相の人は、男女とも一般に神経質で体質が弱く、ことに性交の劣弱性を表示するものです。女子の場合はほとんどが不妊症です。

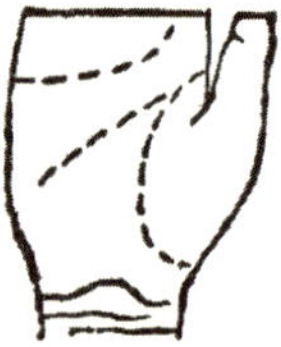

第435図

第436図

第22章　災害線

A　災害線の位置

災害線とは、土星丘から垂下する線で、この線の特徴は太く発源し、次第に先細りする線です。この線は注意しないと、運命線と間違いやすい線です。しかし線というものは、繰り返し述べたように発源が強くはじまるか、太く発して先端が針先のように細るのが原則ですから、この点に注意すれば、下から上に昇る運命線とは区別できます（第436図）。

B　災害線の意義

災害線は疾病、災害、不慮の死亡を予兆する凶相で、キロ氏はこの線について次のように解説しています。

「健康や生命をおびやかす線がある。それは土星丘から先細りして垂下し、生命線に接触するか、またはそれを突っ切る線である。この線については手相の古い記録の中で暗に言及されたことはあるが、最近の手相家の間では考

第 437 図

第 438 図

慮を払われていない。しかしこの線は多年にわたって私に深い興味を抱かせたもので、私はしばしばこの線が明瞭に現れている場合を発見し、かつ多くの場合、これがその年に疾病に冒されるか、または死亡を予兆するものであることがわかった。」

すなわちキロ氏は、切迫した疾病または死亡の警告だと指摘しているのです。

▼**頭脳線に垂下する災害線**（第437図）　急性の頭部疾患または頭部に被る不慮の負傷を予兆するものです。さらにそれらの障害が原因で死亡するという暗示にもなります。

▼**生命線に垂下する災害線**（第438図）　キロ氏は上述のように、この線が現れるとその年内に疾病か死亡を予告する凶相だと説いています。この相は不慮の奇禍とか急性の病気またはそれらの原因による死亡を予兆する凶相です。

第439図

第23章　直観線

A　直観線の位置

直観線とは、水星丘から月丘にかけて現れる弓形の線のことです。たいてい線が細く、中には切れ目のある線もあり、この線はまた月丘にのみ現れていることがあります（第439図）。

B　直観線の意義

この線は、特異に発達した敏感性を表示するもので、この相をもつ人は、予感、霊感、透視などに優れた感受力を有するから、易占、運命鑑定、予言などの方面で異常な能力を発揮することがあります。

この線をもつ人の中には、上述のようにひとたび霊感が動くと、驚くべき直観力や透視力によって天賦の才能を発揮するが、一般人としての普通の状態に戻ると、自分が何をやったか全然わからない場合が多いのです。このような人は、いつでも、その不思議な神秘力が行われる時の状態にあるわけで

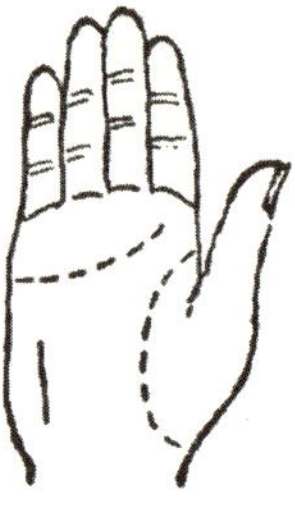

第440図

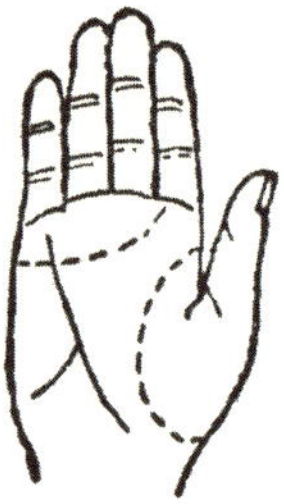

第441図

はありません。またこの人たちの中にはまったくの無教育者もあります。しかし霊感状態にあるときは別人のようになって驚くべき透視や予言をするのです。

この線は精神型の手すなわち尖頭形、円錐形、思索形以外の手に現れることはほとんど稀です。

C　類似線

直観線は普通水星丘から月丘にかけて現れる線ですが、意義を同じくする類似線に次のようなものがあります。

▼月丘上に現れる小さい縦線（第440図）　この線は膨らんだ月丘に縦に現れる小さい線でちょっと気のつかぬ線です。第六感や直観の敏感に働く表示で、一見して相手の性質なり性格を看破する強い直覚力を示す線です。

▼月丘の中央部から健康線に流れ込む細い線（第441図）　この線も一種の直観線で、企画、計画などに優れた才能を発揮する表示です。この線が運命線に流れ込むか接触していると影響線となります。

第24章　神秘十字紋

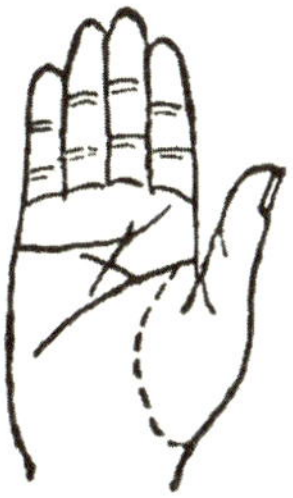

第442図

A　神秘十字紋の位置

神秘の十字紋と呼ばれるやや大きく深い十字形の紋は、頭脳線と感情線の中間（この中間の部分を方庭と称す）のほぼ中央部に現れるのが普通で、中には右寄りかまたは左寄りに現れることもあります（第442図）。

B　神秘十字紋の意義

大小の十字紋は、掌中の随所に現れるものですが、これが感情線と頭脳線の中間に深くそしてやや大きく現れる場合は、特異の意義を表示することになるので、とくに神秘の十字紋と名づけられたのです。神秘の十字紋はあらゆる種類の神秘術や占星術または運命術などに優れた才能があるという表示です。

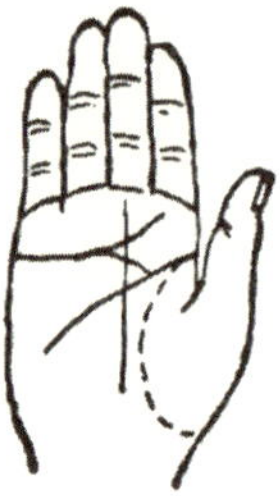

第 443 図

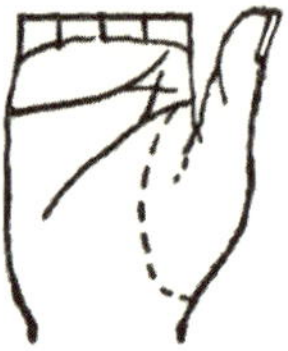

第 444 図

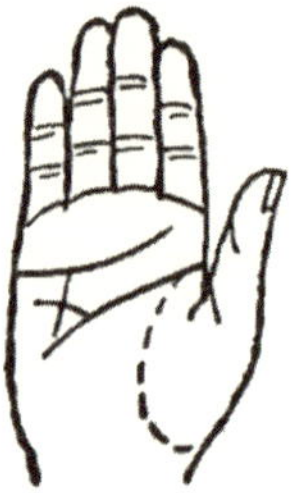

第 445 図

▼土星丘の直下に現れる神秘十字紋または運命線との交錯によって形成される十字紋（第443図）　この相をもつ人の中には、神秘学の研究を、一種の信仰としているか、または価値のある仕事として従事する人があります。そのような人は神秘学の影響力や真理を生涯の仕事にするとか、あるいはその研究の結果を著述として結晶させる場合が多いのです。この場合の十字紋はそのような意味を暗示しているのです。

▼木星丘寄りに現れる神秘十字紋（第444図）　自分自身の運命や運勢を究めるために研究するのではなく、神秘学を、この人の誇りや野心を満足させる一種の手段として研究する人です。

▼月丘寄りに現れる神秘十字紋（第445図）　この場合の十字紋は迷信的な立場から神秘術や占星術などを研究するという暗示です。この相の人の中には、易占、手相、骨相、透視術、運命鑑定などの神秘術で成功する人があります。

第25章　土星環および木星環

(1)　土星環

A　土星環の位置

土星環とは、中指の直下の土星丘を囲む半環状の線のことです。また二筋の線が十字に組み合って形成する土星環もあります（第446図）。

第446図

B　土星環の意義

この線は、土星丘上で運命線に対する一種の障害線となるのです。だいたいこの相の人は、陰気、頑迷、風変わりといった性格のどれかをもつ人で、また自分の孤独を堅く守り通そうとする傾向があります。したがって結婚しないか、結婚したとしてもおそらくは失敗する場合が多いのです。

キロ氏はこの線について、

「土星環はもっとも不運の表示である。この線はあたかも運命丘を切り取る

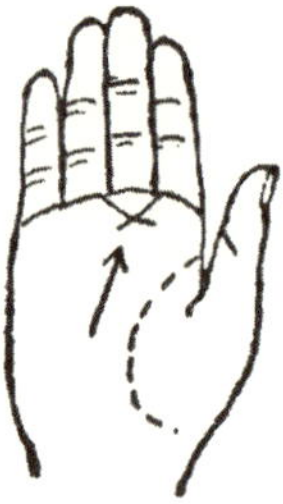

第447図

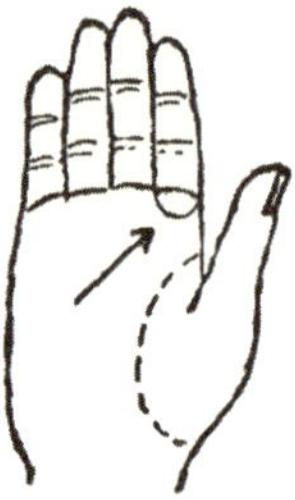

第448図

かのようにみえるが、然《しか》りこの相の人はどんなに努力しても、働いてもなんら得るところがないのである。私の経験によると、この相をもつ人で、生涯の中に成功したとか、計画を達成したとかいうような人に一度も出会ったことがなかった。彼らのほとんどが、決意に持続性がなく、途中で挫折した人であった」と述べています。この相の人はだいたい苦悩または貧窮の中に生涯を閉じるとか、あるいは悲劇的な一生を終える人です。

▼十字形に組み合った土星環（第447図）　二つの線が組み合って形成される土星環は前掲の半円環よりもさらに強い意義を表示するもので、この種の土星環をもつ人は、運命の波に翻弄され悲運の生涯を閉じる人です。

(2)　木星環

A　木星環の位置

木星環はソロモン環とも呼ばれ、食指の下の木星丘を囲む半環状の線のことです（第448図）。

B　木星環の意義

木星環、別称ソロモン環は、木星丘が象徴する意義の影響を、この相の人が多分に受けているという表示です。すなわち強い偏執性を表示するもので、この相の人は何か一事に没入すると、一意専心して他を省みない直進的な性格の人ですから、一流の権威者とか、宗祖などによく見受ける相です。

この線はまた手相、骨相、易占、運命学などの神秘術や占星術に練達した人の手にもよく見られる線です。

第26章　水星線

(1)　水星線の概説

A　水星線の位置

水星線とは小指の下の水星丘に達する線のことで、この線は生命線、月丘、火星平原、火星丘などから発源している場合もあれば、水星丘上に単独に現れる垂直線の場合もあります。またこの線は同じ水星丘から発源する健康線と混同しやすい線だから、線自体の状態や走向などを注意深く観察して判別しなければなりません（第449図）。

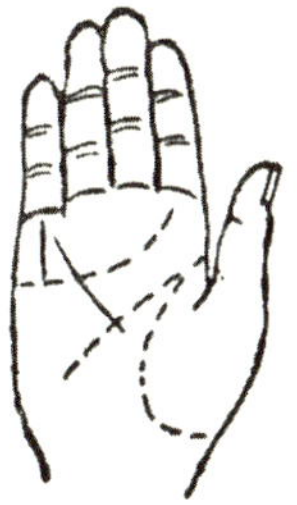

第449図

B　水星線の意義

この線は一般に財運、才能、機敏性などの意味を表示する線とされています。水星丘上に単独に現れる垂直線は主として科学的才能かまたは財運の表示ですが、それ以外の位置から発して水星丘に達する比較的長い水星線は、

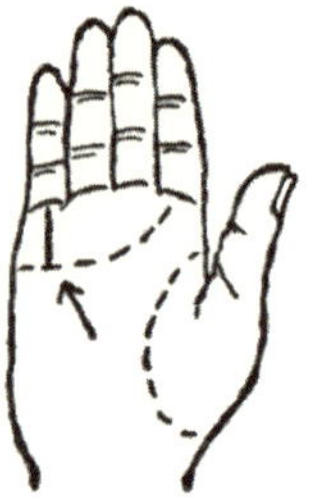

第450図

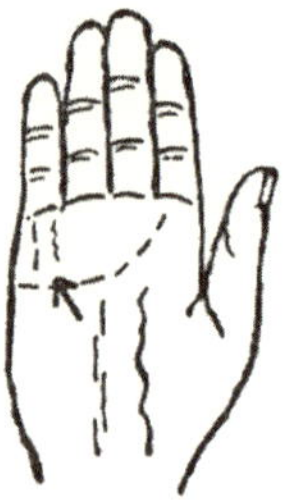

第451図

商業や事業的才能の表示であるとともにそれらの才能による成功を暗示する吉相線です。

⑵ 水星線の諸相

長い水星線の意義は上述したように事業や商業方面における実業的才能と成功の表示です。この線はどの位置から発源していても同じ意味を表示するのです。

▼深く一直線に刻まれる水星線（第450図） 普通は水星丘に直立している線のことですが、中には小指と薬指の中間に直立していることもあります。この種の水星線は、現にやっている仕事が順調に発展するとか、または成功するという意味を表しています。自然、財産もできるから財運線とも呼ばれます。この線はまた偶然な機会や僥倖による金運を暗示するものです。この線がとくに深く刻まれている場合は科学的才能の表示となることもあります。さらにこの線はほとんどの場合、太陽線または運命線を伴っているものです。

▼切々の水星線または波状の水星線（第451図） 水星丘上の垂直の水星線が貧弱な線であると、仕事が順調に進展せず、失敗、挫折するばかりでなく、生活

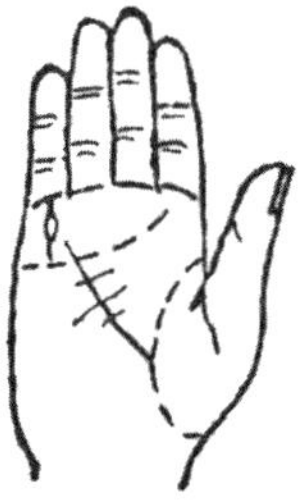

第452図

的にも窮迫するという意味を表しているのです。これは長い水星線についても同様のことがいえるのです。

▼島または障害線を伴う水星線（第452図）　水星丘に現れる垂直線、またはそれ以外の位置から発する長い水星線を問わず、水星線が島や十字紋、障害線などを伴っていると、仮に力強い線であっても仕事がうまくゆかず失敗、破産などの事態が起こるという暗示です。

第453図

第27章　方庭と三角庭

(1)　方庭

A　方庭の位置

感情線と頭脳線の中間の部分を方庭と呼びます。この部分は必ずしも正確な矩形ではないが、だいたいそれに似通った形になっています（第453図）。

B　方庭の意義

方庭の幅が釣合がとれて並行し、木星丘と第二火星丘でいくぶん拡がった形になっていると、その人は常識的な判断力や分別に富み、信頼のおける人です。

頭脳線と感情線が、どちらか上るか下るかして、または両線が同時に接近して並行の幅を狭めていると、その人の性格が矮小であることを表しているのです。それは野卑《やひ》だとか卑劣という意味ではなく、その人の生涯における

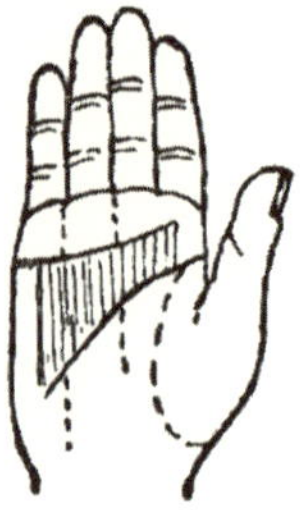

第454図

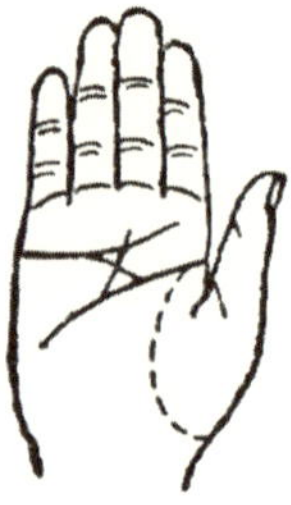

第455図

発展が狭まるという意味で、つまり発展性が萎縮して伸びないのです。

方庭の幅が極度に狭いと、欺瞞的な性格や視野の狭い人で、また宗教や信仰などに対する偏執性の強い人です。

方庭の幅が広すぎると、判断力の欠如を表すもので、他人の長所を見る明がなく、また馬鹿げたことに金や時間を浪費する人です。

不鮮明な線で構成される方庭、すなわち感情線、頭脳線が貧弱なため、方庭の輪郭が鮮明でないと、不運、不幸な運命をたどるのです。そしてたいていの場合、この人は性質のよくない人です。

C　方庭の諸相

▼太陽丘の下で両線が拡がっている方庭（第454図）　強い正義感をもつ人とはいえないが、だいたい正直で親切な人です。しかし感情に走りやすく、退嬰的で活動力の鈍い人です。

▼方庭内に刻む深い十字紋（第455図）　生まれつきの無頓着な性質か、または怠け者の表示です。この相の人は女性に対しては騎士的に屈従する、善良で、親しみの持てる人だから女性にはもてるが、家庭では女房の尻に敷かれる嬶《かかあ》天下の夫です。この十字紋が土星丘の真下にあると、上述の気質を表すとともに、神秘の十字紋ともなるのです。

第 456 図

第 457 図

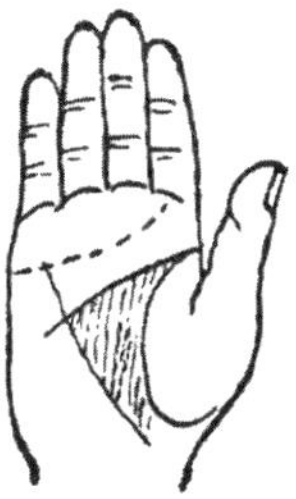
第 458 図

▼**金星丘から発する線が方庭を横切っている**（第456図）　これは金星丘から発する障害線が頭脳線と感情線を横切る場合のことです。この障害線が方庭を貫いていると、異性による妨害または干渉などの故障が惹起するという暗示です。

▼**方庭内に現れる小さい十字紋**（第457図）　単独の小さく鋭い十字紋が感情線の下部か、頭脳線の上部のいずれかに接触して現れていると配偶者または愛人の死亡を予兆する凶相となります。この相はまた上述の意味を暗示するばかりでなく、時にはこの人自身が光彩を失い死亡することがあります。

⑵　三角庭

A　三角庭の位置

三角庭とは、掌の中央部すなわち頭脳線、生命線および健康線によって形成される三角形の部分を指すのです（第458図）。

B　三角庭の意義

三角庭の面積が広いこと、つまり生命線と頭脳線による角度が緩く、健康線が生命線から遠ざかるほど三角形の面積は拡大するが、このような広い三角庭の人は視野も活動の分野も広く、闊達、勇敢な性格をもつ人です。三角庭が浮彫したように一段と盛り上っていると、不屈、果断などの勝気な性格を表示するもので、幸運、発展を示唆する吉相です。

頭脳線と生命線との起点の部分が鋭角になるほど三角庭の面積も狭小となります。かような人は性格的には小胆、内気、神経質を表示するもので、社会的視野が狭く、活動力にも乏しいことになります。

手型編

第28章　手の構造

(1)　手の骨格

手は腕骨、掌骨、指骨から成り、この骨格を筋肉と皮膚が被って一個の手を形成しています（図解「手の構造」参照）。腕骨は八個の骨から成り、手頸を形成します。

掌骨は、五本の骨から成り、手背と掌を形成します。指骨は、これを三つの部分に区分して、指頭から第一指骨、第二指骨、第三指骨と呼びます。しかし拇指には第三指骨がありません。

指の関節を指関節と呼び、これも指頭から第一指関節、第二指関節、第三指関節と呼びます。

手の構造

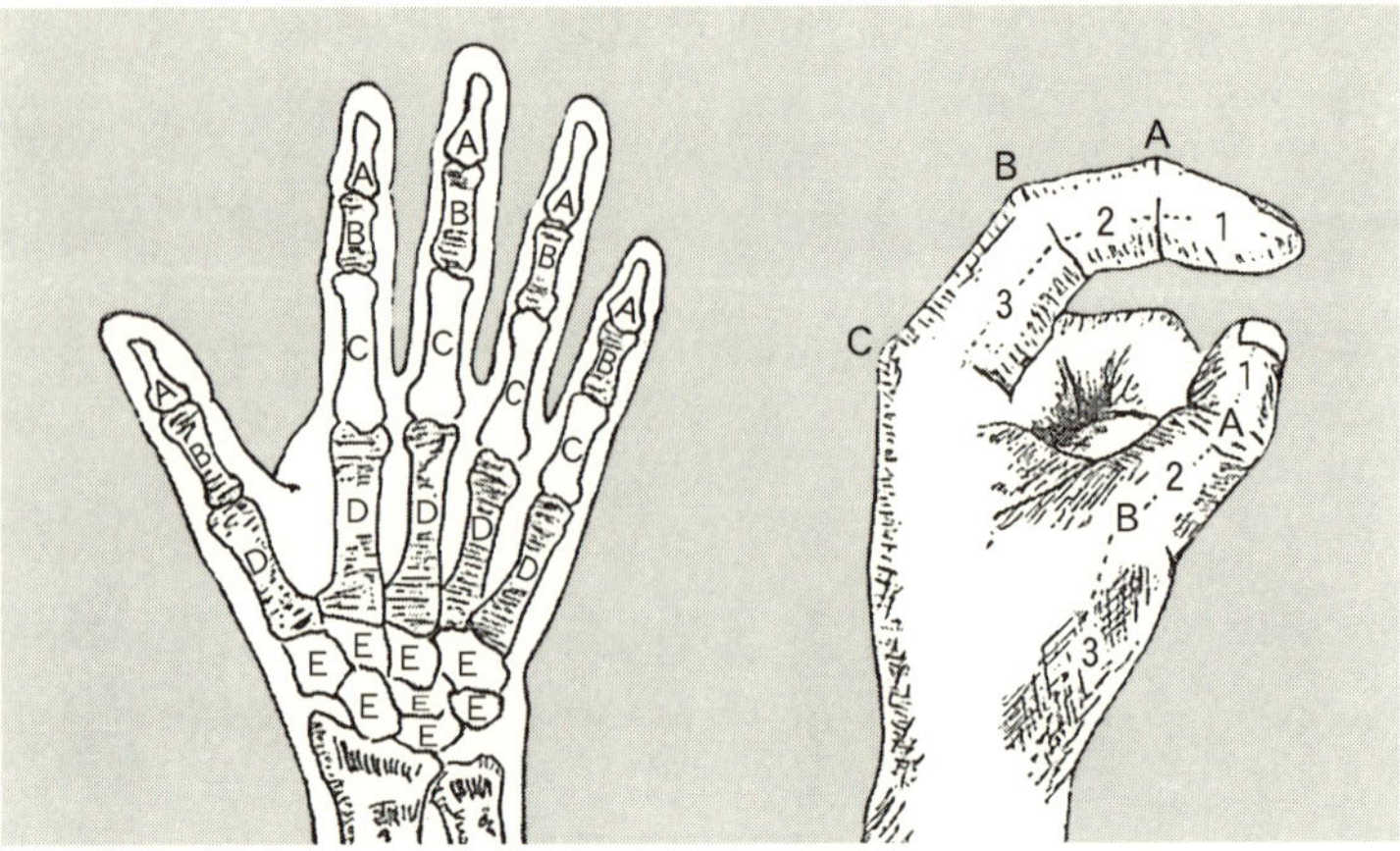

A 第一指骨　B 第二指骨
C 第三指骨　D 掌骨　E 腕骨

A 第一指関節　B 第二指関節
C 第三指関節　(1)第一指節
(2)第二指節　(3)第三指節（掌骨部）

(2) 手背と掌の位置

手の背面つまり手の甲を手背と呼びます。手背は手頸から第三指関節の間の部分です。これに対応する内側を掌《てのひら》といい、第一手頸線と四指の基底線との中間を占める部分です。

(3) 掌の意義

掌は適度の厚みと、適度の弾力をもつものが理想的で、このような掌は、善良、勤勉な性質を表示します。掌の肉付きが厚く、表皮が硬すぎると粗野、野卑な性質を表します。

肉付きが厚く、表皮の軟らかい掌は怠惰な性質、肉付きが薄く表皮の硬い掌は冷酷、打算的な性質を表します。

だいたい、硬い掌は物質的な性格、柔軟な掌は精神的傾向の強い性格を表示します。

掌の中央部すなわち火星平原が凹みすぎていると、

不運を表示するものですが、局部的な凹みにも注意を払わねばなりません。たとえば生命線のある個所に局部的な凹みがあって、線のその部分だけがとくに沈下していると、家庭的な悩みや苦労があるという暗示です。運命線に上述のような局部的な凹みがあると、経済上の問題や一般世間的なことで不運を生ずるという暗示になります。また感情線に同様の凹みがあると、愛情や恋愛に関連する失望、失意の暗示です。

⑷ 手の大小

手はその形状の大小によっても表示する意義に相違があります。大きい手の人は、一般に手先の仕事が器用で、仕事を丹念、綿密に扱う傾向があります。これに反し小さい手の人は、細かい仕事を嫌い、実行できないほどの大きい計画や意図を抱く傾向があります。もちろん大きい手、小さい手というのは、その人の体躯に比較しての意味です。

第29章　手の型

(1)　総則

A　掌線学と手型学

手相の研究には、掌線学（掌紋学ともいう）と手型学の二つの部門があります。掌線学は掌の線や紋に関する研究であり、手型学は手の形と指についての研究です。これらの二つの部門は、それぞれに独立した研究として発達したのですが、近代手相学は、これを総合的に研究することによって、いっそう優れた効果を挙げています。

B　手の型が表示する意義

個々の手は、長短、厚薄、形状などに種々の相違がありますが、手相学では、手の形態が表示する意義によって七つの型に分類します。キロ氏は手の型について、

精神的性格を表示する手

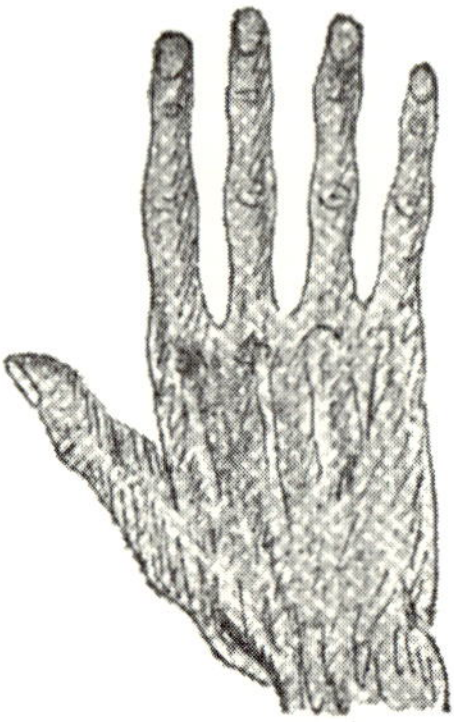
思索形の手

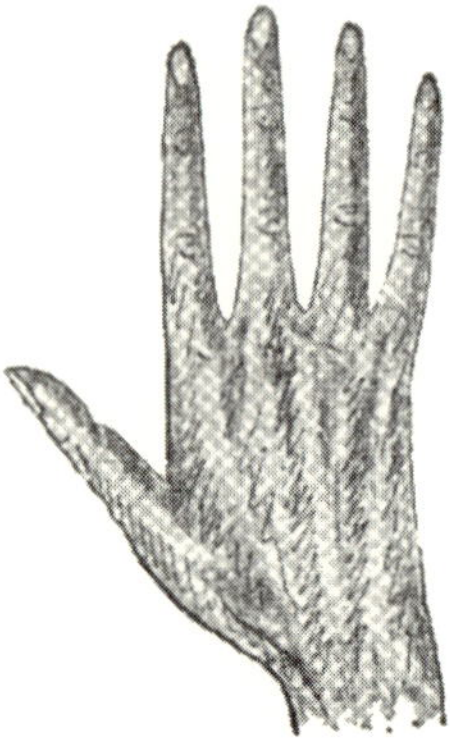
尖頭形の手

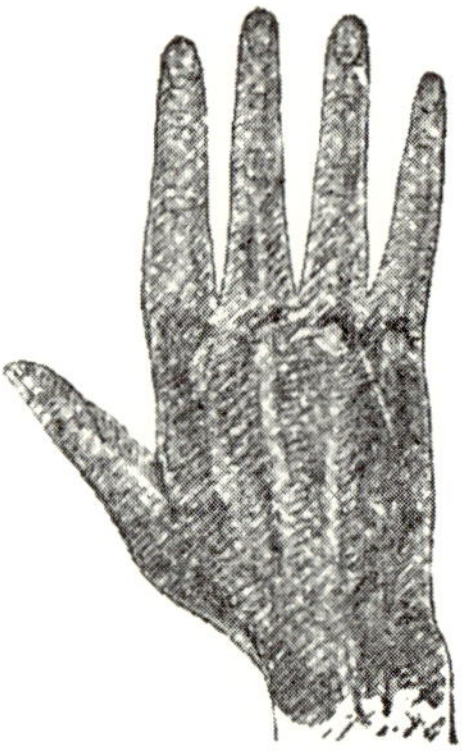
円錐形の手

物質的性格を表示する手

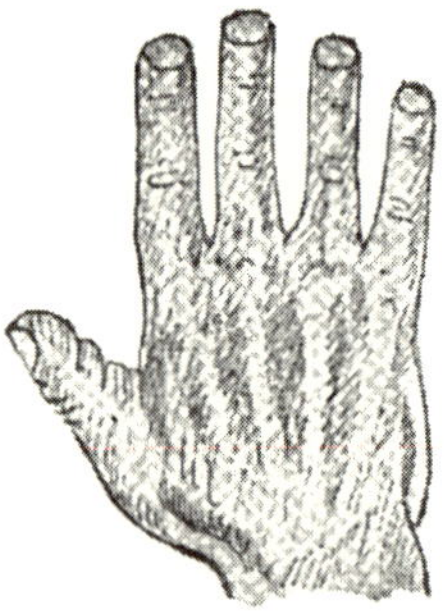
原始形の手

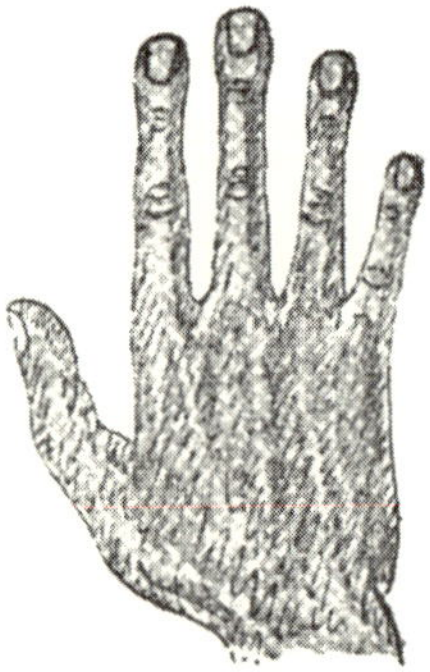
篦形の手

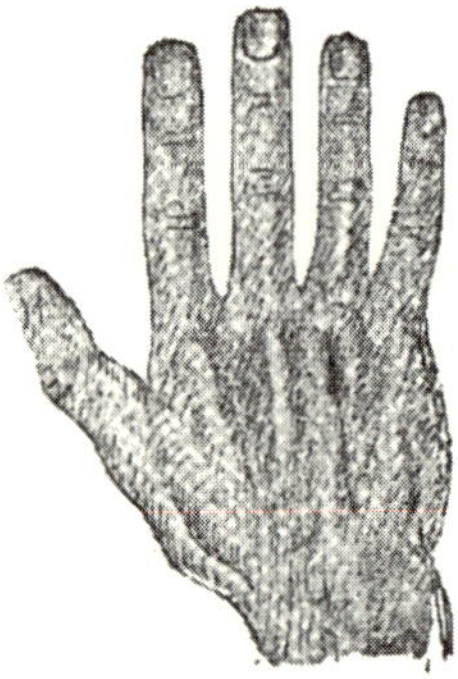
方形の手

「馬の良否を判断するには、その脚によって飼育する価値があるかどうかを決めるのであるが、同じように人間も手の形状によって、その人の特徴を知ることができる。というのは、手の型というものは、先祖からの血脈による形質遺伝に負うものだからである。だれも、細くきゃしゃな脚をもつ馬に異常な労力を要するたくましい駄馬の仕事を期待するものはないだろう、手もそれと同様である。長い指と狭い掌の手（円錐、尖頭、思索形の手を指す）をもつ人は、その生涯の仕事が、短い指と厚い掌の手（方形、原始形の手を指す）の人とは異なった彼自身の部署（社会的地位や仕事を意味する）を持つことになるのである。したがって手の型に関する研究もまた非常に興味がある。ことに普通の人は掌を差し出して手相判断をしてもらうことを嫌う傾向があるから、外観でそれとわかる手型の判断法を学ぶのも便利である。別して手の型は、その人の性格や気質を正確に表示するものだからである」と述べて、手の型が表す意義を強調しているのです。

C　手の七種の型

手相学上、あらゆる手は次の七つの型に分類されるのです。

① **円錐形の手**（芸術型または衝動型の手）
② **尖頭形の手**（霊的または空想型の手）
③ **思索形の手**（哲学型または学究型の手）

④ **方形の手**　（実際型または現実型の手）
⑤ **篦《へら》形の手**　（活動型または創造型の手）
⑥ **原始形の手**　（野生型の手）
⑦ **混合形の手**

運動や労働によって手が大きく発達するということは事実ですが、そのためにその手が属する手の型まで変わるということはありません。

(2)　円錐形の手

円錐形の手は芸術型または衝動型の手とも呼ばれます。芸術型の手といっても、画家や音楽家や文芸家などが必ずこの型の手でなければならぬという意味ではありません。しかしこの型の手は一般に芸術的感覚や趣味をもつ人の手に多く見られます。

A　円錐形の特徴

円錐形の手は形態からみると、だいたい次のような特徴の手です。

① 全体的にみると横幅より縦に長い手で、掌が軟らかい。
② 掌の肉付きは、上部より手首に近い部分が厚く、幅も広い。

③ 指は根元が太く、第二指関節から先が次第に細まり、指頭は丸味を帯びている。

④ 指関節が柔軟で、後ろに反る指が多い。

⑤ 手全体の形も指も円錐形の感じを与える。

B　円錐形の手が表示する性格

円錐形の手の人は、次のような性格的特徴をもつ人です。

科学的な推理力には乏しいが、物事の要点をつかむ感覚力が鋭く、新しい事態や環境に対する順応性が速い。

想像力に富み、情緒的で芸術的素質はあるが、芸術の創作に努力するというよりも単なる鑑賞者にすぎぬ場合が多い。

恋愛や情欲の享楽に耽溺する傾向が強く、境遇や環境の影響に動かされやすい。

秩序の観念に乏しく、すべてのことを事務的に処理できぬ性質で、おおむね規律や規則に拘束される生活には堪え得ない。

この型の掌の肉付きが豊かで、柔軟だと、奢侈《しゃし》安逸を好み、放縦にふける傾向が増大する。

同情心や思いやりの深い性質で、自分自身の生活が気になったり心配だったりする場合は、いくらか利己的なところもあるが、結局は同情に負けるほど涙もろい性質である。しかし第一印象で好き嫌いする傾向が強く、感情が極端である。

円錐形の手が表す性格的特質は、だいたい上述のようなものですが、この型の手が頑丈で、掌の皮膚が硬く、かつ弾力があると、精力が強まり、なんらかの仕事をやり遂げる実行力が加わります。この種の手は東洋人に多く見られる型です。

(3) 尖頭形の手

尖頭形の手は霊的の手または空想型の手とも呼ばれ、もっとも優美な形をした手です。しかしこの型の純粋のものはめったにありません。

A 尖頭形の特徴

尖頭形の手は次のような形質をもった手です。

① 指は根元から先へと次第に細り、指頭が尖《とが》っている。
② 肌理《きめ》が細かく、掌の皮膚が軟らかい。
③ 手全体が小さく、繊細優美な感じがあり、横幅より縦に細長い。
④ 拇指が小さい。

B　尖頭形の手が表示する性格

尖頭形の手が表象する性格的特徴は、だいたい次のようなものです。

直覚が鋭く、想像力も豊かであるが、空想的、観念的な傾向が強い。実務的才能にうとく、実社会に活動する才能にも乏しいから、すべての型の中ではもっとも不運を象徴する手である。

意志薄弱で、感情に走りやすく、時間や規律の観念がない。また安逸遊惰で享楽的な気分が強い。

色彩に関するかぎり、高度の感覚があるから、他のすべてのことには失敗する可能性があっても、美術や図案などの方面では成功することがある。

体質は虚弱型が多く、この人が自分自身の財産をもっているか、他からの生活援助がある場合のほかは、生存競争に耐える能力を欠き、不慮の出来事や災難などに遭遇するとたちまち参ってしまう無能力者である。

宗教に熱中したり、狂信する傾向が強く、さもなければ神秘的な方面に強い関心を惹かれる性質があるから、中には驚くべき透視や予言または霊感を啓発する人がある。

(4)　思索形の手

この型は、指が骨張っていて、指関節が発達した細長い手だから、七つの型の中では一番見分けやすい手です。思想家や学者の手に多く見られるので、学究型の手または哲学型の手とも呼ばれます。

A　思索形の特徴

思索形の手が表示する形質は、次のようなものです。

① 指関節が発達して節太であるから指を合わせると間があく。
② 手の甲が筋張って、長く痩せた手だからゴツゴツした感じを与える。
③ 指頭は丸味を帯びている（正確にいえば円錐形でも方形でもない両者を折衷した型）。
④ 総じて掌が大きく、肉付きが薄い。
⑤ 拇指が発達している。

B　思索形の手が表示する性格

思索形の手が表す性格的意義は、次に述べるようなものです。

この型の人は大なり小なり学究的で、知識欲の旺盛な人が多い。また一風変わった人で、特異な考え方や行動する傾向がある。

頭脳が科学的だから冷静で熟慮や反省に富む。

多少孤独な傾向をもち、物欲にかつ恬淡である。

精神的傾向が強く、孤高や高雅を愛する。それだけに消極的な性質で、進取的な性質に乏しいから実社会の活動には適しない。

この型の人は金儲けや蓄財するようなことはめったにない。仮に大金をつかむようなことがあっても、それを社会や他人に投げ出すような人で、たとえば貧困者のために孤児院や施療院を建てるとか、学校を建設するといったような風変わりな人が多い。

博愛や仁愛の人が多く、他人に親切ではあるが、そのわりに親友や交際は少ない。

ヒューマニストや人格者が多く、物事に丹念で、清楚を好む人である。だからもしもこの型の人に相談や頼みごとのある場合は、服装の細部にまで十分気に配って接しなければならない。

彼らは冷静で無口の人が多く、些細なことにも注意深い人である。たとえばちょっとした言葉づかいにも注意を払うような人である。しかし自我やうぬぼれの強い人が多い。

以上が思索形の手の性格的特徴であるが、この手の型を観察する場合は、次の点も考慮に入れておかねばなりません。

この型の指関節がよく発達して節太になっていると、上述したように思慮深い、そして情に動かされぬ冷徹な性格を表示するが、指関節が発達せず平滑なものであると、思慮の浅い、情に動かされやすい性質となります。

総じて発達した指関節は物事に対する分析的才能の発達を意味するものです。その場合、頭脳線がまっすぐに走っていると、その才能は科学的方面に向けられ、傾斜した頭脳線であると、人生や人間の探求に向けられる傾向があります。

次にこの手の指頭は丸味を帯びたものが原則ですが、なかには、方形か篦形になっていることがあります。そのような場合は、この人の物の考え方なり行動が、方形または篦形の手が表象する性格に接近していることを示しています。たとえば、方形の指頭になっていると、元来は思索形の手が表す性格の人であるが、実際的、活動的な性格にも接近しているのです。

(5) 方形の手

この型の手は、掌も指も角張った感じを与えるので、方形の手と名づけられるのですが、実社会の有能な仕事に従事する人に多く見られるので実際型の手とも呼ばれます。

A 方形の特徴

この型は次のような形質を備えた手です。

① 手全体が角張って、指関節の太いものが多い。
② 指は根元から指頭にかけて太さがほぼ同じである。
③ 指頭は方形であるが、中にはやや丸味を帯びたものもある。
④ 拇指と金星丘がよく発達している。拇指はたいてい長く、良い格好をし

ている。

⑤　掌もほぼ方形で、弾力があって硬く、把握力が強い。

⑥　一見して頑丈に見える手で、皮膚の肌理は概して粗《あら》い。

B　方形の手が表示する性格

この型の手は次のような性格的特徴を表示するのです。

信念や理論に立脚して行動するから、理想とか観念的なことには心を向けない。

活動的で、勤勉実行型の人が多く、きわめて常識的で、物事を合理的に考える。

旧慣や秩序を守り、時間の観念が強く、金銭上のことでも几帳面である。

意志的で、実行力があり、何事も徹底的にやる偏執性がある。

仕事に熱心かつ勤勉で、目的を貫徹せんとする不屈さと強固な信念があるから、想像力や創作的な才能を要しない実社会的な仕事や実務的な仕事ではたいてい成功する。また金運にも恵まれる。

感情や想像力を欠く嫌いがあり、性格的にも狭量なところがある。またその生活態度にも理論や理屈に偏する傾向が強く、自然物質的な方面にばかり関心を向けて、人生の秘奥を見失うといった短所がある。この種の型はアメリカ人に多く見受けます。

⑹ 篦形の手

この型の手の指先は内曲がりしていたり、不揃いになっていたりして尋常でない格好の指が多いようです。活動的な性格を表象するから活動型の手とも呼ばれます。

A 篦形の特徴

篦形の手は次のような形質をもった手であります。

① 掌の肉が締まって、弾力があり、総じて手の型が大きい。

② 指頭は拡がって丸味を帯び、薬局で使う乳棒のような格好をしている。

③ 拇指が大きい。

B 篦形の手が表示する性格

この型の手は次のような性格を表象するものです。

感情をむき出しにしたり、激しやすい性質ではあるが、常に活動して倦むこと知らぬ精力家で、金運や成功に恵まれる場合が多い。

想像力や創造的才能の豊かな人が多いから、発明家や発見家は、この型の手をもつ人の中から輩出することが多い。

伝統、因習、慣例などに拘束されぬ自由な気分をもち、非常に常識的で、独立心や進取の気性に富むが、排他的で、利己的な傾向も強い。

以上がだいたいこの型の手が表象する性格的特質ですが、さらにこの型を分析的に観察するのも興味があります。すなわちこの手の掌は、上部か底部のどちらかに箆形になっています。前者つまり四指の付け根の部分が幅広く開いて下細りの掌になっていると、物質的傾向の強い性格を示し、感情に走らぬ人です。仮にこの人が発明家だとすれば、その才能は実用的な方面に向けられます。反対に箆を逆さにしたような格好の掌であると、言辞も行動も衝動的で、激情に駆られやすい性格の人です。またその才能は精神的な方面に向けられます。

箆形の手は本来、弾力のある硬い掌でなければなりません。もしそれが柔軟な弱々しいものであると、敏感で短気な性質となり、仕事に根気がなく、移り気で、絶えず不平不満を抱く人です。

C　箆形の手と方形の手の相違

箆形と方形の手を比較すると、その性格には対蹠的な相違があります。たとえば箆形の手の人は、因習や伝統などに拘束されぬ自由な気分の人であるが、方形の人は、これらの旧慣を墨守する几帳面な人です。また前者は想像力や創造的才能に恵まれるが、後者はそうした才能に乏しく、前者を一攫千金型の人とすれば、後者はコツコツの勤勉型であります。

(7) 原始形の手

この型は、その名称が示唆しているように、手の型の中ではもっとも下品で醜悪な格好の手であります。すべて手の形というものは全体的に短く分厚い手ほど獣性に近い性格を表示するものですが、原始形の手は短小で分厚くかつ不格好でまさしくこの原則に該当する手です。

A 原始形の特徴

この型の手は次のような形質的特徴を表示します。

① 指は太く短く、ずんぐりしている。
② 掌も短く、分厚である。
③ 指頭は角張ってやや丸味を帯びる。
④ 皮膚の肌理が粗く、鈍重な感じを与える。
⑤ 拇指は短く不格好である。
⑤ 一見して不格好、粗野な感じの手である。

B 原始形の手が表示する性格

この型の手をもつ人は次のような性格の人です。

激情や憤怒の情を押えることのできぬたいへん粗野な性格をもち、きわめて肉欲的で金銭に対する執着心が強い。

想像力を欠き、趣味もきわめて卑俗低級である。

物の考え方や観念が至って低く、情緒、想像といった精神活動がほとんどない。

神経組織そのものすら発達していないともいうべき人で、人間的な煩悶《はんもん》とか心痛すらほとんど感じない。

キロ氏はこの型の手を評して、

「ただ啖《くら》い、笑い、寝ること以外には希望をもたぬ低級な人だから、熟練を要しない下級労働に従事するのが普通である」と述べています。

(8) 混合形の手

混合形の手は他の型に比べると説明しにくい手です。なぜかというと、この型の手は指ばかりでなく、手自体からして他の型の形質が混合した手だからです。

A 混合形の特徴

この型の手は、他の型の形質が混交した手です。指についてみても、二種以上の型に属する指を併有するもので、四指のうち、中の二本が同型の指、両端の指が他の同型の指である場合がもっとも多いようです。たとえば中の二本が円錐形で、食指と小指が方形といった類です。もちろん五指が五指とも異質の指であることもあります。上述したように混合形の手は指ばかりでなく、手全体が異質の要素を混合した手だということも忘れてはなりません。

B　混合形の手が表示する性格

この型の手は形質の異なる手が混合して形成された手ですから、性格的にも多角的な要素が混じり合うのです。この型が表示する一般的性格を要約すると次のようです。

変通の才や多方面の才能をもち、多芸多才である。

至って気軽な性質ではあるが、移り気で目的や計画に一貫性がないから、その才能を成功させることはほとんどない。

職業や住居などもよく変える人で、恋愛にしても異性から異性に移るドンファン型が多い。

何をやらしても一応はこなせる器用人であるが、生かじりで根気がないから成功しない。

ただこの型の手に力強い頭脳線が走っている場合は、一つのことに全力を傾注して成功する場合もある。

注意＝以上で手の形質による七種の型について説明したが、手相学が分類する厳正な意味での正確な型はめったにありません。文字どおり純粋の型は、種族の繁殖や混交の過程を通じてほとんどないといってもよいのです。この点を理解していると、手相判断の場合、その性格をいっそう正確に把握することになるでしょう。

第30章　掌丘

(1)　掌丘の概説

掌線判断では、ある線がどの丘から起こり、どの丘に向かって走っているかという点が判断上の重要な鍵となる場合が少なくありません。したがって丘の位置や意義を十分理解しておくということが手相判断の前提要件ともなります。また丘の名称や位置は至極簡単だからぜひとも暗記しなければなりません（図解「丘の位置」参照）。

A　丘の名弥とその位置

丘というのは、掌の表面の隆起した部分のことです。手相学ではこれを九つに区分して、次の名称を付しています。

木　星　丘　　食指の付け根の部分

土星丘　中指の付け根の部分
太陽丘　薬指の付け根の部分
水星丘　小指の付け根の部分
第一火星丘　木星丘の直下の部分
第二火星丘　水星丘の直下の部分
金星丘　拇指の付け根の部分
月丘　第二火星丘の直下の部分
火星平原　四囲の丘を除く掌の中央の凹んだ部分

B　名称の起源

丘の名称に関して、キロ氏は彼の著書の中で、

「掌の丘にこのような星神の呼称を与えたのは古代のギリシャ人であった。彼らは、これらの呼称を用いて、人間の性格を表現する一種の速記的手段としたのである。たとえば、金星神が象徴する愛情、熱情、讃美といった情趣をもつ人は、掌の中で拇指の付け根の部分が異常に発達しているという事実が発見され、自然この部分に金星丘の名称を付して、そうした性質を表現するに至ったのである。もちろん他の丘についても同様のことがいえるのである」と記述しています。

第459図

C　丘の意義

丘は遺伝による先天的な性質を表象するものです。だから筋肉労働者や手仕事などに従事する人の手は、たとえその掌の外皮が厚くなっても、そのために丘自体の本来の形態に変化を生ずるものではなく、またなんらの影響を受けるものでもないということを銘記しなければなりません。

丘は面積が広く、弾力性に富み、適度の盛り上がりをもつものをよく発達した丘としています。また木星、土星、太陽、水星の四丘は以上の他にさらに項点が丘の中央にあるものを理想とします。頂点というのは、丘の表皮に刻まれた紋様の中心点のことで、指紋の中心点に当たります。拡大鏡で見るとよくわかるが、上図に示すように紋の波が三方から寄ってY字形になった核心部のことです（第459図）。

丘は次の三点が観察上の基準となります。

① よく発達した丘
② 発達していない丘
③ 発達しているが過度に発達した丘

よく発達した丘は、その丘が象徴する良い性質もまた発達しているということになります。発達していない丘はその丘が象徴する良い性質に乏しく、またもし丘が凹んでいると、その丘が象徴する本来の性質とは反対の性質を示唆しているのです。過大に発達した丘は、その丘が象徴する悪い性質を強調するものです。以上の原則はたいへん抽象的で初学者にはわかりにくいかもしれないが、以下に説明する各個の丘の説明で具体的に理解していただけることと思います。

　掌の中のある一つの丘がとくに発達していると、その丘が象徴する特質が、その人の人生にもっとも優勢な影響力を与えるという意味になります。掌中の丘がいずれも平坦で盛り上がりがないと精力、体力、情熱の欠如を語るものです。

　丘がどちらかの丘に片寄っていると、その丘には他の丘が象徴する性質が混入することを示しているのです。たとえば土星丘が木星丘の方に片寄っていると、土星丘が象徴する思慮、慎重、厳正といった性質に、木星丘が象徴する野心、支配、覇気といった性質が混入していることを意味するのです。

　丘の観察に、いま一つ注意しなければならぬことは、太く長い指は、その直下の丘が発達しているのと同じ意味になります。たとえば食指が太く長く良い格好の指であると、その直下にある木星丘はよく発達した丘と同じ意義に解してよいのです。また丘に多くの雑線が刻まれていると、その丘は発達していない丘と同じ意味になります。

⑵　木星丘

木星丘というのは、食指の真下、食指の基底線と生命線の起点の部分との中間を占める丘のことです。この丘は支配欲、権勢欲、覇気、向上心、独立心、道義心、名誉心、信仰心、好運などの良い意味を表示する場合と、圧制、横暴、傲慢、虚栄、不節制などの悪い意味を表示する場合とがあります（図解「丘の位置」参照）。

A　よく発達した木星丘

丘の面積が広く、弾力があって、適度に隆起し、頂点が丘の中心を占めていると、よく発達した木星丘ということになります。このことは他の丘についても同様です。このようによく発達した木星丘は、上述したこの丘の良い意味の発達を示すもので、支配欲、向上心、名誉欲などの旺盛な性格を表します。また確固たる目的を遂行する熱情と活動力に富み、信仰心にも厚い人です。要約すると、よく発達した木星丘は活動力の旺盛な性質を語るものです。したがってこのような木星丘が、長く伸びた良い頭脳線を伴っているとか、方形などの良い手にある丘だと、社会的な成功や幸運を約束することになります。

B　発達していない木星丘

木星丘が盛り上がりのない平板なものであるとか、または凹んでいると、この丘が象徴する良い性質もまた発達していないのです。すなわち覇気や向上心に乏しく、言論に一貫性のない性質を表します。

C　過度に発達した木星丘

木星丘が異常に隆起していると、この丘が象徴する良い性質はかえってゆきすぎとなり、悪い意味を表示することになります。すなわち尊大、傲慢、圧制、横暴、虚栄、利己心などの強い性質をもつ人であり、迷信深い人です。

D　木星丘上の表示とその意義

丘上の垂直線は、成功を約束する吉相。
丘上を横切る線は、家庭的不幸または悲哀の表示。
斑点は、野心や抱負の挫折による落胆、失望、または名誉、信用の失墜の予兆。
太い横線は好機を逸する予兆。
三角紋は外交的才能または適応性の表示。
星紋はすべての表示の中で最上の吉相。
小さく明瞭に刻んだ十字紋は幸福な結婚の暗示。

島紋は失敗その他の原因による野心や覇気の喪失を暗示。

⑶ 土星丘

土星丘とは、中指の直下、すなわち中指の基底線と感情線の中間を占める丘のことです。この丘は思慮、慎重、謹厳、勤勉などの良い意味を表示する場合と、孤独、憂欝、非社交性、厭世、不運などの悪い意味を表す場合とがあります（図解「丘の位置」参照）。

A　よく発達した土星丘

この丘が象徴する良い意味の発達を表示するもので、思慮分別に富み、慎重な性質で、時には謹厳な性格を語るものです。だいたい思索や研究にふける傾向があり、仕事熱心です。しかし利他的で世事にうといという嫌いもあります。よく発達した丘という意味は前項に説明しました。

B　発達していない土星丘

土星丘が平坦か凹んで発達していないと、思慮や慎重を欠き、軽薄な傾向の人です。また徳義心や情誼《じょうぎ》に乏しい人です。この種の丘の人は、たいてい平凡で波乱のない人生に終わるようです。

C　過度に発達した土星丘

土星丘が象徴する悪い意味の性質が発達します。陰欝な暗い性格で、孤独とか、厭世的傾向の強い人です。つまり非社交的な性格の人です。非常に同情心が深く、また倹約家ではありますが、だいたい不運に終始する人です。

D　土星丘上の表示とその意義

丘上の斑点は不幸、不運の表示、なかには災害、変死の凶相を示すことがある。

丘上の三角紋は神秘学の才能を表示する。

丘上の十字紋は悲惨、不祥事、災難の表示。

丘上の星紋は重病、中風、非業の死、殺人の表示。

(4)　太陽丘

太陽丘とは薬指の直下、薬指の基底線と感情線の中間を占める丘のことです。この丘は芸術味、表現力、名声、富、魅力、熱情、感受力などの良い意味を表示する場合と、虚飾、浪費などの悪い意味を表示する場合とがあります（図解「丘の位置」参照）。

A　よく発達した太陽丘

この丘が象徴する良い性質の発達を意味するものです。すなわち直覚や感受力が鋭く、絵画、詩、文筆、音楽、彫刻などの情緒や感情に訴える方面の仕事を好むなどがそれです。この種の丘が良い手にあると、幸運や成功を約束する吉相です。良い手というのは物質的性格を表示する方形の手、または活動性を表象する箆形の手、あるいは明瞭な長い三大線、ことに良い頭脳線を伴う手などを意味しますが、さらに明瞭な運命、太陽線が現れていると最上の吉相を約束します。

B　発達していない太陽丘

平坦かまたは凹んだ太陽丘は、この丘が象徴する良い性質もまた発達していません。すなわち熱情や魅力に乏しく、たとえ芸術的気分があっても表現力を欠き、手腕や実力があっても人気や名声を得るようなことはありません。要するに平凡な人生を暗示するものです。

C　過度に発達した太陽丘

異常に発達した太陽丘は、丘自体が象徴する良い性質を越えて反対の短所や欠陥を表示することになります。たとえば名声に対する不名声、富に対する貧窮、芸術味に対する粗野ということになります。ことに虚飾や虚栄心が強く、贅《ぜい》沢《たく》や浪費癖あるいは投機に走る性質を表示するのです。よく発達した丘との識別が必要です。

D　太陽丘上の表示とその意義

丘上の垂直線は幸運、成功の吉相。
丘上の三角紋は優れた芸術的才能の表示。
アバタのような凹穴は腎臓病の暗示。
丘上の細い横線は故障、妨害の表示。
星紋は成功、幸運、金運の吉相。

(5)　水星丘

水星丘とは小指の直下、小指の基底線と感情線の中間を占める丘のことです。この丘は機智、理財、能弁、科学、実業的才能の発達などを表示する場合と、虚偽、詐欺、盗癖、狡猾、強欲、不信用などの意味を表示する場合があります（図解「丘の位置」参照）。

A　よく発達した水星丘

この丘が象徴する良い性質なり才能の発達を表示するもので、たとえば理財観念が発達して金儲けが上手だとか、頭脳の働きが機敏で商機をつかむ才能に優れているとか、あるいは雄弁家であるとか、科学的才能が発達しているとか、要するに水星丘が象徴する特質的才能に恵まれているという意味になるのです。したがって、この手の頭脳線がまっすぐな良い線であると、科学か実業のどちらかで成功する人です。いずれにしてもこの種の丘が前項で説明した良い手にある場合は、幸運や成功の吉相です。

B　発達していない水星丘

水星丘が平坦か凹んでいて盛り上がりがないと、この丘が象徴する良い性質が発達していないのです。すなわち理財観念に乏しいとか、商才がなく金儲けが下手だとか、頭脳の働きが鈍く、動作にも敏捷性を欠くといった性質の人です。

C　過度に発達した水星丘

この丘が異常に隆起していると、丘自体の象徴する悪い性質の発達を意味することになります。たとえば強欲であるとか、功利心の強い偽善者であるとか、または嘘を平気でつくとか、詐欺や窃盗を働くとか、要するに不正、不信用、不実な性質を表示するのです。

D　水星丘上の表示とその意義

丘上に直立して現れる垂直線は実業における成功の表示。
丘上の十字紋または横線は盗癖の表示。

三角紋は外交、政治方面における才能の表示。

(6) 火星丘

火星丘には二つの丘があります。第一火星丘は木星丘と金星丘の中間を占める丘、第二火星丘は、これと反対側に相対し、水星丘と月丘の中間を占める丘です（図解「丘の位置」参照）。

A 第一火星丘

この丘は勇気、勇敢、進取、意志力、剛気、根気などの積極的な気性を表示する丘です。他の丘の場合と同様に、この丘が適度に発達していると、丘自体が象徴する上述の気性や特質もよく発達していることになるが、平坦であったり凹んでいたりすると、上述の気迫を欠き、軟弱、臆病、細心な性格を語るものです。しかしこの丘が過大に発達していると、粗暴、ケンカ好き、圧制、短気などの性質を表示します。

B 第二火星丘

この丘は忍耐力、克己心、自制心、沈着などの受動的な勇気を象徴する丘です。この丘が適度に発達した良い丘であると、上述のような内面的勇気に富んだ性格を表示します。またもしこの丘が発達していない場合は、第一火星丘と同じように軟弱、臆病、無抵抗、犠牲などの弱い性格の表示となります。異常に発達した丘であると頑迷、執拗な性質となります。

第二火星丘と月丘との境がなく、両者が融け合って一つの隆起になっていると、不注意、無思慮、軽率、無頓着などの短所を自分自身によく自覚しながら、それをどうにもならぬ人です。

第二火星丘の星紋と金星丘から発する障害線が結びついていると、破滅や災難などの不吉の日が到来するという予告になります。

C　両丘がともによく発達している

第一、第二の火星丘がともによく発達した丘であると、積極的な活動力と克己心、忍耐力などの内面的な精神力とがあいまって目的達成が予期される吉相となります。しかし両丘がともに発達せず平坦なものであると、困難や心労の絶えぬ、きわめてうだつのあがらぬ生涯をたどる人です。

(7)　金星丘

この丘は、拇指の基底部にあって、第一火星丘とは上下が隣接するもっとも大きな丘です。金星丘は性愛、温情、寛容、讃美、家庭、健康などの良い意味を表示する場合と、淫逸《いんいつ》、無節操、移り気などの悪い意味を表示する場合とがあります（図解「丘の位置」参照）。

A　よく発達した金星丘

この丘が象徴する良い意味の資質もまた発達していることになるのです。すなわち健全な性愛、思いやりの深い心情、細やかな愛情、明朗で鷹揚《おうよう》な性質、円満な協調的精神などの良い性質をもつ人であります。しかし環境や他人の影響を受けやすく、多分に衝動的な気分をもつという短所があります。概して健康で早婚の人が多いようです。

B　発達していない金星丘

この丘に盛り上がりがなく、平坦なものであると、この丘が象徴する良い性質もまた発達していないのであります。すなわち情愛や同情心などの温か味に乏しく、また希望も自我の主張もない退嬰《たいえい》的な性質で、頭の働きも鈍い人です。だいたいこの丘の発達は旺盛な性欲を表象するものであるが、発達していない扁平な丘は肉欲の欠如を示すものです。この種の丘の人は一般に不運です。

C　過度に発達した金星丘

異常に発達した金星丘は、この丘自体が象徴する悪い資質の発達を意味するもので、たとえば無軌道な情欲、移り気、不正直な人です。この種の丘が太く濃い生命線に囲まれていると、その性質はいっそう熱情的、激情的になり、放埒《ほうらつ》、無節操の度を強めるのです。しかし意志力の発達を示す頭脳線が

第460図

第461図

あると、そのような悪弊や軽率さは強く自制されるから、この点も考慮に入れておく必要があります。頭脳線が強く傾斜していると、上述の悪い傾向にさらに拍車をかけることになるのです。

D　金星丘上の表示とその意義

丘上の斑点は不慮の災難や下幸の表示。

丘上の三角紋は独身または不運な愛情の表示。

丘上の星紋は不運な愛情の表示。

拇指の基底線が二、三カ所切れていると、溺死または窒息死の暗示。

拇指の基底部から生命線の方向に走る二筋の線が丘上で出会っていると、三角関係の暗示（第460図）。

三筋以上の線が金星丘の上部から拇指の基底部に向かって走っていると、転落の奇禍または山上の事件に遭遇する予兆。

フランスのデバルロ氏は、

「発達した金星丘に縦横の無数の線が刻まれていて、他方、それに対応する金星帯が現れていると、まぎれもなく放蕩、淫逸者である」と述べています。華美を追う女性や淫奔《いんぽん》な女はほとんどが小さい拇指とこの相をもつ人です（第461図）。

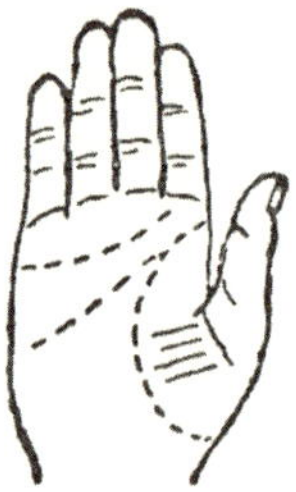

第462図

米国のヘンリー・レム氏は、

「金星丘上の四本の線が同じくらいの間隔をおいて拇指の基底部から生命線の方向に走っていると、成人後に遺産相続をするか、または人生の円熟期に天稟《てんぴん》の才能を発揮する人である」と説いています（第462図）。

⑻ 月丘

月丘とは、第二火星丘の直下にあって、火星平原とは健康線によって区分される丘のことです。また金星丘とは反対側に相対する丘であります。この丘は想像力、空想、美にする憧憬、神秘への関心などを象徴する丘です（図解「丘の位置」参照）。

A よく発達した月丘

この丘が適度な膨らみで隆起していると、想像力や空想力の健全な発達を表示するのです。詩、文学、音楽、美術などを好む傾向が強いか、あるいはそうした方面の仕事で、想像や空想の才能を発揮する人です。しかしこの種の丘をもつ人は怠惰なり利己的な短所があります。

B 発達していない月丘

月丘自体が象徴する上述の性質の欠如を示すもので、想像力や空想力に乏しく、芸術的感覚を欠き、夢を抱いて物事に熱中するといった情熱がなく、非情や冷たい性格を表示するのです。

C　過度に発達した月丘

月丘が異常に隆起していたり、側面に張り出すほど発達していると、想像力や空想力の度が過ぎて夢想や幻想に耽溺するとか、狂信や熱狂といった常軌を逸する性質が強く、なかには透視術や予言などで天分を発揮する人もあります。しかしこの種の丘は、頭脳線の状態とともに観察する必要があります。仮に、その頭脳線が強く傾斜した線であったり、またその傾斜頭脳線の先端に十字紋や星紋が現れていたりすると、上述の弊害がいっそう増大して発狂などの危険があります。

D　月丘上の表示とその意義

丘上の星紋は溺死の暗示。月丘の側面から手背に向かう水平線とこの星紋が結びついていると、航海中の水難を予兆する。

丘上の島紋は夢遊病者または予言者の暗示。

丘上の三角紋は商才、直覚的才能の表示。

丘上の太い横線は、不幸、悲哀、不安の暗示。

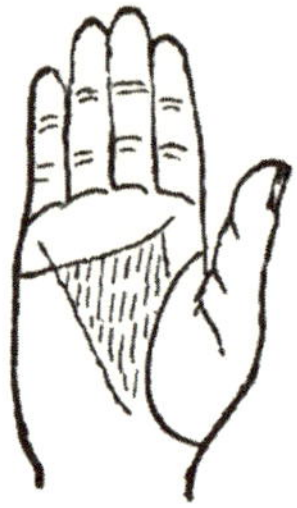

第463図

⑼　火星平原

火星平原というのは、掌の中央の凹んだ個所のことで、丘ではありません。すなわち感情線、生命線および健康線の三線によって、ほぼ三角形に囲まれる部分のことです（第463図）。

A　平坦な火星平原

火星平原は、平坦であるのが普通です。これが凹んで見えるのは、四囲の丘が大なり小なり膨らんでいるから、そう感ずるのです。したがって平坦な火星平原は特別な意味はありません。しいていえば、温和な性質を表示するのです。

B　著しく凹んだ火星平原

平坦以下に低下して普通より凹みの深い火星平原は、運勢もなければ、生活力にも乏しいという意味を表示します。ヘンリー・フリス氏は、著しく凹んだ火星平原を評して、「ほとんど確実に人生の落伍を表象するものである。成功もなければ、自分で選んだ仕事にも失敗する」と記述しています。火星平原が深く凹んでいると、どんなに真面目な努力をしてもたいした成功はありません。仮に不屈な努力と、才能によってある程度の成功が報いられ

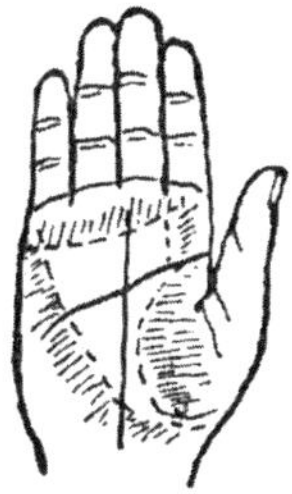

第464図

たとしても、突然の妨害や他からの阻止によって思わぬ事態に陥るといった波乱の運命をたどる人です。

C　隆起した火星平原

火星平原は、左右の両側を火星丘にはさまれた平地で、これが肉付きのよい隆起を呈していると、火星丘が象徴する性質に似ることになります。すなわち図太い不《ふ》撓《とう》不《ふ》屈《くつ》な精神、闘争的な気性、傲慢な性格などを表示するのです。換言すれば旺盛な生活力を表示するのです。

またこの火星平原を別の視野から観察するのも興味深いものがあります。というのは、火星平原には、頭脳線が横断し、運命線が縦断するが、両線とも平原内を通過する部分は、流年法による青壮年期に当たるのです。そこで、掌を一直線に走る良い頭脳線が、隆起した火星平原を通過していると、青壮年期における生気に満ちた活躍がうかがわれるのです。また運命線についても同じく輝かしい青壮年期の運勢が暗示されるのです（第464図）。

第31章　拇指

(1)　拇指の概念

掌面を刻む線や紋によって、その人の性格判断ができるように、手の形や指によっても、その人の性格を読むことができるのです。この場合、観相上のもっとも重要な対象となるのは拇指です。

A　拇指の意義

拇指は人間の精神生活における三要素、すなわち知、情、意の状態をそれぞれ個別に表示するのです。すなわち拇指の第一指節は意志力の状態を、第二指節は知能力の状態を、そして愛情は金星丘と呼ばれる拇指の基底部（掌骨部）によって表示されます。

B　拇指に関する諸説

　アメリカのＭ・Ｃ・ポインソット氏は「拇指は意志力や生活力の象徴である」と説いています。フランスの生んだ有名な手相家ダルペンチニー氏は「拇指は人なり」と喝破しました。また西欧における古代人の間では「拇指は男性の象徴」だと考えていました。彼らの間にそうした観念があったから臆病者や卑怯者の拇指を切り落とす風習が行われた時代があったとキロ氏の著述にあります。

　要するに拇指は人の個性を表すのです。さきのダルペンチニー氏によると「拇指は人の個性を語るものである」と述べ、さらに「人間の拇指は、その人の知能力によって差異を生ずる」と説いているが、それは精神活動の深浅強弱の機能に応じて、拇指は、それに対応する形象上の変化を生ずるという意味に解されます。また英国のヘンリー・フリス氏は「人間は拇指をもつ唯一の動物である。このことのみが人間を創造物の中でもっとも高い地位におくのである」と書いています。永鳥真雄氏の著書の中にも「チャールズ・ベル氏の研究によると人間にもっとも近いといわれる黒猩々《しょうじょう》は、すべての点においてかなり発達しているが、その拇指の長さは食指の基底部に達しないほど貧弱なものである」という一節があります。

　以上はすべて人間の頭脳の発達と、拇指の発達との相関関係を語っているのです。

C　拇指と頭脳の関係

拇指と頭脳との関係は次の事実によっても立証されます。すなわち生まれたばかりの赤ン坊は、まだ意志力が発達していないから握りしめた四指の中にその拇指を包んでいるが、発育するにつれて、外に開き、力づいてくるのです。また癲癇《てんかん》の発作で意志力の喪失状態に陥っている患者を観察してみると、これも四指の中に拇指を握りしめています。中風や死期の近づいた病人も同様です。白痴の拇指はほとんどが小さく、しかも萎縮しています。

さらにキロ氏によれば「拇指は頭脳と手とを連結する注目すべき神経を立証するものである。すなわち脳髄には拇指中心と呼ばれる個所があって、もしこの部分になんらかの故障が起こると、身体は麻痺や不随の症状を呈するようになる。しかしこの症状がはっきりと表面化するようになるずっと以前に、拇指の第一指節にはすでにその確実な徴候が現れているのであって、この事実は神経専門の医師の間ではよく知られた事柄である」として、頭脳と拇指の関係を科学的な観点から説明しています。

D　拇指と頭脳線

拇指がその人の個性を表示することは上述したところです。しかしここでとくに注意しなければならぬことは、手の型や指が表示する意義は、その人の先天的素質を表示するものだということです。したがって拇指が強い意志力を表示しているにもかかわらず、後天的変化なり発達を表示する頭脳線が

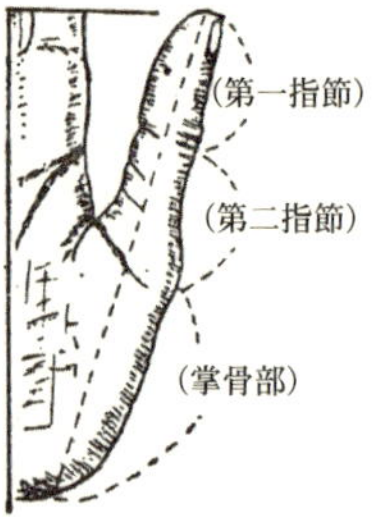

第465図

弱い意志力を表示しているような場合は、その人は生まれつきは意志力の強固なはずの人ですが、境遇や環境その他の事情で後天的に変化して性来の意志力が弱くなったという事情がうかがえるのです。ゆえに拇指を観察する場合は、掌線の状態もあわせて観相の必要があります。

(2) 拇指の指節

拇指は第一指節と第二指節および四指の第三指節に相当する掌骨部から成り立っています。第一指節は、第二指節に比べて、やや短いか、だいたい同じ長さで、掌骨部は第一、第二の両指節を合わせた長さとほぼ同じ長さになっているのが普通です（第465図）。

A 第一指節の意義

拇指の第一指節は、意志力を表示する部分です。ポインソット氏はenergyという表現を使って気力、活動力の意味を表し、キロ氏はwillの用語によって意志力、願望の意味を表現しています。せんじつめるところ、ここにいう意志力とは決意、闘争、克己、決断などの意味に通ずるものです。

第一指節が普通より長く、かつしっかりしたものであると強い意志力や忍耐力を表しています。しかしこの部分が長すぎると、傲慢、尊大、頑固、横暴などの表示となり、その行動も猪突的な傾向が強くなります。

この指節が普通より短いと意志力や決断力に乏しく、環境や境遇に支配されやすい性質を、また極端に短いと意志薄弱で活動力のない、そして屈従的な性質の表示となります。

第一指節が幅広く、しっかりしていて、肉付きが分厚であると、頑固、強情な性格を表示します。

B 第二指節の意義

拇指の第二指節は思考力、判断力、推理力などの知能状態を表象する部分です。

この部分が長くしっかりしていると、聡明さや、知能力の発達を示しています。これが長すぎると理論を弄したり、僻論《へきろん》を好む傾向が強くなります。

短い第二指節は、推理力や思考力が弱く、遅鈍な知能力を表示します。極端に短い場合は劣弱な頭脳を表すもので常識や推理力がありません。

第二指節が痩せていたり、厚味のない薄いものだったりすると、知性を欠き、感情的、衝動的な性質が強くなります。

C 第一指節と第二指節の比較

第一指節と第二指節とはだいたい似たりよったりの長さが普通です。仮に第一指節が第二指節よりもとくに長いと、思慮や知性を伴わぬ意志力や闘争心を表示することになりますから、その行動は無鉄砲になり、猪突的なものとなります。したがってしばしば他人と対立したり衝突したりする気性の人です。

これに反して、第二指節が第一指節よりもとくに長い場合は、意欲や願望に打ち勝つ強い思慮や知性の力を表示します。しかしその思慮や知性が慎重に過ぎて実行力や決断力を鈍らせる嫌いがあります。この種の拇指の人は、助言や計画や議論などは確かに優れていますが、好機をとらえて実行に移す決断力に乏しい人です。

D　掌骨部の意義

掌骨部というのは、四指の第三指節に当たる部分、すなわち拇指の基底部のことです。また掌の方からいえば金星丘と呼ばれる部分のことです。この部分の長さは側面から見るのが目測に容易です。

拇指の掌骨部は、愛情を表示する部分です。この部分が長く、そして金星丘が適度に発達していると、愛情に関しては情緒的であり、感動的ではあるが、それは適度の自制力を伴うものです。この種の掌骨部はまた同情心に厚く、温厚な性質を表示します。しかし金星丘が異常に発達していると上述のような精神的情操よりもむしろ肉欲や漁色の傾向が強くなります。

掌骨部が短く、金星丘が肥大して、ずんぐりした格好になっていると、情欲や漁色の傾向は強烈となり、性格的にも激情、傲慢、横暴、頑固などの強い性質を表しています。

誘惑されるとか、自堕落で醜業婦《しゅうぎょうふ》などになる女性は、ほとんどが、掌骨部に当たる金星丘が異常に発達して、第一、第二指節の短い拇指をもつ女性です。

以上で拇指の三つの部分について説明しましたが、要するに、この三つの部分のうちでもっとも発達している指節が、その人にとってももっとも発達した性質を表示することになります。たとえば長さや肉付きの点で第一指節がもっとも発達していると、知、情、意の中で意志力がもっとも発達しているということになります。

E　理想的な拇指

理想的な拇指は、その長さや太さが手全体と調和したものでなければなりません。拇指自体の長さは、食指の第二指関節に辛うじて達するのが標準の長さです。また拇指の各部分（第一、第二指節および掌骨部）は釣合よく発達した品のよい格好でなければなりません。このような拇指は知、情、意の円満な発達、つまり精神的調和を示すものです。

(3)　硬い拇指と軟らかい拇指

拇指には、指関節が軟らかで後ろに反る拇指と、硬直して反らぬ拇指とがあり、すべての拇指はこのどちらかです。そして硬い拇指と軟らかい拇指とは、おのおのが表示する意義に大きな相違があります。

第466図

A　軟らかい拇指

指関節が柔軟で、後ろに反る拇指は（第466図）一般に素直で、従順な性格を表しています。軟らかい拇指の人は、因習や旧慣などにとらわれぬ自由な気分をもつ人で、妥協や融通の利く人です。物の考え方でも、金銭上のことでも鷹揚で気前のよい人です。また情緒的な傾向の強い性質だから芸術、芸能、弁説方面の仕事に適します。人に親しみやすく、また要領よく立ち回る人です。しかしこの種の拇指に見逃せぬ欠点は性格が弱いということです。自然、環境や境遇に容易に屈したり、贅沢、奢侈《しゃし》、浪費の傾向があり、理財観念に乏しいから金は溜まりません。いくらか誇張癖や大げさなところがあり、また正義感、正直、誠実といった感覚は半ば眠って完全には覚醒していないとでも評すべき人です。

この拇指の手の頭脳線が下向きにカーブしていると、上述した性質はさらに強いものとなります。しかし意志力の発達を表示する頭脳線であると、この種の拇指が表示する悪い素質は強く修正されるのですが、それも限度の問題で、硬い拇指が表示するほどの意志力や決意力には及びません。

女性の拇指が軟らかい場合は、この種の拇指が表示する上述の性格なり素質は男子と変わりませんが、硬い拇指の場合よりも、優しい情操や細やかな愛情という点では優れています。

柔軟な拇指をさらに詳しく説明すると、第一指関節が軟らかい場合と第二指関節が軟らかい場合とでは、その意義に差異があります。すなわち、第一指関節が柔軟であるということは、対人関係の妥協性や融和性を表示しています。というのは第一指関節が軟らかいと、第一指節が象徴する意志力に柔軟な影響を与えることになるからです。上述の妥協性や融和性というような弱い性格はこの影響に起因するのです。

しかるに第二指関節が柔軟な場合は、境遇や環境に対する順応性を表しているのです。第二指関節の柔軟性は、第二指節が象徴する知性に影響して、たとえば自分がおかれている状態なり境遇なりに順応しなければならぬように自分自身にいい聞かせる傾向が強くなります。しかし柔軟な第一指関節の場合に比べると、第二指関節のみの柔軟性は性格的には現実的、実際的な傾向が強く、金銭上の取引なども感情に動かされることは少ないのです。

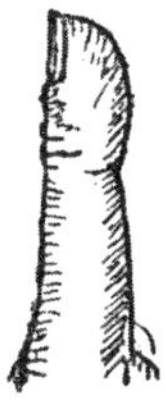

第467図

B　硬い拇指

指関節が硬くて、後ろに反らぬ拇指は、強い個性を表示するものです（第467図）。

この種の拇指の人は、柔軟な拇指をもつ人よりも意志力や決意力の強い人です。柔軟な拇指が従順、温和な性質であるに反し、硬い拇指は、反抗的で圧迫や干渉に対してはいっそう反発的になったり、闘争的になる傾向があります。ゆえにこの種の拇指は「反抗的性格の外的表現」だといわれます。柔軟な拇指の人は与えることに衝動的ですが、硬い拇指の人は、意見を吐くことにすら反響を求めるといった性格で、非常に現実的であり、実際的であり、かつ常識的な人です。たとえば硬い拇指の人に金銭や仕事上のことで頼み事をすると、最初は容易に承諾しなかったり、拒絶したりするようだが、後で熟考して同意するといった性質の人です。この種の拇指の人は政治、法律、科学、実業方面といったような実社会的な仕事に適する人です。

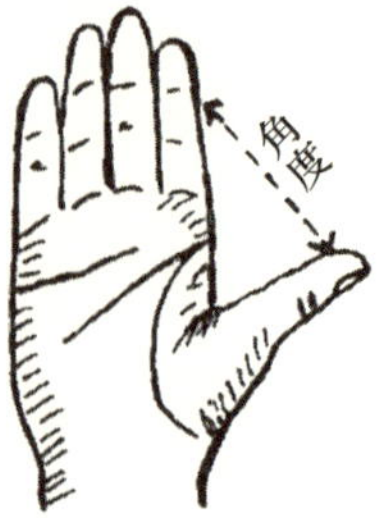

第468図

(4) 拇指の角度

掌を自然に開いたときに、拇指と食指の間に生ずる間隔、すなわち角度の状態もまた、性格観相上の重要な意義を表示するものです（第468図）。

拇指と食指の自然な開きが鈍角であるほど、つまり開くほど、その性格は意志的になり行動的になります。また鷹揚、寛大、気宇の大きさなどの性質を表します。しかしその開きにも限度があって、以下に説明する標準以上のものであってはなりません。

拇指と食指がほとんど直角に開く場合は、自立、独歩の性格を表示するもので、自分の利益のためには頑迷で妥協性のない人です。規則や慣習などを無視する傾向が強く、むしろ反抗的な性格をもつ人です。

食指と鋭角をなす拇指、つまり開きの狭い拇指は神経過敏、小心、用心深い性格を表示します。独立心に乏しいか、全然独立心のない人です。

直角に開く拇指と、鋭角の狭い拇指の中間が普通の角度で適度の思慮や独立心をもつ中庸穏健な性質を表すものです。

(5) 拇指の長短

拇指は普通、食指の第二指関節に辛うじて達するくらいの長さが標準です。第二指関節より長い拇指は感情より理性の強い人で、意志力があり、実務的才能をもつ人です。キロ氏は「良い格好をした長い拇指は、代々の血統による遺伝的聡明さを表示する。しかし短くずんぐりした粗野な拇指はその反対である」と述べています。しかし長いといっても限度があって、長すぎる拇指は頑迷、強情などの表示となります。

短い拇指は推理力や判断力、すなわち知性よりも感情が強く、意志力の弱い性格を表示します。

(6) 拇指の幅と厚み

拇指の幅が広いと、頑迷な傾向を示し、狭いと敏感、狡猾、奸智といった陰険な傾向を表すのです。もっとも広いといい狭いといっても普通以上の場合についてのことです。

肉付きの厚い拇指は素朴ではあるが、穏健で信頼のできる性質を表示します。しかし一般に趣味の程度は卑賤です。これとは反対に肉付きの薄い拇指は神経過敏、小心、野卑な傾向を語るものです。

(7) 拇指の形状

A 大きい拇指

拇指全体が大きく、しっかりしていて、後ろに反らぬ拇指は理知的で行動的な性格を表示します。進取的な性格をもち、物の考え方が実際的で一口にいえば男性的性格を表示するものです。この種の拇指をもつ人は、だいたい金運のある人です。

B 小さい拇指

拇指全体が小さく、指関節も柔軟で後ろに反り返る拇指は、意志力に乏しく、屈従的、感傷的、退嬰的といったきわめて消極的な性質の人で、金運にも恵まれません。

C 指頭の尖った拇指 (第469図)

尖頭形の拇指のことで、意志力に乏しく、移り気、わがまま、性急な性質を表示します。この種の拇指をもつ人はあやふやで頼りにならぬ人です。

第469図

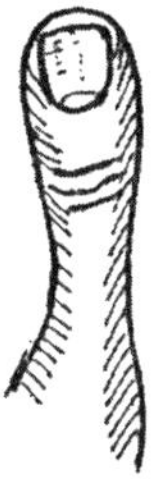

第470図

第471図

D　蜂腰形の拇指（第470図）

この種の拇指は、第二指節が第一指節よりも細く丸い格好になっています。この拇指の人は、思慮や知性に乏しいが駆け引き、気転、権謀術数、社交などの才能に優れています。

E　棍棒形の拇指（第471図）

この種の拇指は指頭の肉が厚く、まるで球根のような形状をしています。だいたい第一指節が短く、多くは指頭の幅が広くなっています。このような拇指をもつ人は、意志や意欲の面からいうと原始形の手に属する人で、無分別、強情、肉欲、野卑、狂暴といった性質のいずれかをもつ人です。この種の拇指は犯罪人などの手に多く見受けられるので、「殺人者の手」とも呼ばれます。非常に好色的で、卑猥の情を起こしやすく、不節制かつ放縦な性格です。要するにこの拇指は人面獣心の表示ともみられます。

第32章　指（その1）

前章で解説した拇指を除く残りの四指に関しては、便宜上、四指に共通する一般的原理の研究と、個々の指についての研究とに分け、本章では前者について説明いたします。

(1)　指に関する概念

キロ氏は指に関する古代の観念について次のように述べています。

「古代のヒンズー族の間では、手の形状を絵にしたり、彫刻にして、それを崇拝する慣習が行われていたのである。それは彼らに『神は手の指先に宿る』という観念があったからで、近代になって、指先から発する電磁力を応用した一種の治療術が行われていることを思い合わすと、古代民族が抱いたこのような架空な観念もまんざら、根拠のないものではなかったのである。この民族によって描かれたり、彫られたりした手の形、ことに指頭の異なった形状は、それぞれにある意味を表そうとする意図によるものであった。た

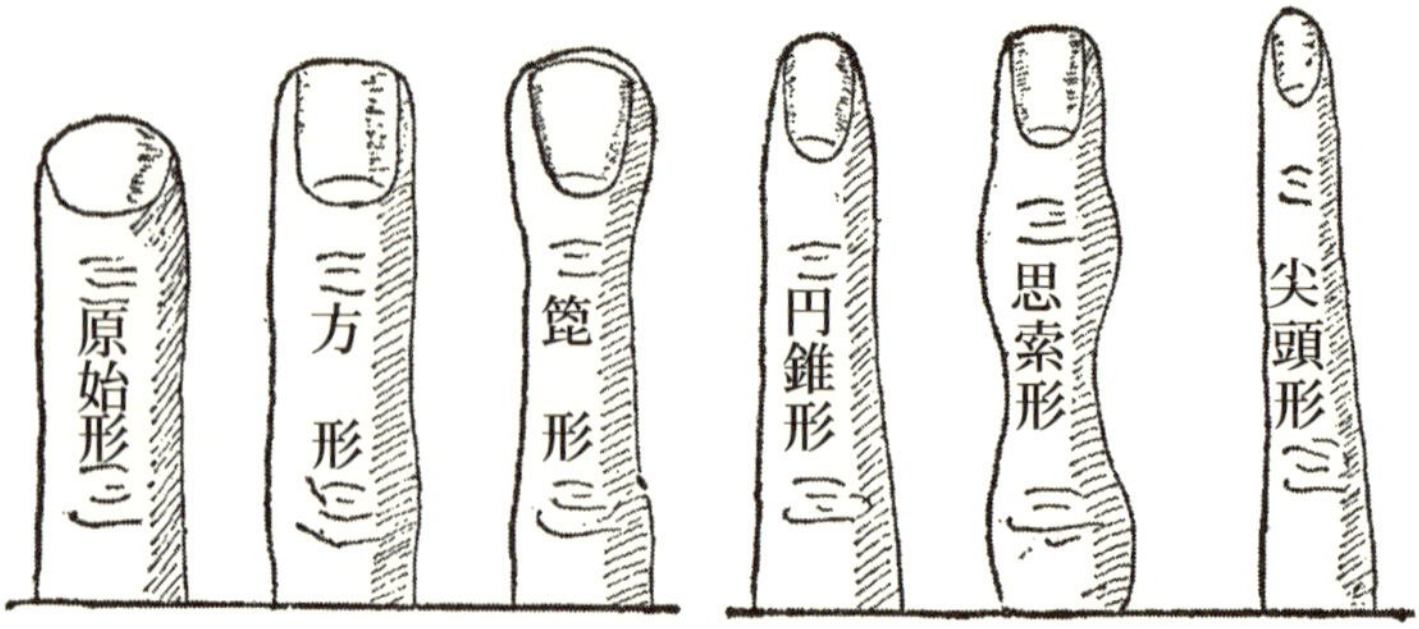

物質的傾向の指　　精神的傾向の指

とえば拇指をいちばん高くしてあるとか、または掌の内側にそれが隠されてあるとか、あるいは食指が高くしてあるとか、低くなっているとかいうような種々な形状の表示であるが、それは彼らが指の形状や高低によって神の無言の心象を表現したものである。およそ想像上の架空な観念は無数にあるが、その中でも、とくに際立っているのは古代のヒンズー族が『指先は神の住居である』という詩的な言葉で表現した指の意義に関する観念であり、しかもそれは不思議な真実であった。近代科学は脳神経が指先に達している事実を明らかにしたが、このことは頭脳が神経を通じて指先に直結しているということを語るものであり、さらに突っ込んでいえば、指は頭脳の状態を反映するものである。」

キロ氏によると、以上にみるように、四指もまた拇指と同じように頭脳の状態を反映するものとして、手相学が指の研究を重要視する所以を明らかにしたのです。

(2) 四指の長短とその意義

四指は長短によって、表示する意味を異にするが、長いといい短いといっても、つまるところは掌との比較における長短の意味で、だいたいの見当では掌の長さに対し、中指の長さが七五%ないし八〇%になるのが標準の長さです。

四指が標準より長いと、精神的傾向の強い性質、反対に短い場合は、物質的傾向の強い性質を表すのです。したがって四指の長い人は、思想や観念的な事柄についての理解力が迅速で、また物事を丹念、慎重に取り扱う傾向があり、些細なことにも関心や注意を払うといった性質の人です。だいたい心の働きが細かく分析的です。要するに精神面の理解力という点では短い指の人よりも優れています。

標準より短い四指の人は、一般に衝動的で、気早な性質の人です。したがって行動的で、決心や決断力が速く、実行力という点では、長い四指の人よりも確かに優れています。しかし短い指の人は、細かいことを嫌い、すべてに大ざっぱで慎重さに乏しい短所があります。

四指は長短とも行きすぎは悪い意味を増大することになります。長すぎる四指は干渉やせんさく好き、または残忍、冷酷な性格を表示することになり、短かすぎる四指は、放縦や怠慢または強い利己心を表すことになります。

(3) 四指の硬軟とその意義

四指には、指関節が平滑で、全部が後ろに反る柔軟な指と、指関節が発達して節太になった硬い指とがあります。

指関節が柔軟で手背に反る四指をもつ人は、一般に心が明けっぱなしで、隠しだてのない快活な性質の人で、勘がよいから相手の心をつかむことにかけては機敏で、また総じて話好きの人です。妥協性や融通性をもつ人ですが、大なり小なり感情や気分に支配される欠点があります。さらに直覚的、衝動的な傾向が強いから熟慮や反省に乏しく、その場、その時の出来心や感情で結論を出したり、断定を下すといった性質の人です。

物事を規律正しく処理するとか、几帳面な性質には乏しいが、芸術、芸能方面に趣味や関心の強い人で、女性の場合は優しい心情や細やかな愛情を表します。

指関節が硬く後ろに反らぬ四指の人は、感情よりも理性のまさった人で、どちらかといえば、打算的、実利的な性格の人です。秩序や規律などをよく守る几帳面な性質で、情に動かされない節度のある冷静な気質の人です。また熟慮や反省をする人で、衝動的とか性急なところのない思慮型の人です。

指関節が硬く四指が内側に曲がった手の人は、心の働きが鈍く、物事の要点を早くのみ込めない嫌いがあり、だいたい貪欲、卑賤で、無口の人が多いようです。また内気で、自分の考えや気持ちに凝《こ》り固まるといった性癖があり、なかには傷つきやすい敏感な感情や臆病な人もあります。

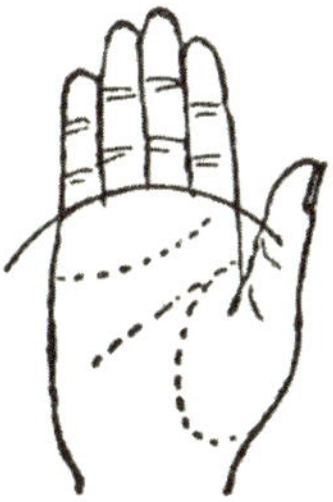

第472図

第473図

(4) 四指の基底線とその意義

四指の基底線というのは、掌と指との境目の横線のことで、つまり指の最底部の線のことです。この基底線は、丸味を帯びた緩やかな弧線をなして四指の根元を連ね、掌と指とを分かつ境界線となっているのが普通です（第472図）。

四指の基底線がほぼ一直線になっていると、穏健な調和のとれた性質で、多くの場合、成功を暗示します。

食指の基底線が四指を連ねる弧線を外れて低目になっていると、支配、権力、自信力、覇気などを象徴する食指本来の意義が減退するという意味を表しています（第473図）。このような基底線は、覇気や向上心に乏しく、非常に敏感で傷つきやすい性質を表します。反対にこの基底線が普通の位置よりも高くなっていると、権力や支配欲の旺盛な、そして自信や向上心の強い性質を表します。

薬指の基底線が標準以下に低下していると、卑俗、低級な性質を表すもので、世の中に認められるとか、名声を博すとか、成功するようなことはまず至難です。

小指の基底線が標準以下に低下していると、商業や事業、または金銭上の問題で運命の抵抗を受けて不運であるという表示になります。もっとも小指の基底線は、四指の中二本よりもやや下り加減が普通ですが、この場合は目立って低くなっている場合のことで、他人を利用する能力に乏しく、むしろペテン師にだまされたり、詐欺にかかりやすい人でもあります。

中指の基底線が標準以下に低下していることはほとんど稀です。

(5) 指の傾斜とその意義

手を自然に開いたとき、四指の中のどの指かが左右のどちらかの指に傾いている場合があります。このようにある指がどちらかの指に寄りかかっていると、寄りかかられた指が表象する要素が混入することになるのです。

第二指以下の三指が第一指（食指）の方に全部傾いていると、覇気や野心に燃える独立心の強い性格を表すものです。この人は、自分の意図とした目的に対しては闘争的で、進取的な気迫をもつ人です。

食指がまっすぐに外例に向かって力強く立っていると、強い独立心や野心に燃える支配欲の旺盛な性格の人です。食指が中指の方に傾くか、曲がるかしていると、憂鬱な性質の人であるか、または不健全な野心をもつ人です。

中指が薬指の方に傾いているか、曲がっていると、性格に矛盾のある人で、喜々としているかと思うと次の瞬間には意気消沈するといったような非常に気分の支配を受けやすい人です。

中指以外の指が全部中指に向かって傾いていると、深い悲しみに沈むと

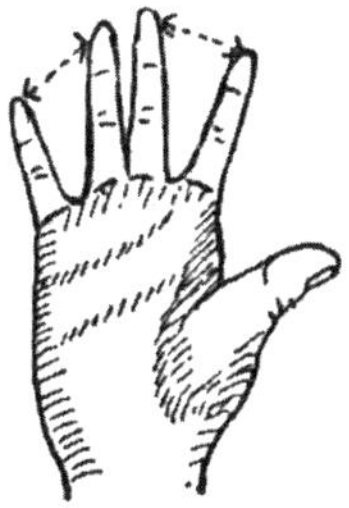

第474図

か、憂鬱症に罹りやすいとか、または不健全な欲求をもつ人です。

薬指が小指の方に傾くか曲がるかすると、その人のもつ技術なり芸術的才能を営利面に生かす人です。

小指が薬指の方に傾くか曲がるかすると、この人は本来は物質的な性質の人で、実利的、現実的な性質の人ではありますが、芸術的気分も多分にもつ人です。自然、この人は事業にしても、この人が研究する科学方面の仕事にしても、芸術的な方面に向かう傾向が強いようです。

(6) 四指の間隔とその意義

指を自然に伸ばしたとき、指と指の間に生ずる間隔は的確にその人の性質を表示するものです（第474図）。

拇指と食指の間が広く離れると寛容で鷹揚な性質、強い独立心をもつ人です。

食指と中指の間が広く離れると、物の考え方や判断に自主性があること、つまり自分自身のしっかりした考えや思想をもつ人です。

中指と薬指の間が広く離れると、境遇や環境に拘束されない自由に動ける人です。

薬指と小指の間が広く離れると、自主的に行動する人で、他からの干渉や束縛を嫌う人です。

食指と小指が離れ、中指と薬指が密着すると、他からの干渉や束縛を嫌い、自主的に判断や行動する人で、また将来に備えて周到な用意をする人です。四指が軟らかで、指が全部離れ離れになると、習慣や因習にとらわれない自由な気分をもつ人で、行動的にも思想的にも自由に振る舞える人です。

第33章　指（その2）

前章では四指の総括的な原則について説明しましたが、本章は個々の指に関する研究です。四指には次のような種々の名称があります。

食指　第一指、人差指、木星指
中指　第二指、中高指、土星指
薬指　第三指、無名指、太陽指
小指　第四指、水星指

一本の指は関節によって三つの部分に分かれています。この三つの部分は上から第一指節、第二指節、第三指節と呼ばれ、各指節の長さは、指を曲げてみるとよくわかるが、上から二、三、四の比率がだいたいの標準です（第475図）。

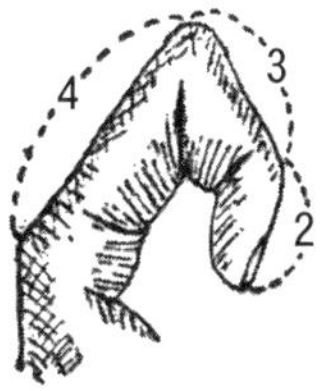

第475図

(1) 食指

指はそれぞれに異なった意義を表象します。そしてその意義は、その指の真下の丘が表象する意義と同一です。たとえば、食指は、その直下の木星丘が象徴する覇気、野心、支配欲、闘争心、向上心、自信力などの意味を表します。

A　食指の長短とその意義

食指（人差指）は、中指の第一指節のほぼ中央に達するのが標準の長さです。この標準よりも長く太い食指は、権力を好み、向上心、自信力、支配欲などの旺盛な性格を表示しています。しかしそれが長すぎると暴虐、圧制、極端な利己主義になります。一見して標準より短いと思われる食指は、仕事や職務を嫌い、責任感や覇気に乏しい消極的な性質を表しますが、頑丈で肉付きが厚く、指頭が篦形になっている場合は短くても例外です。

B　食指の形状とその意義

食指は形状によってもその意義に相違があります。

尖頭形の食指　食指は、覇気、向上心、権勢欲、支配欲、闘争心などの積極的な性質を表象する指ですが、尖頭形の食指は、これらの本来の意義と矛盾し、相容れぬ性質を表すことになり、直覚力や直観が鋭く、多分に芸術、美術、芸能などを好む消極的な性質を表します。

方形の食指　食指の本来の意義を生かすのは方形の食指です。方形の食指は、秩序や規律や旧慣を守る几帳面な性格、人間的誠実さや正直な性質を表示します。この種の食指が太く長いと、さらに権勢欲、支配欲、自信力の旺盛な性格が加わります。

箆形の食指　食指にこの形は稀ですが、キロ氏は「大げさな仰々《ぎょうぎょう》しい神秘主義を表示する」と説いています。

C　食指の指節が表示する意義

四指はいずれも三個の指節から成り、その長さの比は指頭からほぼ二、三、四の比率が標準となるということはすでに上述したところです。さて本項は三個の指節の一つ一つについての研究ですが、手相もこのような細部にまで及ぶと煩雑となり、ことに初学の人を迷路に引き込むおそれがあるので、一度は割愛も考えてみたのですが、本書がどこまでも専門的研究を建前とする限り、先考の研究を伝承して遺漏なく記述するのが本筋だと思い直したのです。したがって食指以下の指についても各指節の解説は同様に省略せぬことにしたのです。

食指の第一指節　この部分が標準以上に長いと、直覚力、信仰心、敬虔などの意味を表示することになります。反対にこの部分が普通以上に短いと、知力による判断や認識力に乏しく、懐疑的傾向が強いという意味になります。またこの指節が太く肥大していると、官能的な傾向が強くなります。湿りのないひからびた様相を呈していると堅固な信仰心の表示となり、反り返る爪をもった幅広い指頭になっていると、肺結核、瘰癧《るいれき》、腺病質の表示となります。

食指の第二指節　この部分が長く、しっかりした様相を呈していると、野心や向上心の旺盛な気質を表示します。この部分が普通よりも短いと、どんなに努力しても成功しません。

食指の第三指節　この部分が長く太いと、旺盛な支配欲、権勢欲の表示となります。しかし標準以下に短いと、遠慮深く、引っ込み思案で内気な性質を表します。この部分が湿りのないひからびた様相になっていると、人生の歓楽を蔑視する傾向が強く、いわば禁欲者や苦行者の相を表しています。

⑵　中指

中指は五指の中心に位するから、人生の中軸を象徴する指ともいわれ、土星丘に根ざして運命を象徴する指です。

A　中指の長短とその意義

中指は四指の中ではもっとも長いのが普通です。そしてこの指が標準の長さを保っていると慎重、細心、思慮分別などの意味を表します。しかし目立って長いと憂鬱、孤独、厭世などの変質的な性格を表すことになります。

普通以下に短い中指は、浮薄、根気の欠乏などの意味を表します。ことに短い中指の指頭が尖っている場合がそうです。また目立って短い中指は、強度のヒステリーとか殺人的性格を表示します。

B　中指の形状とその意義

尖頭形の中指　中指が尖頭形の指であると土星丘が象徴する沈着、堅忍、思慮などの性質を欠くことになります。すなわち中指自体が表象する本来の意義に反するのです。しかし直観力に優れ、神秘的な事柄に強い関心をもつ性質を表示します。

方形の中指　厳格とか几帳面な性質や規律、訓練などを尊ぶ気風を表示します。しかし頑迷または狭量な反面をも表します。

曲がったりゆがんだりした中指　凶悪な本性を表示する指だといわれます。思考や思想が不健全、運命に屈従的で救いがたい諦観、意志薄弱で神経過敏などの性質を表示します。

C　中指の指節が表示する意義

中指の第一指節　この部分が標準以上に長く、幅広い指頭になっていると、用心深いとか、慎重細心といった意味を表します。普通以下に短いと、服従心、忍耐力の弱い柔軟な性質を表します。この部分が薄く、ひからびた様相になっていると、懐疑心の強い陰気な性質を表示します。

中指の第二指節　この指節が標準以上に長いと、機械や科学または農耕、園芸などを好む性質を表します。したがってこれらの職業の中で熱望次第では成功の可能性があります。しかしこの部分が短いと成功は覚束《おぼつか》ないのです。

中指の第三指節　この部分が長すぎると貪欲や吝嗇《りんしょく》な性質を表示します。またわがままな傾向がありますが、難行苦行を好むという一面もあります。

⑶　薬指

薬指は太陽丘に根差す指です。したがって太陽丘の象徴する芸術や富や人気を表象する指です。

A　薬指の長短とその意義

薬指は中指の第一指節のほぼ中央に達するのが標準の長さです。この標準より長いと、文学、美術、音楽、芸能など、すなわち芸術を愛好する性質を表示します。また名声や栄誉に対する意欲が強く、だいたい好運をつかむ人です。しかしこの指が際立って長く、ほとんど中指と等しいか、それ以上であると、思惑や投機に走り、賭博を好むとか金銭欲の強い人で、世間の悪評や醜名をうける場合が多いようです。

　薬指が標準以下に短いと、栄誉や名声などには無関心で、芸術に対する愛好心もありません。だいたい卑俗な性質で、活気に乏しい人です。

B　薬指の形状とその意義

尖頭形の薬指　薬指は芸術と富を表象する指です。したがって芸術という面からみる限り、尖頭形は薬指の本来の意義に適合することになります。すなわちもっとも直観的であり、芸術的な性質を表示します。この種の指が良い格好をした長い指であると、芸術方面での成功を示唆するのです。

方形の薬指　富を象徴する薬指本来の意義に適合する指です。この種の指が太く長いと成功や幸運をつかむ暗示となります。また芸術方面を志すとしても、美を理論的に探求するといった方面に適する人で、美術の評論家などその一例です。

篦形の薬指　篦形は能動性や活動性を表します。だから篦形の薬指の人が芸術方面を志すとすれば演劇や芸能、また音楽でいえば軍隊マーチなどに優れた才能を発揮する暗示となります。

屈曲したりゆがんだりした薬指　栄誉欲や名声欲にかけては道義も節度も

ないといった性格を表示します。また芸術を悪用するといった人です。

C　薬指の指節が表示する意義

薬指の第一指節　この部分が普通以上に長いと芸術や美術などの高尚な趣味を表すのです。肥大した指頭になっていると官能的な傾向を表示するもので肉欲の強い人です。

薬指の第二指節　この部分が普通以上に短いと成功は不可能という意味になります。またこの指節が肥大していると実利的な芸術家を示唆します。

薬指の第三指節　この部分が長いほど幸運や成功を暗示するのです。普通以上に短いと上述とは反対の意味になります。

(4)　小指

小指は水星丘が象徴する雄弁、商才、理知、科学的才能、機敏などの意味を表す指です。この指はまた詐欺、虚偽、窃盗などの性質を表示する場合があります。

A　小指の長短とその意義

小指はほぼ薬指の第一指関節に達するのが標準の長さです。小指がこの標準より長くかつ太い指であると商才に富むとか、表現力、ことに雄弁の表示となります。また反省、熟考、旺盛な知識欲などの意味を表すのです。しかしそれも悪い手の場合は、その求めようとする知識は悪知恵であり、奸計、策略などに向かいます。ここにいう悪い手とは感情線や頭脳線やその他の線または手の型などによって判定されます。

過度に長い小指は駆け引き、権謀術数、詐欺、虚偽などの不正な性質を表示します。

普通以上に短い小指は、心の動きが機敏で環境や新しい事態に対する順応性が早いという意味を表すのです。しかし小指が薬指の第一指関節を抜き出てないことは、支配するよりも支配されるという表示になるから、一生うだつがあがらない人です。

B　小指の形状とその意義

尖頭形の小指　小指が尖頭形であると雄弁とか話術が巧いという意味を表示します。この形の小指はまた鋭敏、聡明などの意味を表すのです。円錐形の小指もだいたい同じ意味になります。

方形または箆形の小指　実利的、現実的な性質を表すもので、事務的、事業的な才能か科学的才能を発揮するという表示になります。

屈曲したりゆがんだりした小指　ある手相家の説によると関節炎の徴《しるし》だとされています。曲がった小指は表現力に乏しく容易に他人などの影響を受けやすい人です。また粗野な小指は不運の暗示で、何事にも上達しないという意味を表します。

C　小指の指節が表示する意義

小指の第一指節　この部分が普通以上に長いと、勉学や研究を好む性質、さらに膨らみがあると、文学を好む性質を表します。この部分が普通以上に短いと不精、怠慢な性質を表示します。

小指の等二指節　この部分が長いと、推理力、知性、思惑などの意味を表示しますが、短い場合は、上述の才能に乏しいという意味になります。

小指の第三指節　この部分が普通以上に長いと、成功の可能性を暗示します。しかしこの部分が長すぎると虚偽や詐欺などの不正な性質は疑う余地がありません。

第34章　爪

(1) 爪の意義

爪は形状や色合によって、その人の性格と疾病の遺伝的素質を表示するものです。この点に関してキロ氏は、

「欧米においては患者の爪を綿密に観察することによって病状を診断する方法が行われているが、この方法によるとほとんど誤診がないといわれ、ロンドン、パリ、アメリカの医師たちは最近非常な興味をもって爪の研究をはじめている。かって私はボストンに滞在中、同市の指導的医師たちに講演したことがあったが、その時私は彼らから爪の研究による実証的価値についての驚くべき証言をつかむことができた」と述べて爪相と疾病との密接な関連性を示唆しました。

(2)　爪の硬軟とその意義

軟らかい爪　爪が非常に薄くて軟らかいと、体質が弱く、意志力に乏しい人で、多くは病身か虚弱です。薄い爪の先がとがっていると、肺病に罹りやすい体質を表しています。もしまた、この種の爪に幾条もの縦線が現れていると、ついにはその病気で倒れるという警告になります。

薄い爪の人は、だいたい狡猾で陰性な人が多く、不実、変節、欺瞞性などの性質を示唆します。

硬い爪　硬い爪は、軟らかい爪とは反対に強い体質や意志力を表示します。また硬い爪が上向きに反っていると野心家ではあるが、底意地の悪い性格を表します。硬い爪先がとがっていると激情や情熱的な性格となります。

弾力のある爪　爪はあまり硬きに過ぎず、薄きに失しない弾力のある爪が理想的です。

(3)　爪半月とその意義

爪半月とは、爪の根元に現れる白い「みかづき」のことで、小爪とも言います（第476図）。

爪半月は白く鮮やかに現れるものを良しとしますが、その大きさはだいた

第476図

い爪の長さの約五分の一くらいが標準です。しかしこの爪半月は拇指と食指には現れていても、中指以下の指には現れていない場合が多いのです。

爪半月がほとんど現れていないと、心臓が弱く、血液の循環機能が悪いから貧血症に罹りやすく、精力の乏しい体質を表示するのです。死期の接近した病人の爪は、まず最初に爪半月が青味を帯びた色を呈し、しかる後に黒色に近い色になります。

普通以上に大きい爪半月は、心臓の働きが速く、血圧が高いから、心臓の弁膜が破裂するか、脳溢血を起こす危険があります。このうちのいずれであるかは、掌線によっても予見できます。すなわちこの手の感情線から明瞭な健康線が発して生命線を突っ切っていると心臓の危険を表示します。

第二火星丘に向かって走る頭脳線を伴う場合は、脳溢血の危険を暗示するのです。

第477図

(4) 爪体に現れる縦線または横線

縦の線　爪の表面に多数の縦線が現れていると、身体の全組織の弱化を表示しているのであって、体力や気力の減退を語るのです（第477図）。

横の線　爪の表面に現れる横の線は、最近の病気による神経組織の異常を表示するもので、キロ氏の説によると、

「爪は根元から先端まで伸びるのに約九カ月を要する。したがってこの横線

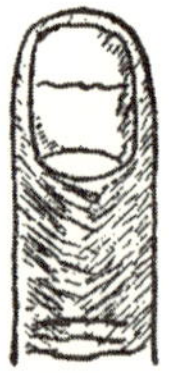

第478図

が爪体の先端にあると、約九カ月以前の罹病《りびょう》を示し、中央にあると約四、五カ月以前に病気したことを語るものである。底部に現れている場合は約一カ月前の病気を表示する」と述べています（第478図）。

⑸　爪面に現れる斑点

爪の表面に現れる白い斑点は体力の減退、健康障害の表示です。この斑点が爪面をおおうほど無数に現れていると、神経衰弱の徴候を示すもので、もしこの手の肉が薄く、掌の線が総体的に弱々しいと、神経衰弱の傾向はいっそう強いものとなります。総じて白い斑点は過労や心労による神経系統の衰弱を表示するものであるが、だいたい肉体の過労よりも精神的心労による場合が多いのです。

白い斑点はまた、急激に神経を使う場合にもしばしば現れるもので、たとえば公衆の面前に出るとか、重要な地位に任命されるとか、あるいは異常な心配が起こる場合などがそれです。

白い斑点は一般に神経系統の故障を表示するものですが、二、三の手相家はこれを幸運の象徴と説く異説があって注目をひきます。すなわちイギリスのヘンリー・フリス氏によると「白い斑点は相思相愛の幸福な愛情関係または友情に厚い性質を表示するものである」と説き、アメリカのM・C・ポインソット氏は「神経過敏や小心な性質であるが幸福を表示する」と述べてい

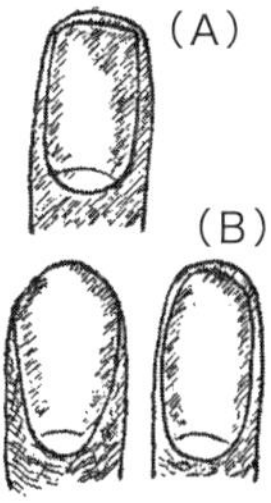

第479図

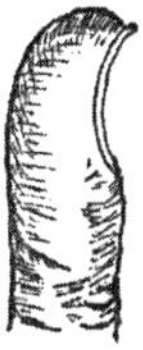

第480図

第481図

ます。両者ともに、白い斑点に関しては、弱い性格を指摘しつつ、他面の幸福を示唆しています。

黒い斑点は失敗、損失、不運を表示するものです。この斑点はまた確信のない無性格な性質を表すものです。

(6) 爪の形状と疾病

A　長い爪

長い爪にはだいたい、長方形(A)と扁桃形(B)の二種類があります（第479図）。

総じて長い爪の人は体質が弱く、風邪、咽喉、肋膜、肺などの疾患に冒されやすい素質があります。すなわち上半身の病気に罹りやすい人で、ことに爪の表面に多数の縦線が現れているとか、爪の血色が悪いと、血液の循環も不良で、現に肺や肋膜を冒されている場合が多いのです。このような爪をもつ人は、たとえ丈夫に見えても、風邪や肺炎などに罹らぬよう、とくに注意しなければなりません。長い爪の外縁が内側に反って、スプーン状になっている爪も上述の疾病に罹る危険があります（第480図）。

扁桃形がやや短く、しかも横幅が広くて指頭をおおうような格好の爪があります（第481図）。この種の爪は咽喉、気管、喘息などの病気に罹りやすい体質で、ことに咽喉結核や気管支喘息に多く見受ける形です。

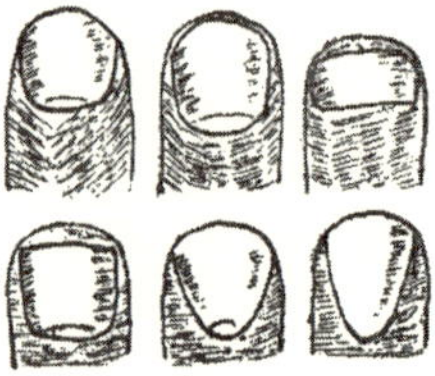

第482図

第483図

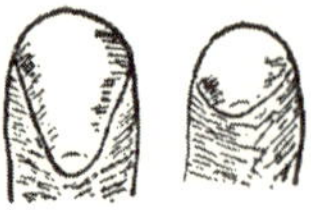

第484図

B　短い爪

　短い爪にも、その形状は種々ありますが、だいたいに区別すると、普通に短い爪、上下の寸がつまって横幅の広い爪、小さい方形の爪、三角形の貝爪などが普通に多く見られる短い爪です（第482図）。

　短い爪の人は一般に心臓、腹部、腰部、脚など下半身の病気に罹りやすい体質です。短い爪には爪半月（みかづき）が現れていない場合が多く、たとえ現れていたとしても鮮やかなものでなく、それも僅少の場合がほとんどです。全然爪半月の現れていない短い爪は、心臓の働きが弱く、ことに短い爪の爪体が薄く、爪根が青色または紫暗色を呈していると心臓病の警告となります。

　短く平たい（扁平）爪で、その根元が肉に食い込んだ格好の爪は神経痛や中風に罹る傾向があり、またこの種の爪に横線が現れていると、その傾向はいっそう強いものとなります（第483図）。

　三角形の爪、俗にいう貝爪は中風や麻痺病に罹りやすい体質を表示します。この種の爪が上向きに反っていると、この傾向はさらに強くなり、またもしこの爪の根元かまたは爪全体が青味を帯びていると、罹患の危険率はさらに増大するのです（第484図）。

C　狭い爪

　横幅がぐっとつまった狭い爪は、脊髄の弱い体質を表示します。この爪は

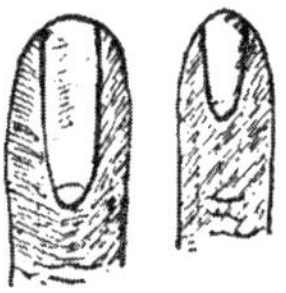

第485図

両側が肉に食い込んだ格好になっている場合が多く、もしこの種の爪がきわめて狭く、そして縦に曲がっていると、脊髄病の危険があります。また脊髄神経に故障を起こしている場合もあります。ことにこの爪体が軟らかい場合がそうです（第485図）。

(7) 爪の形状と性格

A 長い爪の性格

長い爪の人は一般に感受性が強く、気分に支配されやすい人です。批評やせんさく好きではないが、理解力があります。しかし長い爪の人は理想を追うとか、空想的傾向をもつ人です。つまり精神的傾向が強く、芸術的気分の人です。それだけに当面した仕事や目前の事態に尻込みするとか、畏縮して、臆せずに立ち向かう積極性がなく、むしろ温厚で協調的な性格の人です。

B 短い爪の性格

短い爪の人は、だいたい批判や議論に長じています。せんさく好きな性質で、理詰めや屁理屈や皮肉を弄する人は短い爪をもつ人に多いようです。しかし長い爪の人に比べると現実的、物質的な傾向が強く、また敏捷で直覚が鋭いといった特徴があります。反面に短気で、協調性に乏しい嫌いがあります。

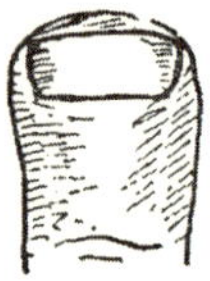

第486図

同じ短い爪の中でも、縦より横の長い爪があります。この種の爪の人は、ケンカ好きで、論争や反駁《はんばく》を好み、闘争的なところがあります。だいたい強情、頑固、執拗などの自我の強い性質を表示するのです（第486図）。

前歯で爪を噛む癖があって短くなった爪は、神経質で、ひどく興奮しやすい性質の人です。この種の爪をもつ人は少なくとも神経組織が衰えているのです。

本書は一九五七年小社刊行の『図解　手相の事典』の新版です。原則として、明らかな誤植と思われる箇所は正し、適宜ふりがなを加えました。なお本文中には、今日の観点からみると不適切な表現がありますが、執筆当時の時代背景、および著者がすでに故人であることなどを考慮し、原文どおりとしました。

ISBN978-4-8269-7147-8

新版《しんぱん》 図解《ずかい》 手相《てそう》の事典《じてん》

二〇一〇年十一月三十日 第一版第一刷発行
二〇一八年 五 月 三十 日 第一版第三刷発行

著 者 沢《さわ》井《い》民三《たみぞう》

発行者 中村幸慈

発行所 株式会社 白揚社
東京都千代田区神田駿河台一―七 郵便番号一〇一―〇〇六二
電話(03)五二八一―九七七二 振替〇〇一三〇―一―二五四〇〇

装 幀 岩崎寿文

印刷所 株式会社 工友会印刷所

製本所 株式会社 ブックアート